书山有路勤为径,优质资源伴你行
注册世纪波学院会员,享精品图书增值服务

WHAT'S YOUR TYPE OF CAREER?

Find Your Perfect
Career by Using Your
Personality Type, 2nd Edition

MBTI 16型人格与职业规划
（第2版）

[美] 唐娜·邓宁 著
王瑶 邢之浩 译

你的职业性格是什么？

〖白金版〗

电子工业出版社
Publishing House of Electronics Industry
北京·BEIJING

What's Your Type of Career?: Find Your Perfect Career By Using Your Personality Type (2nd Edition) by Donna Dunning
ISBN: 9781857885538
Copyright © 2001 by Davis-Black
　　　© 2010 by Donna Dunning. All rights reserved.
This translation is published by arrangement with NB Limited and Peony Literary Agency.
Simplified Chinese translation edition copyrights © 2024 by Publishing House of Electronics Industry Co., Ltd.

本书中文简体字版经由 NB Limited 授权电子工业出版社独家出版发行。未经书面许可，不得以任何方式抄袭、复制或节录本书中的任何内容。

版权贸易合同登记号　图字：01-2013-8540

图书在版编目（CIP）数据

你的职业性格是什么？：MBTI 16 型人格与职业规划：白金版／（美）唐娜·邓宁（Donna Dunning）著；王瑶，邢之浩译. -- 2 版. -- 北京：电子工业出版社，2024.9. -- ISBN 978-7-121-48494-0

Ⅰ. C913.2-49

中国国家版本馆 CIP 数据核字第 20245AF824 号

责任编辑：杨洪军
印　　刷：河北鑫兆源印刷有限公司
装　　订：河北鑫兆源印刷有限公司
出版发行：电子工业出版社
　　　　　北京市海淀区万寿路 173 信箱　邮编 100036
开　　本：720×1000　1/16　印张：20.25　字数：421.2 千字
版　　次：2024 年 9 月第 1 版（原著第 2 版）
印　　次：2024 年 9 月第 1 次印刷
定　　价：89.00 元

凡所购买电子工业出版社图书有缺损问题，请向购买书店调换。若书店售缺，请与本社发行部联系，联系及邮购电话：（010）88254888，88258888。
质量投诉请发邮件至 zlts@phei.com.cn，盗版侵权举报请发邮件至 dbqq@phei.com.cn。
本书咨询联系方式：（010）88254199，sjb@phei.com.cn。

目 录

第1章　绪论　/ 1
　　享受自然的工作方式　/ 2
　　帮你找到完美的职业路径　/ 2
　　如何阅读本书　/ 5

第2章　性格类型简介　/ 7
　　外向型和内向型　/ 8
　　实感型和直觉型　/ 9
　　理性型和感性型　/ 10
　　系统型和弹性型　/ 11
　　8种工作方式介绍　/ 12
　　验证你的工作方式　/ 20

第3章　反应型的人：行动与适应　/ 21
　　性格类型：ESFP 和 ESTP

　　反应型的人的工作方式　/ 21
　　反应型的人如何缓解工作压力　/ 27
　　针对反应型的人的职业和人生发展策略　/ 28
　　反应型的人的职业平衡　/ 32
　　ESFP：感性反应型的人的工作方式　/ 33
　　ESTP：逻辑反应型的人的工作方式　/ 43

第 4 章 探索型的人：创新与主动 / 54

性格类型：ENFP 和 ENTP

探索型的人的工作方式 / 54
探索型的人如何缓解工作压力 / 60
针对探索型的人的职业和人生发展策略 / 62
探索型的人的职业平衡 / 66
ENFP：感性探索型的人的工作方式 / 68
ENTP：逻辑探索型的人的工作方式 / 78

第 5 章 果断型的人：直接与决断 / 89

性格类型：ESTJ 和 ENTJ

果断型的人的工作方式 / 89
果断型的人如何缓解工作压力 / 93
针对果断型的人的职业与人生发展策略 / 95
果断型的人的职业平衡 / 99
ESTJ：务实果断型的人的工作方式 / 101
ENTJ：洞察果断型的人的工作方式 / 111

第 6 章 贡献型的人：沟通与合作 / 122

性格类型：ESFJ 和 ENFJ

贡献型的人的工作方式 / 122
贡献型的人如何缓解工作压力 / 126
针对贡献型的人的职业和人生发展策略 / 127
贡献型的人的职业平衡 / 131
ESFJ：务实贡献型的人的工作方式 / 132
ENFJ：洞察贡献型的人的工作方式 / 142

第 7 章　缜密型的人：专注与稳定　/ 154

性格类型：ISFJ 和 ISTJ

缜密型的人的工作方式　/ 155
缜密型的人如何缓解工作压力　/ 160
针对缜密型的人的职业和人生发展策略　/ 161
缜密型的人的职业平衡　/ 165
ISFJ：感性缜密型的人的工作方式　/ 167
ISTJ：逻辑缜密型的人的工作方式　/ 176

第 8 章　愿景型的人：解释与执行　/ 186

性格类型：INFJ 和 INTJ

愿景型的人的工作方式　/ 186
愿景型的人如何缓解工作压力　/ 190
针对愿景型的人的职业和人生发展策略　/ 191
愿景型的人的职业平衡　/ 195
INFJ：感性愿景型的人的工作方式　/ 197
INTJ：逻辑愿景型的人的工作方式　/ 208

第 9 章　分析型的人：审视与评估　/ 219

性格类型：ISTP 和 INTP

分析型的人的工作方式　/ 220
分析型的人如何缓解工作压力　/ 223
针对分析型的人的职业和人生发展策略　/ 225
分析型的人的职业平衡　/ 229
ISTP：务实分析型的人的工作方式　/ 230
INTP：洞察分析型的人的工作方式　/ 241

第 10 章　关顾型的人：关心与联系　/ 252

性格类型：ISFP 和 INFP

关顾型的人的工作方式　/ 252
关顾型的人如何缓解工作压力　/ 256
针对关顾型的人的职业和人生发展策略　/ 257
关顾型的人的职业平衡　/ 261
ISFP：务实关顾型的人的工作方式　/ 263
INFP：洞察关顾型的人的工作方式　/ 271

第 11 章　自我评估　/ 282

自我评估的提示　/ 282
自我评估时的常见问题　/ 284
运用过去的经验　/ 285
技能评估　/ 286
职业兴趣　/ 293
价值观　/ 296
生活方式和限制因素　/ 298
自我评估总结　/ 298

第 12 章　职业生涯规划　/ 300

确定可选方案　/ 301
职业研究　/ 304
做出决定　/ 309
采取行动　/ 314
关于职业成功的最终建议　/ 317

第1章
绪　论

一切始于你。

不论你此刻是初出茅庐，想要维持现状，还是寻求变革，探讨商业理念，抑或是考虑退休规划，本书都将引导你如何找到那份既充满意义又让你获益匪浅的事业。它还会助你一臂之力，了解自己在人生旅途中应如何成长与发展。这些知识将帮助你平稳度过过渡期，拓宽当前的事业选择，让你能够把握那些最能发挥你独特才能的机会。最终，你将拥有一份令人称心的事业。

我们每个人都在工作和职业上投入了大量的时间与精力，因此选择一份让自己满意的工作至关重要。究竟怎样的工作才能让我们满意呢？如果一份工作能够激发你的浓厚兴趣，让你乐在其中，那么它无疑就是让你满意的工作。然而，对于一个人来说充满乐趣和享受的工作，对另一个人来说可能截然相反，就像下面的肯特和琳达。

肯特说："我发现处理细节问题很困难，因为它需要花费大量的时间和精力，让我无法去做我真正感兴趣的事情，所以我感到乏味。我热爱探索新概念，尝试新事物，喜欢不断地改变。"

琳达说："我不喜欢变化，我做事有很高的标准，喜欢一次性把事情做好。我希望我的工作有明确的定位，我可以全程跟进，并专注于每一个细节。也许有些人会觉得我的要求过高，但我享受事先制订计划，仔细认真地完成每一项任务。"

肯特和琳达对工作的态度和方法截然不同，他们所喜欢的工作类型也大相径庭。例如，琳达对项目管理的工作非常感兴趣，因为她能够组织和处理各种细节。然而，对于肯特来说，同样的项目管理工作可能让他觉得烦琐无味，因为让他去关注细节确实是一件困难或不开心的事情，所以他可能拖延工作进度，或者得到不太理想的工作绩效。对肯特而言，设计师的工作、需要创造或推广新思维的工作或许能让他心满意足。

你的职业性格是什么？

同样，你也拥有自己感到自然或舒适的工作方式。如果你能够抽出时间，清晰地评估自己的工作偏好，就能更准确地确定哪些类型的工作会让你满意。通过不断深化对自我的了解，你将能够选择一个符合自身特点的事业方向，并在寻找满意工作的过程中拥有更强的主导权。当我们思考到自己一生中将投入多少小时、多少年的时间在工作上时，就会明白投入时间和精力去找到那种让自己感到自然的工作类型，是一件极其重要且值得的事情。

享受自然的工作方式

我们生活在这个世界上，每个人都有自己的独特方式，让自己感到最舒适和自然。甚至在婴儿时期，我们就已经展现出了与众不同的喜好和习性。比如，在家庭聚会上，有的孩子会兴致勃勃地在亲戚面前表演节目，而有的孩子则更喜欢安静地坐在角落欣赏。专家学者对这种个性差异的研究已有60多年的历史，期间在性格类型领域进行了上千次的研究，为性格类型如何影响事业选择和工作偏好提供了丰富的信息。随着对个体差异的深入研究，他们发现可以基于性格类型以一种可靠的方式对人进行分类。基于此，我们可以定义和描述不同的工作方式，即人们在工作时展现的各种自然且舒适的方式。了解人们的性格类型成为一种有效的工具，帮助人们选择令自己满意的工作活动和环境。

本书将介绍8种各具特色的工作方式，每种方式下的人在工作中会有不同的表现。这些是经过深入研究和验证的，本书将详细阐述这些方式的特点。研究表明，每个人都会采用这8种方式中的一种来沟通、组织工作、解决问题、做出决策、领导或被领导。了解这些工作方式有助于个体明确自己满意并受到激励的工作类型和内容。当然，任何一本书都无法为你描绘出完全适合你的理想工作，但了解自己更倾向于这8种方式中的哪一种，将为你提供一个出发点，帮助你找到一份既适合又满意的工作。

帮你找到完美的职业路径

要找到适合自己的职业路径，关键在于对自我的深入了解，对工作可选方案的清晰认识，以及对职业变化和发展的合理规划。本书将引导你逐步探索自己的性格偏好与自然工作方式之间的关系，发现自己潜力所在的领域，探索自己的个人因素组合，完成自己的职业规划，最终实现职业的成功。

探索自己的性格偏好与自然工作方式之间的关系

在工作中，我们不难发现一些人，他们对自己的工作流露出明显的快乐和满足。例如，某个餐厅的服务员态度友善，总是满怀热情地为顾客提供服务；某个砌砖工人因自己砌的壁炉结实、平整而感到自豪。他们都运用了自己自然的工作方式，尽管他们心中或许还有其他的心愿和目标，但这无法掩盖他们享受工作并乐在其中的事实。

另外，我们也会遇到一些工作不适合自己的人，如脾气暴躁的公务员、老师或水电工人，或者表现急躁的销售经理，他们可能觉得这一天过得并不如意。如果这位水电工人能够从事软件设计的工作，他可能更加开心；而对于那位老师来说，最合适的工作可能是处理数据，而非应对学生。认识自己自然的工作方式有助于你找到工作和个人满足感之间的微妙联系。

我们已经知道，不同的工作和活动会给不同的人带来动力，并带来不同程度的满足感。明确自己的自然工作方式将帮助你选择合适的工作。在求职过程和正在进行的工作谈判中，你可以多加留意，确保所选工作能反映你的个人处事方式和你独特的工作经历与状况。只有你自己才能决定是愿意沉浸在玫瑰的芬芳中，设计不同类型的玫瑰，亲手种植玫瑰，还是经常画玫瑰花。

在喜欢的环境中工作，从事能够反映自己自然工作方式的活动，会让人充满动力，干劲十足。尽管性格偏好与技能、能力并无直接关联，但了解自己的个人偏好有助于你鉴别并发展自己的技能，这些技能往往能与你更倾向于的工作方法相契合。在第 2 章中，你将开始了解并定义自己的自然工作方式。一旦明确了自己的自然工作方式，你就可以阅读与自己情况对应的章节。这个章节是特别为你设计的，帮助你评估自己理想的工作应该是什么样子，是喜欢领导别人还是被人领导，作为团队成员你希望做出的贡献以及你喜欢的学习方式。

承认自己的独特工作方式，并明确与之相关的优势，对你将有所助益。我们常常发现自己从事的工作可能更适合自己的父母、老板或其他人，但我们仍继续前行，而不是停下来真正明确自己的工作方式。你与生俱来的长处可能与你的家庭成员、同事、朋友所具备的长处截然不同。

了解并认可自己的工作方式和偏好，是朝向自我接受迈出的一步。作为这个过程的副产品，一旦你认可了别人的工作方式，你对别人就会更加包容和接受。你可能觉得与同事之间在工作中的冲突只是因为大家的工作方式不同而已。了解并表达这些差异，是改善工作关系的第一步。

■ 发现自己潜力所在的领域

与8种工作方式的优势相对应，每种方式都有其不擅长的活动。例如，一个富于想象力的人管理详细的预算时，就会感到力不从心，承担巨大压力或内心不适；而值得信赖、有条不紊且尽职尽责的工作人员，则可能不喜欢需要高度灵活性的工作。尽管一个人最终能找到让自己满意的工作方式，但在所喜欢的方式之外，也必然会遇到挑战和不喜欢的活动。

在鉴别并使用自然的工作方式的同时，对于原本不喜欢的方面，也需要多加学习和锻炼。明确自己的成长需求，有助于你专注于特定的技能与策略。如果你想在所有任务和职责中更加高效，那么学习这些技能与策略就至关重要。在描述你性格类型的章节中，你将了解到与你偏好相同的人所面临的挑战，同时，这些章节也提供了一些建议与策略，帮助你在因性格原因而抵触的方面进行学习和发展。

人在一生中会以自然的方式成长和变化。事业初期，你会开始认识到自己的偏好，并据此利用它们。然而，随着时间的推移，你可能选择逐步或大胆地发展自己，迎接新的挑战，接受原本回避的活动或角色。

这种自我成长和发展的趋势也是自然工作方式的一个部分。描述你性格类型的章节会提及与你性格相似的第二性格偏好组合。这些第二性格类型能反映出与你相同性格偏好的人典型的个人发展路径。为了更准确地了解你的个人偏好如何影响职业发展，你可以对这些描述进行比较，从而评估自己的成长和发展阶段。

■ 探索自己的个人因素组合

性格偏好确实是决定事业成功的重要因素之一。然而，性格偏好只是整体考量中的一个方面，每个人还拥有各自独特的经历、技能、兴趣与价值，这些元素共同构成了一个综合性的个体。通过对这些特征的评估，我们能更深入地了解自己，并更准确地定义自己理想的职业路径。此外，你或许还有特定的局限或生活风格方面的偏好。在制定职业决策时，这些因素都是不可忽视的重要考量。在第11章中，我们将深入探讨这些话题，并通过自我评估练习，进一步完善和明确你理想的职业路径。

■ 完成自己的职业规划

在寻求合适的工作时，定义职业满意度才显得尤为有意义。一旦你明确了自己在工作中干劲十足且保持高度满足感所需的条件，你便能开始规划自己的事业，使其更加契合自身需求。第 12 章将引导读者逐步完成一个系统性地改变职业方向的过程。在这一章中，你将找到策略和建议，以制订工作可选方案、进行调研、做出职业决策，并采取行动推动自己的事业向满足感更强的方向迈进。

第 12 章还将提供策略，帮助你通过预测未来和专注于终身学习，实现持续的职业发展，从而应对各种变化。变化促使我们不断适应。几乎每个人在工作中都会受到变革的影响。企业重组时有发生，导致一些岗位消失，同时新的岗位也应运而生；技术变革也在不断改变我们的工作方式。我们生活在一个信息社会，要求工作人员都成为终身学习者。对于任何一份工作来说，思考、学习与变革管理技能的应用已成为事业成功的关键部分。

有时，保持不变就意味着停滞不前。随着周围日新月异的变化，如果我们选择忽视这些变化，只是一味地埋头工作，就会不断失去竞争力。因此，定期评估自己周围变化的形势、可选方案，甚至自身，并据此调整职业方向，可以帮助你采取合适的行动，无论目的地在哪里，都能少走弯路。

你个人看重的东西、所处的情形和坚持的生活风格，也可能随着时间而改变。例如，人际关系、角色、身体与心智状况、健康状况，以及所在地点等发生变化时，都需要重新评估自己的目标和重点。了解自己自然的工作方式，学会规划自己的职业，可以帮助你做出明智的决策，不仅能调整职业与生活路径，还能在个人生活和职场中持续实现最大的满足感。

如何阅读本书

下一章将为你揭示性格类型的奥秘。性格类型是八大工作方式背后的理论基础。一旦你了解自己的性格偏好，就会有一份事项清单帮助你找到最适合自己的八大工作方式之一。本书提供了一系列简单的练习和事项清单，旨在帮助你定义具有个人特色的工作方式。

一旦你明确了自己的工作方式，便可以直接前往描述具有个人特色的工作方式的章节。在那里，你将确定自己的偏好，并更深入地了解哪些因素能让你在工作中获得满足感，哪些则不然。这一章的内容基于数十年来对性格与工作偏好的深入研究，为你量身定制。它不仅会告诉你哪种具体的工作方式最适合你，还会解释你的个人工作偏好是怎样的。此外，它还会指出你在哪些方面需要成长与发展，并提供相应的建议与策略，以帮助你提升适应能力。

在"你的"章节中，你将看到基于上千名从事上百种职业的职场人士的信息总结。你会发现那些与你有着相同工作方式的人是如何在职场上实现满足感的；同时，你还会看到一份职业清单，列出了与你具有相同工作方式的职场人士认为既有益又充满意义的职业。每种职业都包含了多个方面的信息，如职业前景、入行门槛、工作环境氛围以及典型工作环境下的利益准则。这些信息与 O*NET 这一庞大的数据库紧密相连，你可以在其中找到关于每种职业选择的更多信息。

在阅读"你的"章节时，请牢记你是独一无二的个体，你的需求、技能、兴趣和局限将进一步定义你的个人选择。有效的练习、检查清单和总结表格将指导你如何最大限度地利用这一探讨过程。由于每种性格类型的说明都是基于典型特征的，因此你需要在完成练习的同时，结合实际情况进行调整，以体现你与那些具有相同工作方式的人之间的共性与差异。这样做将确保你找到真正属于你的自然工作方式。

当你开始关注自己的工作方式时，你将能够利用这一认知做出明智的职业选择。我们始终面临的挑战是确保选择的道路是正确的，沿着它走下去，我们将抵达自己的目的地。很多时候，由于我们未能明确自己的方向，当最终到达一个并非目标的地方时，我们会感到惊讶。

第 11 章和第 12 章中的职业规划过程将帮助你将自己的自然工作方式应用于当前的实际情境中。在第 11 章中，你将评估自己的技能、兴趣、价值以及工作需求与偏好，以实现工作满意。而在第 12 章，你将学习如何做出合适的工作选择，完成职业研究，并在深思熟虑后确定自己的职业方向。这样，你就能掌控自己的职业进程，并采取行动确保找到真正适合自己的工作。

第2章
性格类型简介

性格的差异是与生俱来的，这恰恰是区分不同人的关键特征。比如，有些人天生就易于相处，有些人则谨慎有序，还有些人善于变通。基于这些差异，许多性格分析模型或工具被创造出来，以帮助我们了解和识别人的不同性格类型。本书所依据的性格分析理论源自著名心理学家卡尔·荣格的研究，他深入探讨了人们在信息收集和决策上的不同倾向，以及适应外部环境的不同方式。

在卡尔·荣格的性格类型理论基础上，美国心理学家凯瑟琳·库克·布里格斯和她的女儿伊莎贝尔·布里格斯·迈尔斯进行了优化和改良，经过60多年的研究和完善，形成了今天的MBTI（Myers-Briggs Type Indicator）性格分析工具。

本书采用MBTI工具，对性格类型偏好进行了评估和概述，同时提供了一种非正式的方法来引导读者自我评估性格类型偏好。然而，自我评估可能受到多种情境和个人可变因素的影响，因此，在评估时充分考虑这些可变因素是关键，也是充分使用MBTI工具的最佳途径。国际心理类型协会（APTi）可以推荐你所在地区经验丰富的专家进行MBTI性格评估，并对评估结果进行解读。

性格类型是一种无偏见的工具，旨在评估个体的优势和天赋。与其他性格评估工具相比，这是一个全新的视角，因为它避免了将"正常"与"不正常"进行对立的比较。了解自己的性格类型，可以帮助我们以更积极的方式利用自己的个人偏好。

根据性格类型理论，我们在面对和应对外部世界时，主要有四组对应的典型方式。在每组中，你都会倾向于选择其中之一。通过选择每组中最符合自己性格的倾向，我们可以得到一个由四个英文字母组成的性格倾向组合，这代表了16种性格类型之一。请仔细阅读四种对应的偏好组合，并判断哪个矩阵最适合你。

外向型和内向型

外向/内向倾向组合描绘了不同个体与外界的交互模式。外向型的人往往对外界更为关注，倾向于行动驱动，而内向型的人则性格较为内敛，偏好深思熟虑。

外向型（E）	内向型（I）
"我们讨论一下吧。" 外向型的人通常倾向于： ● 将注意力集中在外部环境上，通过与他人交流、行动等方式获取和处理信息。 ● 不太喜欢复杂的程序，难以长时间专注于单一任务，特别是在需要独立完成时。 ● 在与他人合作分享、讨论和处理信息时，他们的学习和工作效率最高。 ● 在处理事情时，他们喜欢提出问题以引发讨论，并倾向于迅速回答别人提出的问题。 ● 乐于分享信息并与他人互动，善于表达自己，通常能使对方感到容易理解。	"让我想想。" 内向型的人通常倾向于： ● 沉浸于自我内心世界，通过思考、自省来吸收和消化外部信息。 ● 偏好安静的工作环境，能够长时间专注于一项工作，并希望避免受到干扰。 ● 在拥有充足时间自己了解和处理相关信息时，学习和工作效率最佳。 ● 习惯三思而行，因此面对被要求及时回应或立即行动的情况时，会感到不适。 ● 在分享信息或展开互动时，会小心选择对象；为人安静，通常注重隐私，表现得较为保守。

在日常生活中，每个人都会运用这两种倾向，但通常只会对其中一种产生更为明显的偏好，使用起来更自然且感到舒适。就我个人而言，我更倾向于：

☐ 外向型（E） ☐ 内向型（I）

实感型和直觉型

实感/直觉倾向组合定义了不同人获取信息的方式,其中实感型的人通常注重事实和细节,而直觉型的人对抽象的模型或可能性抱有浓厚的兴趣。

实感型(S)	直觉型(N)
"请告诉我具体事实。"	"我要了解全局。"
在获取信息的过程中表现为实感型的人通常倾向于:	在获取信息的过程中表现为直觉型的人通常倾向于:
• 讲求实际,实事求是;首先关注信息中的相关事实与有趣的细节,随后才深入研究背后的模式或整体理念。 • 对于按照自己目前的理解去应用事实非常有兴趣。 • 按照平稳的速度,认真完成手头的工作;通常都是按部就班。 • 面对需要长时间实现的抽象想法或未来规划时,会感到不耐烦或者沮丧。 • 在工作过程中喜欢掺入情感因素;喜欢以讲求事实且井井有条的方式展示信息。	• 热衷于探究事实背后的深层含义,以及局部事实如何交织成整体;更多地关注事实背后的隐喻、可能性及其相互关联,而非仅仅局限于事实和数据本身。 • 更倾向于思考未来,力求洞察"全局"。 • 喜欢在不同的想法和工作之间自由切换;他们可能会突然爆发出惊人的冲劲,但持久力稍显不足。 • 喜欢构思新想法;在面对烦琐的细节时,可能感到力不从心或失去兴趣。 • 偏好构思想法或新理念,喜欢对信息有一个整体性和概念性的把握,而非过分拘泥于事实。

在日常生活中,每个人都会运用这两种倾向,但通常只会对其中一种产生更为明显的偏好,使用起来更自然且感到舒适。就我个人而言,我更倾向于:

☐ 实感型(S)   ☐ 直觉型(N)

理性型和感性型

理性/感性倾向组合体现了不同人在处理信息和制定决策时的风格。通常，理性型的人倾向于通过逻辑分析得出合理的结论和决策，而感性型的人更多地考虑个人价值观以及决策对他人的影响。

理性型（T）	感性型（F）
"这合乎逻辑吗？"	"会有人因此受到伤害吗？"
在处理信息和制定决策过程中表现为理性型的人通常倾向于：	在处理信息和制定决策过程中表现为感性型的人通常倾向于：
• 强调对信息进行深入的逻辑分析。	• 关注事情对个人所产生的影响。
• 客观地审视信息，评估其对因果关系的影响以及可能产生的最终结果。	• 会以主观的视角来审视信息，评估其如何影响相关的人或产生何种结果。
• 倾向于将工作与私人关系明确区分；通常不会在工作中涉及个人问题，也不会轻易发展亲密的私人关系。	• 乐于与同事建立友谊，积极培养私人关系；通常喜欢通过私下交流的方式更好地了解同事。
• 希望自己和他人都能胜任工作，善于发现问题，并给出具有针对性的建设性反馈。	• 期望得到他人的支持和鼓励，同时也会给予他人同样的支持和鼓励；能够发现他人的优点，并乐于给予正面的反馈。
• 专注于具体的工作任务，追求高效；总是希望找到更高效的工作方式。	• 强调以人为本，乐于合作，喜欢在融洽的氛围中开展工作。

在日常生活中，每个人都会运用这两种倾向，但通常只会对其中一种产生更为明显的偏好，使用起来更自然且感到舒适。就我个人而言，我更倾向于：

☐ 理性型（T）　　　　　　　　☐ 感性型（F）

系统型和弹性型

系统/弹性倾向组合反映了不同人安排时间和生活的方式。通常,系统型的人果断,偏好掌控,生活井然有序;而弹性型的人始终保持开放的态度,个性灵活,喜欢即兴而为。

系统型（J）	弹性型（P）
"动手去做。"	"让我们静观其变。"
系统型的人通常倾向于:	弹性型的人通常倾向于:
• 尽快做出决定以尽快解决事情。	• 推迟决定,以便收集更多信息。
• 具备强烈的计划性和条理性,热衷于制订计划并管理自己的时间表。	• 灵活应变,适应性强,在没有固定时间表时最为自在。
• 喜欢预先设想结果,并明确所有参与者的角色和期望;对规章制度和常规流程有很高的容忍度。	• 处事灵活,适应能力强,热衷于变换角色;通常会对过多的规则和例行公事感到沮丧。
• 跟进并完成具体的任务和项目。	• 喜欢启动新项目,从事新工作,而不是坚持到底地完成一个项目。
• 喜欢事情按计划有序进行,遇到意外的变化时通常会感到不安。	• 喜欢变化,在面临未知、不确定或意料之外的变动时最为开心。

在日常生活中,每个人都会运用这两种倾向,但通常只会对其中一种产生更为明显的偏好,使用起来更自然且感到舒适。就我个人而言,我更倾向于:

☐ 系统型（J） ☐ 弹性型（P）

阅读前面表格中的说明文字,并填上自己的答案,这样就可以评估出自己自然的性格类型。需要注意的是,本书给出的说明都是概括性的,因此并非所有叙述都会完全适用于你或任何其他人,这一点至关重要。你如何形成及展现性格偏好,很大程度上受到你当前状况和过往经历的影响。

同时,还有诸多个人因素可能影响你对自己的认知。你或许会在追求成功的过程中,忽略原本的个性特征,而学习并掌握与自身偏好相反的技能与特质。在人生的某个阶段,你可能因为需要或选择,而展现出之前未曾使用过的偏好。他

你的职业性格是什么？

人也可能鼓励甚至强迫你做出与自身自然行为方式大相径庭的决策。在这个时期，你可能因为某种压力而做出反应，而这些压力正是导致你难以准确判断自己原始偏好的原因。因此，仅仅依赖一个简单的检查清单可能无法提供足够的信息，使你清晰地认识到自己的自然偏好及其影响。

为了更深入地了解自己的偏好，本章的下一部分将探讨性格类型偏好之间的相互作用，并基于此建立对性格偏好的基本理解。在此阶段，你可以尝试为自己选择一个性格代号，这个代号是一个由 4 个字母组成的组合，每个字母代表你在每组对应的性格偏好中更倾向的选择。现在，在你了解自己的偏好后，便能够得出一个性格类型。

我的 4 种性格偏好是_____ _____ _____ _____ 。

4 个字母组合中的每个字母代表一种独特的性格类型，因此共有 16 种可能的组合，每种组合对应着一种不同的性格类型。但请注意，你的 4 个字母性格类型并非仅仅是 4 种偏好的简单叠加。实际上，这 16 种字母组合各自代表了一种独特的世界观。正因如此，虽然 ISTP 和 ISTJ 两种性格类型在组合中有 3 个字母相同，但两者之间的差异却相当显著。为了简化理解，我们可以将这 16 种性格类型划分为 8 个组合。

之所以进行这样的划分，是因为每对组合中的两种性格类型在某些重要特点上存在共性：它们以相似的基本视角看待世界，并偏好相同的工作方式。在后续章节中，我们将逐一详细探讨这 8 种工作方式，届时你将发现每组中的两种性格类型既有相同点，也有各自的不同之处。这 8 种方式着重体现了你性格中最稳定、最自如、最成熟的部分。了解自己的自然工作方式后，你就能选择最适合自己，并带来最大满足感的工作。

在阅读这 8 种工作方式的描述时，你可以借此机会再次评估自己的自然偏好，确认所选的 4 种工作方式是否准确地反映了你的工作偏好。如果你对某种偏好存在疑虑，可以通过比较两种对应的工作方式来做出判断。例如，如果你不确定自己是 S 型还是 N 型，但确信自己符合 E、F、P 型，那么可以对比 ESFP（反应型）与 ENFP（探索型）的描述，看看哪一种更符合你的实际工作方式。

8 种工作方式介绍

本部分将介绍性格类型偏好之间的相互影响。你可以利用这些描述和检查清单来验证自己偏好的工作方式，从而确认之前对 4 个字母性格类型的判断是否正确。在阅读描述时，请重点关注你更倾向于做什么，而非你在生活中学习到的行为，或他人对你的期望。由于这些工作方式在性格偏好上有一定的共通性，我们可能会发现自己的偏好似乎与多种工作方式相符。然而，大多数人都会觉得 8 种工作方式中的某一种特别符合自己的工作偏好。

反应型的人：行动与适应

性格类型：ESFP 和 ESTP

反应型的人能够快速通过行动对周围环境做出反应。他们拥有敏锐的观察力，能迅速察觉问题或机遇的所在。他们的自发性很强，喜欢对即时发生的情况迅速做出反应，这种反应往往是不假思索的实际行动。

通常，反应型的人享受即兴、变化以及灵活应对带来的满足感。他们具备即时解决问题或完成事务的能力，尤其热衷于处理紧急情况或解决实际问题。

在观察和回应周围环境时，我们都会采用类似的方式。例如，在钉钉子时，我们会留意钉子是否弯曲，并据此调整下一锤的力度和方向。在一定程度上，这是每个人都可能采取的行动：观察并做出相应反应。但反应型的人更倾向于，也更擅长直接观察和行动。他们始终关注周围的行为和反应，并主动调整自己的行为以与之协调。以下是一位反应型的人描述的他所钟爱的工作方式：

"我现在只想付诸行动并从中寻找乐趣。与其他事物相比，我更偏爱变化和行动。我活在当下。如果无法享受此刻，那么生命的意义何在？我只愿每天都过得心满意足。"

反应型的人在工作中的表现

☐ 我常常四处走动，积极寻找行动的机会。我习惯性地走来走去，寻找合适的时机采取行动。

☐ 我热衷于解决问题，偏好即兴而为，将精力集中在切实可行的解决方案上。

☐ 我喜欢细致观察，并善于调动自己的感官去感知周围的一切。

☐ 我通常更看重眼前的时刻，享受当下的体验。

☐ 我倾向于对当下最吸引我的事物做出回应，而不是去处理那些枯燥无味的工作。

☐ 对于例行公事、可预见的事情以及理论性的内容，我通常会感到乏味。

☐ 我偏爱亲身参与动手工作，享受实际操作的过程。

你的职业性格是什么？

- ☐ 我信赖自己通过感官获得的信息，包括看到的、听到的、闻到的以及触摸到的。
- ☐ 我喜欢面对具体的挑战，享受在当下进行互动或即刻投入情感的感觉。
- ☐ 在遇到危机或紧急状况时，我能够快速做出反应，迅速应对。

探索型的人：创新与主动
性格类型：ENFP 和 ENTP

探索型的人如侦探般对周围环境保持警觉，热衷于探寻不相干事物间的潜在联系。他们习惯将各种想法串联起来，探寻其中的联系。相较于已发生之事，他们更偏爱关注可能发生的未来。他们总能从所感、所历、所想中洞察出无数可能。探索型的人充满热情，关注未来，因此乐于改变现状。对他们而言，每个环境都是尝试新事物的良机。他们往往被那些需要预测未来和发挥创意的工作所吸引。

通常，当我们需要构思完成任务的新方法时，就会采用这种思维方式。在一定程度上，每个人都能看到事情的多面性，但探索型的人更热衷于那些能让他们寻找并运用某种模式来创造新可能性的活动。下面是一个探索型的人描述的他所钟爱的工作方式：

"我在从事前所未有、独一无二的工作时最为兴奋。我享受走在前沿，常常能在多个领域率先提出新颖的想法。我时常会有新的创意涌现。"

探索型的人在工作中的表现

- ☐ 我热衷于构思并尝试新想法。
- ☐ 我并不喜欢将过多注意力集中在细节和事实上。
- ☐ 我擅长于建立不同事物和想法之间的联系。
- ☐ 我着眼于未来，以可能性为导向。
- ☐ 我期盼、寻找甚至创造变化，并帮助他人做同样的事情。
- ☐ 我享受在同一时间参与多个富有创造力的项目。
- ☐ 为了维持对工作的兴趣，我需要不断地变换工作任务或多样化的工作内容。
- ☐ 我常常在截止期限的最后一刻突然激发出创造性能量。
- ☐ 我更偏向于发起一个项目或构思新项目的整体框架，而不是去完成它。
- ☐ 与做决定相比，我更喜欢探索和发现新想法。

第 2 章　性格类型简介

果断型的人：直接与决断

性格类型：ESTJ 和 ENTJ

果断型的人对逻辑分析情有独钟。他们拥有出色的情境判断力和敏锐的问题发现能力。他们不仅组织能力强，工作效率高，还对自己能以最少时间完成最多工作的能力感到自豪。果断型的人热衷于解决复杂问题，注重工作效率和有序管理。他们具备迅速分析形势、掌控局面并动员他人共同完成任务的能力。

在列举优缺点或组织工作时，我们都会运用逻辑分析的方法，并且在一定程度上，几乎每个人都会使用这种方法来做出判断。但果断型的人更加偏爱和擅长需要深度分析和高效组织人力物力才能完成的工作和活动。下面是一个果断型的人描述的他所喜欢的工作方式：

"我热衷于不断前进并完成工作。看见自己取得的成果是我努力工作的动力。我喜欢管理和监督他人的工作。在工作中，最让我感到困扰的是计划不周和效率低下。"

果断型的人在工作中的表现

- ☐ 我努力制定并遵守清晰的规章和守则。
- ☐ 我认为对与错之间有着清晰且明显的界限。
- ☐ 面对工作中的各种状况，我的首要原则是以解决问题和完成任务为核心。
- ☐ 我能够迅速判断形势并指派他人采取相应的行动。
- ☐ 我通常都保持努力工作。
- ☐ 我倾向于在高效、有序的工作环境中工作，若环境不符，我会积极营造。
- ☐ 我擅长有策略地组织和领导他人。
- ☐ 我认为能力、清晰的思维和逻辑分析能力是至关重要的。
- ☐ 很多时候，我更注重工作而非人情。
- ☐ 我喜欢能提升逻辑能力的事物，比如学习新技能或进行相关的练习。

贡献型的人：沟通与合作

性格类型：ESFJ 和 ENFJ

贡献型的人关注人际关系的互动以及他人的价值观和观点。他们积极与他人联系，努力营造和谐合作的氛围，并确保每个人都能参与其中，收获快乐。对他们而言，组织和协调事件、过程

你的职业性格是什么？

和活动，以表达对他人需要的关切，是他们特别感兴趣的工作。他们天生具备欣赏他人的能力，因此也希望自己的独特性和努力能得到他人的赞赏。

我们在用心记住别人的生日、庆祝某件事情或某个人的成功、参与社会和家庭的传统活动、与他人分享得失时，都会展现出贡献型的一面。在某种程度上，每个人都懂得如何建立联系和关心他人，但贡献型的人更偏好和擅长那些需要主动与他人沟通合作的工作。下面是一个贡献型的人描述的他所喜欢的工作方式：

"在工作中，我总是努力在员工中激发强烈的团队意识。对我来说，理解每个人的需求，并营造一个能让他们充分发挥能力的工作环境非常重要。这种团队意识有助于我们与顾客建立稳固的关系，而我们的工作就是响应并满足顾客的需求。"

贡献型的人在工作中的表现

- ☐ 我乐于为他人出谋划策，指导他们如何行动。
- ☐ 我总是热心肠，乐于照顾他人，并热衷于倾听他人的观点。
- ☐ 我喜欢组织、协调并规划能赢得他人喜爱的活动。
- ☐ 我会主动采取行动，以促进彼此间的信任感和合作精神。
- ☐ 我会努力在团队中营造和谐融洽的氛围，促进大家达成共识。
- ☐ 我希望积累更多经验，以便更好地理解他人的价值观、想法和反应。
- ☐ 我喜欢参与那些旨在奖励他人、支持他人的社会活动与传统。
- ☐ 我通常具有强烈的社会责任感，倾向于扮演社会角色。
- ☐ 有时候我会忽视自己的需求，因为我总是忙于满足他人的需要。
- ☐ 我热衷于组建团队，推动团队发展，并在团队中扮演引导者的角色。

缜密型的人：专注与稳定
性格类型：ISFJ 和 ISTJ

缜密型的人热衷于收集并识别信息，随后投入时间将这些信息与过往的经验和知识相结合，进行深入的整合和理解。通常，他们决策和行动的依据主要是自己所积累的过往事实和经验。面对问题时，他们往往会花费大量时间从以往的经验中找寻答案。他们擅长记住并沿用那些经过验证有效的策略。

我们每个人在回忆过往时都会采用类似的方式。例如，当被问及喜欢的汽车、音乐或假期活动等细节时，我们往往会依靠这种回忆方式。这表明，每个人都在一定程度上具备保存和归纳自己经历的能力。然而，对于缜密型的人来说，这种方式是他们理解和处理周围事物时的主要手段：他们关注、收集、组织和存储过往的事实和经验。以下是一个缜密型的人在考虑创作一本历史小说时，描述自己偏好的工作方式：

"在开始写作之前，我会回顾自己和他人过往的经历，以收集尽可能多的信息或资料。我喜欢在正式动笔前完成所有的研究工作，确保对与创作内容相关的历史事实有深入的了解。然后，我会在动笔之前坐下来，全面思考我所要写的内容，我会反复思考，深思熟虑后才开始动手。"

缜密型的人在工作中的表现

- ☐ 我热衷于收集许多有用的相关事实。
- ☐ 其他人总会觉得，只要是我感兴趣的领域，我就会成为这方面的专家。
- ☐ 在面对工作时，我倾向于制订详细的项目方案。
- ☐ 我可能觉得，一个有趣且复杂的项目会完全占据我的时间与注意力。
- ☐ 面对当前的局面，我会在意识到的情况下，忠实地应用自己的个人原则或价值观。
- ☐ 在开始执行某些规则和标准之前，我首先会了解它们并认同它们。
- ☐ 我在制定决策的过程中，会考虑我获知的每一个相关事实。
- ☐ 他人对我的印象是，我事无巨细，小心谨慎，对细节一丝不苟。
- ☐ 在完成例行公事并遵循流程时，我展现出极大的耐心。
- ☐ 我喜欢在无干扰的情况下，专心致志地投入一件事情很长时间。

愿景型的人：解释与执行

性格类型：INFJ 和 INTJ

愿景型的人对未来充满憧憬，他们喜欢花时间进行深入的思考、总结和归纳各种数据、想法或经验，以挖掘其中蕴含的深层含义。他们通过创造并持续调整富有意义的思维框架，来帮助自己回顾和解读过去的经历。他们热衷于探索事物未来发展的各种可能性，因此常常为改进现有系统和程序制订复杂的计划。

在学习和比较某个理论框架，或者对数据或理念进行解读时，我们通常都会采用类似的方法。也就是说，每个人在一定程度上都会总结归纳经验，并将这些经验与理论、思维方式相联系，但对于愿景型的人来说，这却是他们理解世界的主要方式。下面是一个愿景型的人描述的他所喜欢的工作方式：

"我喜欢按照自己的思路去工作。我会不遗余力地构思新的想法。对我而言，为从构思到执行的每一个细节制订一个全面的项目计划至关重要。我的优势在于丰富的想象力和全局把握的能力。"

愿景型的人在工作中的表现

☐ 我热衷于接触并尝试理解抽象性的概念和符号。
☐ 我总能创造出新的理念范畴和可行的愿景。
☐ 我对现有的知识、真理和推断持有质疑态度,并乐于进行分析。
☐ 我发现处理语言的精确性和含义的多重性颇具挑战性。
☐ 我会对社会的基本认知和概念进行深入分析和质疑。
☐ 我既决断又足智多谋,擅长领导和解决问题。
☐ 我偏爱复杂且有难度的挑战。
☐ 我对理论和概念的兴趣超过具体事实。
☐ 我喜欢在行动前对全局进行观察和了解。
☐ 我处理事情时表现出果断的态度。

分析型的人:审视与评估
性格类型:ISTP 和 INTP

分析型的人乐于将时间投入在信息分析上,进而得出符合逻辑的决定。面对问题和任务,他们首先会收集信息,然后通过逻辑思考不断提问,以找出最佳的行动方案。在解决问题时,他们热衷于运用科学原理、科技或其他领域的专业知识。他们乐于尝试并验证自己的想法,对测试得出的结论保持关注。他们倾向于从不同的角度进行尝试,并观察接下来将发生的事情。

通常来说,每个人在思考问题或做出逻辑决策时都会采用这种方式。也就是说,每个人都在一定程度上利用逻辑思维来梳理思绪,但这种方式对于分析型的人来说是他们认知世界的核心方式。以下是一个分析型的人所描述的他所钟爱的工作方式:

"作为一名负责救护车服务的紧急医疗救护员,我热爱这份工作。每个打进来的电话都代表着一个新情况的出现,此时我需要立即进行分析,为病人做出恰当的安排。然而,经过一段时间的工作,我意识到仅仅应对紧急情况是不够的。我渴望找到一种机制,能够预防紧急情况的发生,而不仅仅是应对它们。"

分析型的人在工作中的表现

- [ ] 我喜欢抓住即兴的机会独立工作。
- [ ] 我通常更关注事实背后的逻辑性原理,而非事实本身。
- [ ] 我能够将事实和逻辑上的可能性紧密串联起来。
- [ ] 我喜欢审视并反思各种状况,以搞清楚事情发生的原因。
- [ ] 我渴望了解我的行动是如何影响并改变现状的。
- [ ] 在判断不同情况时,我首选的原则是逻辑和客观性。
- [ ] 我深信理性思维和分析的价值。
- [ ] 在很多人眼中,我是一个安静、离群且看似不近人情的人。
- [ ] 我更倾向于搞清楚事情发生的原因,而非直接执行既定的解决方案。
- [ ] 通常情况下,我适应能力很强,但强烈反对那些不合逻辑、缺乏合理依据的变化。

关顾型的人:关心与联系
性格类型:ISFP 和 INFP

关顾型的人在任何情况下都充当着人际关系中的润滑剂。他们热心关心他人,关注他人的感受,以及不同环境和场景对个人可能产生的影响。他们通常会非常谨慎地迎合他人,总是优先考虑他人的需求,然后才考虑自己。在评估和分析某些情况时,他们会投入大量时间考量自己和他人的价值观。

在选择送给朋友的相册中应该放置哪些照片,或者决定做什么菜以满足一群人的口味时,他们都会采用这种方式。在一定程度上,每个人都在努力理解并将个人经历与个人价值观相联系,但这却是关顾型的人理解世界的主要方法。下面是一个关顾型的人描述的他在团队中喜欢的工作方式:

"我常常会指出他人的优点,帮助他们认识到自己的专长如何对整个团队产生积极影响。我愿意在幕后默默付出,确保工作的顺利进行。给予队员们必要的支持和鼓励,使他们能够达到最佳的工作状态,这一点对我来说非常重要。"

关顾型的人在工作中的表现

- [ ] 我喜欢参与那些我认为有意义的活动。
- [ ] 我关注在生活中保持外在和内在的和谐。
- [ ] 我希望在工作中能够传达我的价值观和个人理想。

你的职业性格是什么？

- ☐ 我追求生命中更高的目的和更深层次的意义。
- ☐ 除非我的个人价值观受到挑战，否则我是一个容易接受新事物、灵活且容易迁就他人的人。
- ☐ 当我的价值观受到挑战时，我会变得非常坚持并固执己见。
- ☐ 我拥有强烈的人道主义精神和情感信仰。
- ☐ 我很少主动表达我重视的价值观，因此一般人难以真正了解我。
- ☐ 我非常忠诚，愿意为有价值的目标、人群和理想奉献。
- ☐ 尽管我容易被苛刻或挑剔的评价所伤害，但我通常不会轻易表露出来。

验证你的工作方式

希望通过阅读本章内容和自我评估，你已成功选出了自己的 4 种性格类型，并基于此确定了自己的工作偏好。若你仍对性格偏好和工作方式的选择有所犹豫，后续章节中对 8 种工作方式的详细描述或许能为你提供帮助；或者，你可以在与他人的互动中寻找线索，检验你的选择是否准确。此外，征求身边人的意见也是一个不错的选择。

回顾本章对性格类型的描述，请仔细审视你选择的 4 个字母，确认它们是否真实反映了你的个性。若有必要，你可以寻求专业人士的协助，让他们对你的性格分析结果进行解读，这将有助于你更准确地判断自己的性格类型和自然工作方式。

请记住，我们都有能力胜任各种工作任务，而描述我们真实情况的标签也不止一种。但研究显示，对于每个人来说，8 种方式中总有一种是核心偏好，即我们最常用的工作方式。其他方式可能作为支持或附属存在。随着你能力的增强和经验的积累，你将学会利用这些方式助力自己的成功。当你了解了自己最信任的方式后，你会发现其他方式都是这一方式的发展和延伸。

本书所描述的 8 种工作方式，其关注点并非你能做什么或不能做什么。请避免利用性格类型来划分人群、贴标签或设限，无论是对自己还是他人。相反，我们应利用这些工作方式上的差异来预测和理解一些自然发生的现象。性格类型只是起点或基础，其他方面的偏好都是从这里发展而来的。

接下来的 8 章将深入探讨这些工作方式。你可能发现，直接阅读描述自己工作方式的章节会更为有效。完成这一章节后，你可以直接跳转到本书最后两章，了解如何利用这些信息规划自己的职业发展道路。

第 3 章
反应型的人：行动与适应

性格类型：ESFP 和 ESTP

我以建造小木屋为生。这份工作需要大量体力，但我本身就喜欢积极向上努力工作的生活方式。没有两间房子是一模一样的，我需要根据场地去对房子进行设计，然后开始建造。每当看到房子初具雏形，我就觉得非常满足。每个工程都会有问题需要解决，对我而言，找到解决问题的办法继而完成工作，就是很大的乐趣。我可不认为我会喜欢整天坐在桌子前翻看报纸的日子。就是这份需要体力劳动的工作驱动我的人生不断前行。

——一个反应型的人

最新研究显示，在美国成年人中，反应型的人所占比例为 12.8%。对反应型的人来说，追求实际、积极主动，并且不断地适应自己所处的环境是他们的天赋本能。凭借敏锐的观察力和迅速反应能力，他们能够有效地解决突发状况、洞察他人或发明新产品。反应型的人具有敏锐判断所处环境及周围所发生事情的能力。他们保持开放的态度，并不急于对周围的事情下定论，而是先通过敏锐的观察精准地了解所发生的一切，然后在短时间内投入其中，迅速采取行动。他们会快速评估环境并调整自己的行为，对自己接收到的感官信息直接做出反应，是他们与生俱来的特征。反应型的人追求即时的、具体的经历，因为这样可以为他们带来可靠的知识来源，使他们在未来的环境中可以以讲求实效的方式借鉴运用。反应型的人擅长利用各种资源去寻求问题的解决方案，是勇于活在当下的人。

反应型的人的工作方式

■ 反应型的人做什么最自然

迅速行动

因为反应型的人倾向于对周遭的事情迅速做出反应，积极而实际，所以要求立刻做出反应的状况，往往会让他们产生兴趣。面对和处理突发问题或者不断变化的状况，是他们所擅长的事情。他们享受解决问题和处理危机带来的成就感，喜欢刺激、快节奏的工作。

对于反应型的人来说，严谨的结构、周密详尽的计划和明确的责任是一个束缚。他们讨厌因为工作而放慢自己原有的节奏，面对例行公事、需要严格遵循程序的事情及日常琐事表现烦躁。只要有机会，他们就会逃避"常规但正确"的处事方式，以保持自己快速反应的敏锐度。他们会不断强调逾越规矩做事的优点，尤其是在紧急情况下。一个反应型的人开玩笑地描述道：

"我非常同意一种观点，请求原谅比请求批准要简单得多。在工作中，请求批准会产生各种各样的障碍，拖慢我行动的速度。我的经验——勇往直前，率先行动，然后再解决因此产生的后果。"

无可避免地，有些人把反应型的人的"擅自行动"解读为不负责任和难以捉摸。他们要求自主和我行我素的行为，常被视为对权威的挑战。即使反应型的人希望可以在某种程度上掌控自己的行动，但是他们也喜欢与他人互动的过程。在其他人闷闷不乐的时候，他们通常可以敏锐地捕捉到对方的情绪，而且还会发挥自己的幽默感让可能发生的冲突和分歧化为无形。

反应型的人通常是高效的问题解决能手，他们总会以充满创造力的方式发挥自己的实干精神，圆满地完成任务。每当有问题或危机需要解决时，他们通常会沉浸其中，充满活力。他们醉心于那些需要处理紧急状况的工作，如消防员、警察、应急快速行动人员或救生员。作为一名反应型的人，你会不断寻找各种方法，从而保证在自己的工作中可以保持积极向上的精神和快速反应的状态。

积极主动

反应型的人不喜欢整天干坐着的工作，那些能够让他们到处走动、运用动手技能的工作才是他们所需要的。一个反应型的成人教育老师这样描述她在工作时必须时常离开办公桌，在四周走动时的心情：

"我觉得老是坐着批阅试卷很乏味。当我有很多试卷要批阅时，我经常停下来休息，并在办公室内四处走动，我的同事因此嘲笑我老是在办公室踱步。但要挺过这段时间，不时地歇息以活动活动筋骨太必要了。我在上课的时候，也经常组织很多实地考察活动，或者安排动手实验。"

那些能够急中生智的机会总是能让反应型的人兴致盎然，而且，他们也喜欢迅速地参与进来，在短时间之内采取行动。你很难发现他们站在一旁袖手旁观，或者站在背后无所事事。他们会竭尽所能地采取一切行动，调动各种资源来完成工作。

追求实际的解决方法

反应型的人面对自己的工作总是怀揣着现实感，他们以追求事实的心态高度关注周围的世界和相关细节，并迅速接受事实以求掌握真相。

对反应型的人而言，用理论、抽象或比喻的方式去阐释这个世界的运转过于间接和复杂。对他们来说，如果理论可以直接应用的话也许还有一定的价值，但重点是先关注具体事实。他们只信任那些可以直接体验和感受的东西。

反应型的人注重看得见摸得着的产物或成果。在工作中，他们会通过不同的方式表达这种关注，如插花、布置办公室、销售产品、摄影或种植植物等。对他们来说，这些过程充满乐趣，可以让他们保持兴奋的心态。不断改变环境对于他们来说是最理想的，因为这样他们也就有机会接触到不同的工作。

一个反应型的木工是这样描述他对这种方式的偏好的：

"我觉得在店铺中不断重复做同样的柜子很无聊。我更喜欢多样化和有趣的工作，像是按照顾客具体的要求进行设计，更改柜子原本的设计使其适应形状不规范的厨房空间，或者发掘一些柜子可以实现的不同寻常的功能。"

观察与适应

反应型的人大都喜欢在快速变化的环境或形势中工作。他们具有很强的适应力和高度的灵活性，热衷于主动发现改变并做出积极的应对。正因为如此，他们通常很难说出自己最喜欢的工作类型，因为他们喜欢的工作形形色色，他们在意的不是具体的工作内容，而是工作中可以不断应对变化。反应型的人总是可以不费吹灰之力在很短时间内进入某种形势或者参与到某项工作当中来。

如果他们的工作环境不够激励人心，反应型的人很快就会变得兴致全无。作为反应型的人，你会发现自己面对预见性很强，每天都循规蹈矩的工作环境会觉得索然无味，尤其在需要完成重复性工作时，你更是会觉得自己完全提不起精神。在这些情况下，工作无法抓住你的注意力，你可能找寻其他途径让自己全神贯注。为了做到心无旁骛，你需要扩展自己的职责范围，或者设计某一个有趣的挑战，这样才能保证自己可以在工作中维持积极而兴致盎然的状态。

反应型的人以直接的方式从经验中学习成长。他们经常重新界定事情的处理方式，积极尝试新鲜事物或者方法，喜欢即兴创作或对已有的事物进行改动和修缮。在使用手头上已有的材料创造全新解决方案方面，他们无疑可以称得上是专家。在例行工作之外，他们也许会兴之所至地捣鼓一些额外的事情来为自己的日常生活增加一些趣味性。这样的做法可以帮助他们在需要面对可预见性的过程中应对令他们头痛不已的枯燥感。

通常情况下，反应型的人对于世界的观察敏锐而精准。如果你本身就是反应型的人，你会有强烈的审美意识和敏锐的感知能力。可以找寻不同的方式并以一种实用的方式来利用自己的感觉。或许，你可以在户外工作或者使用某些工具。思考一下，是否可以做一些有意义同时自己也感兴趣的事情，或者是否有机会可以通过自己的各种感官与感觉来体验周围世界的事情。给自己的工作环境增添一些审美上的亮色，可以是一碗五颜六色的糖果，可以是动人心弦的音乐、意味深长的照片或漂亮的烛光。

如果你是反应型的人，找寻机会，保证自己可以在迅速变化的环境中工作。启动新的项目或者参与很多形形色色的活动，而不是专注在循规蹈矩一成不变的任务当中。要求细心观察并且迅速适应的工作会让你兴致勃勃，同时也会让你有不错的收获。你或许想要考虑创建自己的公司，这样就可以完全掌控自己的行动。但是，记住，个体经营要求你一定要将注意力放在业务的规划与架构上，这是成功的前提。

活在当下

反应型的人具有敏锐的观察力、对所察觉的事情迅速做出反应的能力，以及注重实际的问题处理能力，这三者的结合使他们成为不折不扣的享受生活者。因为享受当下的心态，所以他们尤其关注工作的空间环境并深受其影响。对于他们来说，同时兼顾舒适度和吸引力的工作环境是非常重要的。

比起其他类型，反应型的人更懂得如何享受当下。如果他们不喜欢某些东西，他们会积极努力地去改变它，而不是消极等待，对于未来可能获得改善这种虚无缥缈的远景产生期望，他们的人生满足感直接取自周围的环境，一个反应型的人描述他对当下的关注：

"每当有人邀请我一起去咖啡厅的时候，我总是欣然赴约。没有任何重要的工作或任何迫在眉睫的最后期限可以阻止我抽出几分钟应邀前往，享受今天。"

在其他类型的人看来，这种行为几乎是"不负责任"的代名词，反应型的人"抓住今天"的天性是其他类型的人难以理解和效仿的。在反应型的人看来，每天都是机遇，他们要把握这样的机遇来完成一些妙趣横生或意义深远的事情。千万不要认为他们工作懈怠不努力，因为一旦被激发出工作能量，他们能高效迅速地完成大量工作，无惧沉重的工作压力。然而当停下来休息的时候，他们可以立刻完全脱离工作状态，尽情玩乐，一如工作时一样全情投入。

娱乐他人，与人交往

反应型的人与生俱来的对于人的兴趣，赋予他们迅速、主动了解他人的能力及社会交往的能力。他们惯于仔细观察他人，并泰然接受他人的一切。他们思想开明，宽以待人。生活中，他们富有娱乐精神，总是给别人带来很多乐趣，能够很轻易地融入任何社交圈，可以称得上是"社交明星"。不论在何种场合，运用自然天性，他们很快就能和他人建立友善的关系，并创造出愉快的氛围。他们热爱能够为别人提供服务的职业，满足于很快看到行动产生的影响。

如果你是反应型的人，可以发挥自己与人为善的性格特征，通过观察别人并与对方建立互动关系。应用自己积极主动且乐观向上的处事方法来帮助团体进行协商，达成妥协，协调一致，通力合作。利用自己的人际关系网帮助自己找寻可选的工作机会。认真观察他人，看看自己是否喜欢他们的工作方式。积极提问，在可能的情况下询问对方是否能够给予自己一个机会去尝试新的工作或学习新的技能。

学习和积累实际经验

注重不断积累经验并从经验中学习，是存在于反应型的人群中的普遍现象。他们总是希望用务实的方法学习实际的东西，正如一个反应型的人所说的：

"我从没有做过一份我不喜欢的工作或不能从中学到知识的工作。小时候，我送过报纸，也在零售店里打过工，学到了基本的工作技巧。后来我学到的很多其他东西都源于这些经验。"

很多反应型的人认为所谓正规教育太过抽象和富于理论性，所以特别枯燥乏味。学习要么学以致用，要么学习的过程充满乐趣，这样才能够让他们安下心来认真对待。当然，这并不意味着他们不能或拒绝完成高等教育，相反，很多反应型的人选择极富挑战的职业，如医生或其他科技工作。换句话说，对于反应型的人来说，学校教育的方式不是让他们觉得最为舒服的学习方式，他们所需要的是对学习方法或技巧的关注和培养，尤其是当他们需要处理很多抽象零乱的信息或数据时。他们很难在抽离日常生活的事物中发现实际的价值，因为他们总认为钻研课本和按时上课是枯燥乏味的。

因此，为了应对学校教育，反应型的人大多采用死记硬背的方式，因为他们记忆细节的能力通常很强，但是在面对高度复杂和抽象的课程时，这种策略很容易使他们产生挫败感。一个反应型的人在回忆她的大学生涯时曾经这样说道：

你的职业性格是什么？

"我不喜欢大学生活。一位教授曾指出，我不可能在考试中通过他所教的那门很复杂的课程，因为我总是尝试强记所有细节而不是尝试从整体概念去把握。现在回想起来，我觉得他说得很对，对于我来说，学习的最佳方法是记忆和观察。我动用我所有的感官来记取一些细节。然而，在大学里要记忆的东西实在太多了，我根本难以应付。我只有不断想，熬到毕业我就能自由选择自己可以胜任的工作，才能挺过来。"

反应型的人通常喜欢在可以看到实际应用的过程中学习，如做学徒或在职培训。他们大多不喜欢阅读所谓的使用指南或使用说明书之类的东西。他们在不断尝试和犯错中学习，一件事总会先试着做一下，然后看看到底会有什么结果发生。这种有趣的体验式学习方法使他们乐在其中，并很容易记住在此过程中学习到的知识。因此他们属于从不怕犯错的一类人，而且善于从错误中学习和成长。他们喜欢培养或提升既有的技能，通常在某个特定的领域表现突出。很多反应型的人都有自己的独门绝技，也就是他非常擅长的技术领域。作为反应型的人，为了判断自己事业轨迹上的下一个目的地，你考虑一下对于当下的你来说，什么样的技能和活动才是最具有趣味性的。

反应型的人的自然工作方式

反应型的人在运用自然工作方式时具有最好的表现。了解你的不同偏好，你就可以更准确地评估什么样的工作方式才会让自己获得满足感。下面归纳和总结了反应型的人的性格特点和工作偏好，你可以看看哪些描述更适合你。

作为一个反应型的人，我在下列方面表现最好：

- ☐ 凡事采取主动
- ☐ 凡事亲力亲为
- ☐ 展示具有实用性的创作力或艺术性
- ☐ 结识不同类型的人并与之互动
- ☐ 解决身边发生的问题
- ☐ 享受乐趣
- ☐ 即兴发挥
- ☐ 与他人积极互动
- ☐ 置手头工作于不顾而只是为了享受当前
- ☐ 在工作中运用从实际出发的方法
- ☐ 工作职责多样而变化
- ☐ 逃避严密程序、例行公事和重复性的工作
- ☐ 迅速反应
- ☐ 在充满变化和活力的环境中工作
- ☐ 运用自己的感觉去观察
- ☐ 强调事实和细节
- ☐ 具有独立行动的空间和自由
- ☐ 喜欢谈判、洽谈合作、做出妥协、游说等需要与人建立和谐关系的工作
- ☐ 解决棘手问题，自我调适
- ☐ 个人会直接参与其中，积极行事

最理想的工作方式

回顾对反应型的人的工作方式的总结,摘出最能描述你工作方式的要点并填写在下面的空白处,这样有助于明确你自己想要在工作中从事什么样的具体活动,以及什么样的工作方式才是最能与你契合的。当然你也可以将上面没有提及的要点补充在下面。

对我而言,最重要的工作偏好是:
_____
_____

反应型的人如何缓解工作压力

通过本章前面的内容,你已经确定了自己的性格类型是如何同自己偏好的工作活动与工作风格联系起来的。考虑一下什么样的工作内容和工作环境会让反应型的人感到压力重重或觉得不适合自己,这很有必要。每个人都会在某段时间内从事自己并不喜欢的工作,但是如果需要长时间从事自己没有兴趣的工作,就可能造成工作压力或不满情绪。

本部分内容会着重指出对于反应型的人来说存在哪些工作压力。在阅读本部分的过程中,考虑一下自己目前的工作是否包含了书中所描述的活动。如果答案是肯定的,你需要考虑一下,是否需要通过某种方式改变自己的某些工作内容,或者采取一些办法来最大限度地缓解压力。了解工作中让自己产生压力的要素,可能帮助你明确哪些工作选择不适合自己,从而在实际中绕开这些工作。

对于反应型的人来说,如果某项工作涉及很多时间要求或条条框框,尤其是在最后期限的制定上比较严格,对他们就会造成压力。如果反应型的人需要按照既定的方式来完成某项任务或在共事的过程中需要按照别人的指令来完成工作,他们就会觉得压力十足。在这样的情况下,反应型的人会丧失独立布置工作并调节适应的机会,而这两项工作对于他们能否在工作中获得满足感来说是至关重要的。如果你的工作循规蹈矩,还要受到条条框框的约束,你就需要找寻其他方式来完成任务或者至少保证自己某些时候可以通过其他强调灵活性的工作来进行调节。

虽然反应型的人享受与人们互动的过程,但他们并不喜欢长时间坐在那里讨论某个问题。通常情况下,他们并不想深入探讨双方之间的分歧和冲突是因为什么。ESFP 类型的人通常不喜欢气氛中浮动着不融洽的因素，而 ESTP 类型的人可能觉得，这种类型的讨论与手头的工作毫无关联。如果出现这样的情况，你就需要培养自己的耐心。作为反应型的人，你可能不由自主地就想要借助自己的幽默感来化解这样的氛围，但需要注意的是，其他人可能希望更为严肃地对待这样的状况。

虽然反应型的人对于循规蹈矩和可预见性深恶痛绝，但如果有人将某些改变强加在他们身上，或者需要他们承担新的工作职责，而这些改变与职责又是他们在日常体验中并没有接触过的，这样也会让他们觉得不舒服。如果关于这种改变的信息是含混不清或闪烁其词的，就会让他们觉得更不安。作为反应型的人，如果其他人逼迫你接受某种改变，你可以先考虑是否能通过某些实用的方法来安然接纳。可以要求对方给出更为具体的信息，并将这一改变与目前的现实状况联系在一起。有些时候，如果你能创造性地采取新方式来完成某项任务，就可以发挥你即兴交流的特长，以一种平静的心态接受工作环境中的改变。

针对反应型的人的职业和人生发展策略

这一部分向反应型的人展示了在一生中应该如何从事业中获得最大收获，不仅描述了有可能改善事业规划的两方面，同时也提供了一些实际的建议，帮助读者更为高效地规划自己的职业发展路径。另外，这一部分还讨论了更为私人化的方面。从以上亟待发展的方面综合出发，讨论可用来推动自己现有的职场表现更上一层楼，并实现个人生活的改善、收获个人满足感的一般性策略。

■ 设想未来

虽然你可以通过培养自己的实践能力或把握机遇尝试新的体验来实现职业发展，为自己的未来构想一个愿景，也会让你受益匪浅。很多反应型的人根本不会主动设想未来 3~5 年什么对自己最重要。你可能问，事情本来就是瞬息万变的，没有人会预见将来发生的事情。既然这样，为什么要设想未来呢？但是，如果我们设定了一个长期愿景，就可以想到很多可能性，这些可能性是你个人无法直接体验的——梦想就是由它们构建而成的。由这个愿景出发，就可以专注于探讨各种各样的方式与可能性，并且将信息都联系起来，整合在一起，这样就能让你在决策和行动的过程中更多着眼于长久的收益。这个更为广阔的愿景能助你一臂之力，使你在事业上收获成功。

第 3 章 反应型的人：行动与适应

作为一个反应型的人，你已经非常擅长跳出固有的思维方式来解决实际问题。你可以学会利用这种出色的适应能力为自己未来的职业发展找到最好的方向。这种统观全局的能力能够帮助你明确在工作中，哪些因素是最重要的，并且据此创建愿景。不管你目前正处于事业发展的什么阶段，不管你处于怎样的情势之下，你都会发现，抽出时间对自己的经验进行仔细的沉淀与思考，并且在这一过程中寻求自己事业的主题与方向，会收获许多启迪与感悟。例如，在因为本书受访之后，一位反应型的人说："我之前都没有意识到，工作中的独立性是一件多么重要的事情！"

在停下脚步仔细反思自己之前所从事的各种工作，并且弄清楚自己为什么如此喜欢这些工作之前，他一直没有意识到这一点，而这一点对于他如何进行下一步的选择至关重要。

关于设想未来的建议

- 抽出时间回顾并反思自己的经历，然后问自己一些问题，例如，我为什么喜欢这份工作？我喜欢哪个方面？我对这一方面是否想要了解更多？我未来是不是要更多地参与这方面？
- 通过审视自己的经验与想法寻求对自己最为重要的主题因素。从你感兴趣的活动或你喜欢的工作类型中，是否可以总结出什么规律？如果刚刚参加工作，你可以思考一下自己在学校中涉猎的学科或其他个人经历。什么样的经历让你觉得最有趣？为什么？什么样的话题能够激发你的兴趣？看看能否从自己的兴趣和好恶中发掘出什么规律和主题。
- 抽出几分钟设想一下自己想做的事情，利用自己对细节出色的关注力，想象自己从事某份工作或某个类型工作的画面，越具体越好。如果你需要一些想法，可以阅读能够吸引自己的工作清单，从中找出自己对哪项工作感兴趣。
- 考虑一下希望将来他人记得自己的哪一点，你想要做出什么样的贡献。然后再估量一下每天进行了哪些努力让自己更加接近这个目标。你可以借助这种方法来设想一些自己在个人生活和职业生涯中的目标。

■ 制定职业与生活规划

你可能想跳过这个部分，将自己的重点放在如何改善生活上，而不是思考如何规划人生。一般来说，反应型的人会觉得规划，尤其是长期规划，不如活在当下有意思。周围的世界对于他们来说有一种强烈的吸引力，所以他们喜欢制定一些马上就可以想象或实现的目标。这一点可以成为你的优势，但是你也可能最后变得只能对目前局面做出反应，而对长远机遇与成长全无准备。

面对瞬息万变的世界，你善于适应当下的专注力是难能可贵的，但是很多令人满意的事业与情形，需要隔一段时间才会给予你满足感，需要你放眼未来。对于那些正在养家，而且承担的财务责任与个人职责越来越重的反应型的人来说，这是非常重要的一课。你可能发现，更多关注不同的可能性、设定目标并且寻找不同的方式来实现自己的目标，要比仅仅专注于眼前的事情收获更大。

对一个反应型的人来说，他早期的事业方向有些时候反映的是一系列降临到头上的机遇，而不是朝着一个目标进行有条不紊的努力。学会分清先后顺序，按部就班地执行长期计划可能让反应型的人受益匪浅。一个反应型的人这样说明自己的规划方式：

"我是一个反应型的人。我可能在报纸上看到一个工作机会，然后马上去应聘。或者，机会降临的时候，我可能抓住。但是，我觉得如果要自己去寻找机会，是一件很困难的事情。有些时候，我觉得反应型的方式可能阻止我做出一些改变，而这些改变可能让我长期受益。"

对于反应型的人来说，制定长期目标并且管理好时间与工作不太可能是激动人心的事情，也不是他们会自然而然选择去做的事。但他们中大多数人会有心培养自己在这方面的能力，帮助自己更好地规划未来。如果你是反应型的人，可以考虑一下灵活的目标或尝试性的计划。计划培养某种技能，学某样东西，或者未来能给予自己更多自由的方面积累经验。这一过程也可以是充满趣味性和活力的，不必一定拘泥于制订整体计划、阶段性计划及具体时间表这种传统流程。制定长期目标，然后朝着这个目标努力，更好地掌控自己的生活。计划可以积极灵活，但一定要制订。每步不要太大，但一定要朝前走。

关于制定职业与生活规划的建议

- 职业规划一定要循序渐进，自己对哪方面感兴趣，就要有针对性地培养这方面的技能，积累这方面的经验。
- 制定目标时要注重灵活性和自由度，否则你会发现这些目标会束缚手脚。寻找实际的方法来学习新技能。
- 明确哪些学习和职业发展活动是充满活力的，有实际效用，将重点放在这些活动上。除了坐在传统的教室中学习外，是否可以通过其他更强调经验性的方法来实现目标？如果实现目标需要进行正式的学习，可以找寻一些包含实习课或在职培训的项目进行替代。如果没有替代性方案，可以将理论与实践结合起来，思考自己是否可以完成实践性项目，而不是强调理论的项目。
- 将更多的注意力放在跟进工作上。你可能更喜欢情况发生时及时应对，而不是未雨绸缪；或者，你可能同时开始几个项目，但是在很短的时间内就会兴致全无。将自己的目标拆分成便于管理的部分，每完成一个部分就奖励一下自己。

■ 相信未看到的事情

对于反应型的人来说，最大的进步是超越经验世界，去认知与信任看不到、听不到或碰触不到的。如果反应型的人在明确重点的时候缺乏见地，就会发现自己的生活很快失衡，总是从一件事跳到另一件事上，没有任何目的，也没有任何愿景。这种没头没脑的乱撞很可能影响事业与个人发展。

很多反应型的中年人还会有意识地关注解读世界的其他方式，甚至会欣赏这种新方式。他们找重点的方法很直接，也很讲求实际，人到中年的时候就会开始看重对于想法的研习与解读，他们会学着享受独处的时间，会留出时间来关心自己，对自己的经历进行解读。对于预感、念头甚至梦境，他们不仅照单全收，还会越来越将其与真实生活联系起来，他们能够放慢脚步，对自己周围世界的解读不仅丰富而且具有反思精神。

这种个人成长通常没有什么具体的时间表或完成期限。一些人会发现，随着时间的流逝不断成长是他们与生俱来的兴趣，而其他人可能觉得，自己要专心致志地评估自己不喜欢的方式，并在这些方面有所提升。不管他们处于怎样的发展阶段或处于怎样的情境下，反应型的人都会觉得，抽出一些时间独处，跳出自己感官体验的束缚来进行关联与推断，审视自己的经历，是一件让人受益的事情。

关于相信未看到的事情的建议
- 像写日志和冥想这样的练习能帮助反应型的人学会反思——反观自己的内心世界，帮助他们沉淀自己的经历。
- 对于反应型的人来说，那些彰显创造精神的休闲活动，不仅能让他们体会到满足感，同时也能让他们从更为活跃和实际的工作中解脱出来。
- 关注梦境，并记录下来，可以从中提炼出和物理世界间接关联的趣味和灵感。
- 研究有趣的理论和信仰，同样可以给反应型的人火花，让他们超脱可以观

你的职业性格是什么？

察到的东西，进入想法与理念的世界。了解彼此冲突的不同视角与假设，可以帮助反应型的人理解各种非事实性的观点。

> **关键行动**
>
> 对你来说，设想自己的未来，制定职业规划，相信未看到的事情，这些是否具有挑战性？如果你的答案是肯定的，那么本节探讨的哪个策略是有帮助的并值得一试？
>
> _____
>
> _____

反应型的人的职业平衡

反应型的人因周围环境而获得动力，并立即采取实际行动。这种生活方式令他们充满兴奋感并不断激励着他们。但是如果对当下的局面做出反应是他们使用的唯一方式，无疑对于他们的发展是一个极大的限制。对于反应型的人来说，他们可以通过减缓行动的节奏、更多收集信息和数据、更全面决策的方式来平衡迅速反应的能力。这种决策方式会帮助他们专注于自己的观察与行动，建立一种目的性与方向感。

反应型的人在评估信息时采用两种方式：以价值观为基础的方式和逻辑思考方式。在性格类型理论中，这两种方式分别为感性（F）和理性（T）。每个人在评估信息和进行决策时偶尔会综合使用两种方式，但一定会倾向于其中的某一种方式。说到这里，你可能想回到本书第2章去找出哪种方式对自己来说更得心应手。

从词义上来说，感性和理性这两个词包含很多含义，与信息评估及决策方式不尽相关，所以为了避免不必要的误解，在本书中将以感性偏好为决策方式的反应型的人称为感性反应型的人（ESFP），而将以理性偏好为决策方式的反应型的人称为逻辑反应型的人（ESTP）。

通常，感性反应型的人在评估信息或数据时，首先是以自己或他人的价值观作为考量，以自己面对真实状况的决策和所牵扯的个体需求作为考量。但随着时间的流逝（常常是在生命的后半段），他们亦将学习如何使用逻辑分析的方法去看待人和事。他们会用渐趋客观的方式评价自己的选择和行为，也更注重观察和分析自我行为所产生的逻辑结果。

相反，逻辑反应型的人自然而然地就会使用逻辑分析的方法来评估信息与制定决策。在成长的过程中，他们亦将学习如何根据个人价值观及状况所需来评估信息和决策。随着时间的流逝，他们在决策时会学会渐渐倾向于将重点放在状况与牵扯的人上面。当他们学习使用更加人性化的方式体察周围的世界时，建立人际关系和了解他人就不再是简单的沟通与妥协了。

两种反应型的人都会超出自己眼前世界的条条框框做出选择。通常情况下，他们会在内心中使用这两种决策方式，在一步步行动的间隔中进行反思与决断。一生中，反应型的人会不断培养对感觉和逻辑的应用，并不断使用两种方式决定采取怎样的行动。这种自然而然的成长会让反应型的人随着时间的流逝在决策制定方面具有更大的灵活性。

本章的其余段落分为两部分——第一部分是为 ESTP 型的人量身定制的，第二部分针对的则是 ESFP 型的人。你可能发现，首先阅读对自己来说最自然的平衡方式很有帮助。之后，你可以阅读另一种平衡方式，这样就知道随着自己不断成长和成熟，未来有什么等着自己。如果你已经人到中年，你可能对两部分都有兴趣，因为在人生的这个阶段，你可能已经有足够的动力来培养自己并不偏好的决策方式。

你如何寻找平衡?

☐ 我更像 ESFP	☐ 我更像 ESTP
我是感性反应型的人。首先我会以基于价值的决策模式来平衡行动至上的风格。当我日趋成熟时，我会学习在做决定时更加关注逻辑分析来进一步平衡。	我是逻辑反应型的人。首先我会以基于逻辑分析的决策模式来平衡行动至上的风格。当我日趋成熟时，我会学习在做决定时更加关注他人和自己的感受及价值观来进一步平衡。

ESFP：感性反应型的人的工作方式

"包在我身上!"

最新研究显示，在美国成年人中有 8.5% 属于感性反应型（ESFP）。他们会以对个人价值的内在关注来平衡即时行动的风格。这两者的结合，让他们意识到他人的即时需要，从而形成一种诙谐而体贴的个性。他们运用敏锐的观察力和自己在这一方面的浓厚兴趣建立与他人的和谐关系，并以此来帮助、娱乐、安慰他人，或以其他方式与他人互动。他们学会了在突发情况需要做出即时反应时，仍然会花时间考虑和选择什么是最重要的，并给予这些考虑和选择足够的重视。

他们喜欢建立私人感情，不断寻找帮助他人的机会。由于感性反应型的人基于人的价值观为决策依据以平衡他们的实感特性，所以他们最初表现出来的反应型工作方式，与逻辑反应型的人有着很大的不同。然而，逻辑反应型的人在步入中年后，亦会发现这种以价值为基础的决策方式正是他们所成长的方向。

■ 感性反应型的人做什么最自然

帮助他人

感性反应型的人对人充满强烈的兴趣。由于具有很强的观察能力，并且能够体察别人的细微感受，所以他们极为擅长发掘他人的情感线索。他们在帮助他人方面会发挥自己的创新精神，不会局限于任何制度和程序，总是不断通过各种方式去收集资料和满足他人的需要。感性反应型的人喜欢在最少监督和指导的情况下工作，因为规矩和程序会大大限制他们即兴发挥和解决问题的能力。但他们喜欢与他人共事，是一个愿意合作和充满生气的团队成员。

和所有反应型的人一样，感性反应型的人喜欢体力活动，被能为他人提供实在服务的职业所吸引。这个类型的职业包含很多种，涉及的范围也比较广泛，如社会工作者、发型师等。他们能深入体会他人的疾苦，在危急时刻，他们愿意花费很长时间努力工作，希望可以让相关人士的情况好转。而这些能够为他人提供帮助的工作，能够让他们发挥其社交技巧、基于价值的决策方式和对细节的关注。

感性反应型的人尤其喜欢帮助他人解决实际问题。在团队中，他们是不折不扣的社交明星，享受认识其他人的乐趣，并与他人建立和谐关系，因此对于服务和保健类的工作他们具有强烈的兴趣。在这些岗位上，他们讨人喜欢的个性令他人感觉尤其愉快。同时他们也非常喜欢教育和辅导工作，经常选择帮助孩子和有特殊需要或困难的人们。

保持与他人的联系

感性反应型的人喜欢沟通，从不吝啬给予他人正面的反馈和表扬。他们个性大方可爱，很容易就与他人建立和谐的关系并给予鼓励。下面是一个感性反应型的人描述他在这方面的技巧发展过程：

"我工作的地方有一个义工支援小组，我是其中一员。我可以参加免费的沟通技巧和支援技巧培训。我的名字会被列入一个名单，如果有人遇到困难想找人求助，他们可以随时打电话给我。我享受成为为其他人提供帮助的团队中的一分子。"

感性反应型的人喜欢与他人分享经历和经验。这些共同的经验是他们保持及维持和他人联系的纽带，因此他们非常重视这些经历。他们喜欢一切社交联谊的活动，表现游刃有余。他们与他人建立和谐关系的本能，加上敏锐的观察力，使他们在销售和娱乐工作中别具天赋。然而，对于部分感性反应型的人来说，花费太多时间交际无疑是一个问题。

感性反应型的人喜欢通过行动表达自己，用务实和亲自参与的方式义无反顾地帮助他人。同样，他们也喜欢别人通过物质奖励来表达对自己的感谢，如礼物、拥抱之类的，或在他们需要帮助时提供尽可能的帮助。

有时感性反应型的人觉得那些不能直接以行动解决的冲突或状况处理起来颇有难度，因此他们会回避这些状况，或者视而不见。他们或许缺乏处理复杂而持续的人际关系冲突的技巧，或许根本没有耐心和兴趣去培养这种技能。

尽情表达自我

感性反应型的人具有艺术家气质，喜欢通过创造富有美感的事物来表达自己。他们表达创意的方式丰富多样，如烘制食品、做运动或为学生设计一堂有趣的课程等，尤其是对创造独特的东西具有浓厚兴趣。因此，千万不要指望他们会用相同的方式做同样的事情，或从事那些追求细节、程序严谨并需要后期跟进的工作。

在生活中，感性反应型的人喜欢享乐。他们抱有积极的心态、平常心和乐观态度去经历和尽情享受每时每刻。对他们来说，工作首先必须充满笑声和乐趣。

这种贪玩的个性使他们对娱乐和促销工作颇感兴趣。另外，他们的务实和创造天性使他们对具有美感的产品和服务具有一定的兴趣，如插花艺术、摄影等。

对感性反应型的人来说，价值观是决策的重要因素，因此他们在职业规划时会充分考虑家庭需要。例如，一个感性反应型喜欢进行野外考察的生物学家如此说道：

"我真的很喜欢生物学中的户外活动。调查水鸟数量、追踪哺乳动物、攀岩去了解猎鹰等，都是我觉得非常有趣和有价值的活动。现在我结了婚并有了孩子，我就很少从事实地考察工作了，因为这会令我和家人长时间分开。寻找既刺激又时间固定的工作，对我来说是一个大难题。"

你的职业性格是什么？

感性反应型的人的理想工作环境

关注你的个人偏好，你便可以更准确地找到让你感到满足的工作类型。下面归纳和总结了感性反应型的人的理想工作环境，你可以看看哪些描述更适合你。

作为一个感性反应型的人，我偏爱下列工作环境：
☐ 动感和互动　　　　　　　　☐ 与我的个人价值一致
☐ 让我有机会可以自我表达　　☐ 提供即时帮助他人的机会
☐ 与他人合作　　　　　　　　☐ 强调实际具体的结果和产品
☐ 灵活自由　　　　　　　　　☐ 有趣好玩
☐ 有可以进行社交的机会

■ 感性反应型的人感兴趣的工作

以下是感性反应型的人可能感兴趣的工作。这份清单是参照数据进行归纳的，数据显示，感性反应型的人从事下述这些行业的概率高于其他行业。

在这份职业清单中，我们使用了5个总结性标题，按照美国职业信息——O*NET网站提供的信息，这些类型的工作对感性反应型的人来说充满了吸引力。O*NET是一个庞大的互动性数据库，专门提供职业相关信息，用于探讨与研究职业选择。O*NET内部对工作类型进行了划分，划分依据不仅考虑了工作本身的内容，还涉及完成该项工作所需的技能、需要接受的教育或培训。你可以在O*NET的网站上浏览所罗列的职业或工作类型。在这个网站上，你会发现关于职业的广泛信息。第六个标题"其他"提供了一些职业的样本，涵盖了O*NET网站分类系统所划分出的其他工作类型，这些工作同样可以吸引感性反应型的人。

解读职业信息的要点

每种职业都借助编号提供了一些信息，帮助你更好地评估这份职业是否适合自己。

🍃=绿色职业　　与降低化石燃料的使用、减轻污染、提高能源效率及提升可再生能源的使用息息相关。

✺=前景光明的职业　　从经济意义上来看十分重要的行业，这些行业有可能实现长期增长，或正因为技术与创新而发生翻天覆地的变化。

工作区域　　数字编码（1~5），总结了想要进入这个行业需要进行的准备

> （如教育、培训或经验传授）。1～5代表所需要进行的准备由少到多。
>
> **职业趣味性** 字母编码（R、I、A、S、E、C 的组合），体现了这一职业的趣味性情况。这些结论是与荷兰的趣味性模型及工作环境一致的。

艺术、设计、娱乐、体育与媒体

演员 2AE
教练与侦探 5SRE
时装设计师 3AER
插花艺术家 2AER
音乐家与演奏艺术家 3AE
制片人 4EA
布景与展览设计师 4AR

摄影、电视、视频与电影 3RA
商业与工业设计师 4AER
高雅艺术家，包括画家、雕刻家与
　插画师 3AR
音乐家与歌手 3AE
摄影师 3AR
广播与电视播音员 3AES

医疗保健与技术

心血管仪器设备操作员 3RIS
重症护理 3SIR
急救医疗技术人员
　与医疗人员 3SIR
低视力治疗师、
　定向行动训练师 5SIR
眼科医生，验光师 3ECR
外科医生助理 5SIR

脊椎按摩师 5SIR
牙科清洁师 3SRC
执业实习及执业护士 3SR
职业理疗师 5SI
验光配镜师 5ISR
放射科技师 3RCS
语音语言病理学家 5SIA
娱乐治疗师 4SA

医疗支持

牙科医生助理 3CRS
药剂助理 3SCR
兽医助理与实验室动物看护员 2RSI

按摩理疗师 3SR
生活护理人员与服务员 2SRC

个人护理和服务

休闲娱乐服务员 1ECR
儿童看护员 2SA
健身教练与有氧运动教练 3SRE
个人与居家照护助理 2SRC
旅行安排和指导师 3EC

驯兽师 2R
服装师 2CR
空乘人员 2ESC
导游与讲解员 3SE

你的职业性格是什么？

保护服务

惩教官与狱警 3REC
火因调查员 3IRC
救生员、滑雪救护队及其他
　娱乐场所的保护服务人员 ✿ 1RS

消防员 ✿ 2RS
森林消防人员 ✿ 2RS
市政消防员 ✿ 3RSE
巡警 ✿ 3REC

其他

下面的清单涵盖了可能吸引感性反应型的人的其他工作类型。

适应性体能教育专家 4SRI
救护车驾驶员与随车人员
　（急救设备操作技师除外）✿ 2RS
艺术、戏剧与音乐教师，高等
　教育者 5SA
施工木匠 🍃✿ 2RCI
教育、培训与图书馆工作人员 4SC
紧急情况管理专家 ✿ 4SE
护林员 4RIE
建筑商助手 1RC
保险销售经纪人 ✿ 4ECS
市场研究分析员 ✿ 4IEC
护理指导者与教师，高等教育 5SI
警察、消防员与救护车调度
　员 ✿ 2CRE
前台与问事处工作人员 ✿ 2CES
接线员，客服人员 2CES
电话销售员 2EC

艺术家、演艺人员与运动员的
　经纪人或业务经理 4ES
仲裁员、调停员与调解人 🍃 4SE
环保科学家 4IR
施工力工 🍃 1RC
电工 🍃 3RIC
农民与农场主 🍃 3REC
木匠助手 🍃✿ 2RC
餐厅、酒店与咖啡馆服务人员 ✿ 1ES
景观美化工作者 ✿ 1RC
多功能机器设备调试员、操作员与养
　护员，包括金属与塑料设备 ✿ 2R
公园自然学家 4SRA
贵金属业工作人员 3RA
宗教人员 3SEC
助理教师 ✿ 3SC
交通运输人员 2R
服务生 ✿ 1SEC

感性反应型的人的技能强项和关注的能力

关注你的个人偏好，你便可以更准确地找到让你感到满足的工作类型。下面归纳和总结了感性反应型的人的技能强项和关注的能力，你可以看看哪些描述更适合你。

作为一个感性反应型的人，我具有以下技能强项并关注如下能力的提升：

☐ 适应能力　　　　　　　　　　☐ 亲和力

- ☐ 关注细节
- ☐ 与人合作
- ☐ 善于观察
- ☐ 解决实际问题
- ☐ 帮助他人
- ☐ 善于阅人
- ☐ 善于沟通
- ☐ 完成

■ 作为领导者的感性反应型

感性反应型的人在担任领导者时有着独特的优势。他们有着自然独特的领导方式，作为下属也呈现出独特的个性。

不拘小节

感性反应型的人是亲切而随意的领导者。他们具有很强的人际关系处理能力，能够确保所有团队成员共同努力实现目标。他们不会表现专制，也不喜欢在专制的人领导下工作，正如一个反应型的人所说的：

"我喜欢平等地工作，不领导谁，也不被谁领导。我喜欢与别人合力完成工作。"

感性反应型的人所具有的敏锐观察力及对他人的需求和状况的关注，使他们能很快了解别人的情绪。他们一般会接受对方的本色呈现，对对方的付出与投入表示尊重。他们惧怕冲突，如果要制定或者遵从的决定会引起他人不满，他们就会觉得不知如何是好。感性反应型的人工作节奏很快，喜欢有机会应对各种不断变化的情况。但是，虽然他们普遍照顾他人的需要，但是有些时候会一心扑在某个情境上面，或者过于雷厉风行，完全忽略了寻求他人帮助或认真聆听他人的意见。

直接行动

感性反应型的人会将目光放在眼前，而不是放眼长远的任务或需求。他们会利用现有资源，竭尽所能地满足自己眼前的需求。感性反应型的人喜欢处理即时危机而非参与长远规划。他们会觉得，领导工作中所涉及的长期战略规划和他们自己的工作方式格格不入。如果要求他们采取一种更为讲求逻辑、有条不紊、具有战略眼光的工作方法，他们会觉得自己无法胜任。

由于感性反应型的人具有敏锐的观察能力和融入周围环境的适应力，因此他们往往比别人更早发现周围环境中存在的问题。这种快速评估能力无疑能大大提升他们找到及时解决方法的能力。因为善于变通，同时又是不折不扣的行动主义者，感性反应型的人绝对不会刻意装出小心翼翼地遵从规则，循规蹈矩，他们本来就不是不敢越雷池一步的人。他们会不断变换工作方式，以避开复杂的组织和架构，有时甚至故意逃避或对规则视而不见，一心一意地想要完成工作。当某个项目或工作的即时需要得到处理之后，他们往往会对整个项目或工作撒手不管。对于感性反应型的人来说，组织与跟进能力都是他们需要改善和学习的地方。

作为领导者的感性反应型

关注你的个人偏好，你便可以更准确地找到让你感到满足的工作类型。下面归纳和总结了感性反应型的人偏爱的领导风格，你可以看看哪些描述更适合你。

作为一个感性反应型的领导者，我喜欢：

☐ 快速反应　　　　　　　　　　☐ 处理危机
☐ 回避长期战略规划的工作　　　☐ 迅速发现问题
☐ 表现亲切，与他人相处融洽　　☐ 工作节奏快
☐ 迅速看清形势，读懂人们的情绪　☐ 为人随和，平易近人
☐ 直接行动　　　　　　　　　　☐ 为达到目标而努力，完成任何需要做的事情
☐ 变换工作方式以逃避繁文缛节

■ 作为团队成员的感性反应型

感性反应型的人擅长找出不同人之间的共同利益，从而鼓励团队成员共同努力工作。在团队中，他们往往态度积极、精力充沛。他们会坦然接受人与人之间的差异，采取相互包容的态度去接受和尊重团队成员的多元化。作为团队的一分子，他们通常为团队增添不少乐趣。

在团队中，感性反应型的人往往具有亲和力。他们喜欢与人合作，并努力促成团队成员的紧密联系与通力合作。但正因为如此，他们也许会回避或忽略团队冲突，甚至不惜隐藏问题来保持团队的和谐气氛。他们不想深究复杂的人际关系，反之对处理眼前的事情更有兴趣，因此在处理抱怨或投诉时，他们明显缺乏耐性。下面是一个感性反应型的人的心声：

"有时，我真的只想说'不要争吵了，尽管动手做吧'。人们总是花很多时间在讨论上，这种情况令我难以忍受。"

虽然这种方法短期来看具有一定的效果，但长远而言，只会导致对所有议题的回避。令情况更为复杂的是，感性反应型的人有时会情绪化地面对批评。这种回避态度和对待批评的态度从长远来看，会为人际关系带来巨大压力。对于感性反应型的人来说，花一点时间，客观地找出问题的原委，并积极尝试解决一些更

复杂的问题，应该是他们学习和成长的方向。

> **作为团队成员的感性反应型**
>
> 关注你的个人偏好，你便可以更准确地找到让你感到满足的工作类型。下面归纳和总结了感性反应型的人偏爱的团队工作方式，你可以看看哪些描述更适合你。
>
> 作为一个感性反应型的团队成员，我偏爱：
> - ☐ 找出团队成员的共同利益
> - ☐ 激励团队成员共同努力工作
> - ☐ 态度积极，精力充沛
> - ☐ 坦然接受人与人之间的差异，尊重团队成员的多元化
> - ☐ 令工作氛围轻松有趣和欢乐
> - ☐ 具有个人魅力与亲和力
> - ☐ 寻求团队成员之间的通力合作
> - ☐ 努力促成团队成员的紧密联系与通力合作

■ 感性反应型的人的学习风格

感性反应型的人追求实地感受和现实的学习体验。课堂学习和理论信息类的课程令他们感到枯燥，尤其是在这些课程所讲授的内容不能在实际中得到应用的时候。唯一令他们能忍受这个过程的方法是所学的知识对工作是实用的，即使学习本身似乎并没有任何实用价值。他们热衷于在学习过程中处理和解决实际的问题，因此他们会尽可能寻求机会参与模拟操作、实地体验和应用性研究项目等具有实践性的学习活动。

感性反应型的人尤其喜欢能够将学习和自身的特别需要或经验联系起来的个性化活动。他们与为自己提供支持和帮助的导师能够保持良好的关系。对于他们来说，学习最重要的是生动有趣，能够提供与人或事物互动的机会。他们喜欢尝试新事物，无惧犯错。他们并不介意在工作或学习之余尽情享乐，因此在学习中如果他们未能全情投入，很容易就会分心。那些井井有条或循规蹈矩的学习活动让他们的兴趣烟消云散。在学习过程中，他们会坚持不懈地追求选择性、灵活性和多样性。

> **感性反应型的人的学习风格**
>
> 关注你的个人偏好，便可以更准确地找到让你感到满足的工作类型。下面归纳和总结了感性反应型的人所偏爱的学习方式，你可以看看哪些描述更适合你。

你的职业性格是什么？

> 作为一个感性反应型的人，我偏爱：
> ☐ 积极互动
> ☐ 有机会尝试新事物和容许犯错
> ☐ 有机会亲自动手尝试
> ☐ 有趣刺激
> ☐ 提供选择性、灵活性与多样性
> ☐ 包含个性化的活动，这些活动与个人价值紧密相连
> ☐ 提供支持和鼓励
> ☐ 务实、具体而不单是抽象理论

性格偏好跟与生俱来的倾向可以作为自我评估的出发点。在阅读这一部分的过程中，一些陈述你可能认可，而另一些陈述你可能不认可。这样的反应是常见的，因为每个人表达自己性格特征的方式都不同。阅读总体信息可以作为决定事业发展方向的出发点。现在，你需要进一步进行自我评估，具体方法就是将这些总体性陈述和个人生活结合起来。下面这些问题可以帮助你将这一部分的内容和自己的具体情况联系起来。在回顾本章内容的过程中不要忘了比照这些问题：

- 这种性格的所有特征是否符合我的真实情况？哪些部分符合？哪些部分不符合？
- 是不是有哪个部分的描述对我来说尤为重要或关键？
- 我可以将哪些信息用于具体实践，从而决定自己的事业发展方向？
- 我应该如何调整自己的事业发展方向？哪些方面应该强化？又有哪些方面应该弱化？
- 在未来工作中，我想将重心放在哪个方面？

在这一过程中，你可能想用各种标注方法着重突出一些部分，或者想在书页的空白部分写些笔记，或者制作一系列索引卡，或者在笔记本上认真做笔记。不管采取什么方式完成这项工作，问题的关键在于一定要保证记录的信息可以真实地描述你目前的情况。设想自己的理想工作应该是怎样的，有哪些具体的工作内容，有什么样的工作环境，你在工作中会应用到哪些技能，你期盼着以怎样的方式领导他人或被他人领导，你希望为团队做出什么样的贡献，你想要以什么样的方式不断学习与成长。

同时也思考一下自己目前处于怎样的发展阶段。你现在利用哪些方法来平衡自己的自然工作方式？你是否正在过渡到新的平衡方式中去？一定要记住，每个人的情况都是独一无二的。以果断型和分析型的人为例，这两种类型的人在沟通的时候喜欢就事论事。但是，他们还是会或多或少地通过移情作用和他人建立联系。这两种人如果愿意花费时间和精力，通过学习最终从事人事服务工作，就有可能与在技术领域独立工作的同种类型的人做事方式截然不同。

> **关键行动**
>
> 你已经做好准备，将自己的自然偏好和具体情况结合起来了。
>
> 描述你最想从工作中得到什么。不要单纯地罗列一系列工作，而要将重点放在说明自己的个人偏好上。
>
> _____
> _____

现在，你已经认识到了自己的工作偏好，可以直接阅读对 ESTP 性格类型的介绍。如果你有兴趣培养基于逻辑的决策方式，更应如此。如果你已经准备好通过评估自己的价值观、生活方式和局限来继续完成职业规划的过程，可以直接跳到第 11 章。

ESTP：逻辑反应型的人的工作方式

"请求原谅比获得允许更简单。"

最新研究显示，在美国成年人中约 4.3% 属于逻辑反应型（ESTP）。他们会以一种对内在逻辑推理的关注来平衡他们注重观察和即时行动的风格。因此，他们在务实的同时，也表现出对于逻辑分析的关注。逻辑反应型的人享受投身于解决问题的成就感，因此对于危机重重的高风险环境下的工作尤其热衷。

逻辑反应型的人每每以工作为重，在沟通和解决问题时直截了当。他们勇于冒险，喜欢竞争，乐于承担风险。由于决策时会运用逻辑分析方法来平衡他们的实感特征，所以他们最初表达出来的反应型工作方式，与感性反应型的人有着很大的不同。然而，感性反应型的人在步入中年后，也许会发现这种以逻辑为基础的决策方式正是他们成长与发展的方向。

■ 逻辑反应型的人做什么最自然

找出事情的因果关系

逻辑反应型的人糅合逻辑思考和迅速行动的特质，去观察周围情况并做出反应。他们具有快速找出逻辑因果关系和判断行动结果的能力。逻辑思考使他们能够掌握不同状况背后的因果原则，并有助于平衡他们对于即时行动的强烈关注。

你的职业性格是什么？

通常，逻辑反应型的人运用逻辑思考做出艰难的决定并采取相应行动，尤其是在解决和处理实际问题时，他们总是能做出适当有效的决定。他们善于把不同的问题和情境当作游戏来解决。他们喜欢挑战，具有竞争欲望，愿意冒险去寻找成功捷径，善于把握晋升、谈判和销售等一切可能的机会。此外，他们亦喜欢需要相当技巧的手工艺或技术型工作，因为这些工作使他们有机会运用敏锐的分析能力，并且强调亲力亲为和对细节的关注。

谈判和行动

逻辑反应型的人有着人格魅力，可以轻易让他人敞开心扉。他们善于观察，更善于看人。他们会经常培养并应用自己的沟通能力，无论是游说、谈判，还是劝服他人，他们都能够做到得心应手。他们能灵活周旋于权力和组织架构之间，对这方面不仅有意识，也有兴趣。他们擅长灵活应对一切局面，甚至把不利局面扭转为有利局面。他们对于人与人之间的互动，抱着竞争的态度，关注输赢，而不是关系的建立。他们从逻辑视角下的对与错看待问题，这种内部模式和一般人不同。

比起只是高谈阔论，逻辑反应型的人更喜欢行动。他们讨厌长时间坐而论道，却什么都不做。他们甚至不想放慢行动的速度去解释行动的原因，以及如何解决问题，他们宁愿将时间花在处理其他问题或状况上。如果长时间没有行动，他们也许会觉得很不安心。一个逻辑反应型的人是这样解释为什么他们需要不停地行动：

"当我在天然气电厂和造纸厂担任工程师的时候，我经常到工人和操作员中去帮助他们。虽然这并不是我的工作，但我喜欢解决操作上的问题，使一切正常运转。"

叛逆和逾越规条

逻辑反应型糅合了凡事亲力亲为的务实作风及直接客观的沟通风格。从传统女性行为学的角度来看，这种方式并不易被人接受。对于逻辑反应型的女性，她们要努力在自然偏好和社会期望中保持一定的平衡。但是不论是男性还是女性的逻辑反应型者，在组织严密和条例严谨的工作环境中都会觉得格格不入，因此他们可能强烈反对以传统的例行工作方式来达成工作目标。

逻辑反应型在从事急速变化和职责多样化的工作时能获得最大的职业满足感。他们需要可以灵活处理问题的空间，并且有即兴发挥和即兴解决问题的自由。独立自主是大多数逻辑反应型的人的主要特点。如果失去自主行动的自由，他们的沮丧感可想而知。

第3章 反应型的人：行动与适应

喜欢冒险

逻辑反应型是天生的冒险者，因此他们会选择投身消防、警察及紧急应变等具有风险性的工作，甚至对于财产、人身风险等具有无法精确预估风险的工作亦颇感兴趣，如自主创业或土地开发。

这种主动冒险的态度令他们的职业规划和工作方式与众不同。一个逻辑反应型的人描述了在她的职业生涯中，是如何很少花时间在事先计划上的：

"我所有的工作机会都是不期而至的。如果我不喜欢某份工作，我便会马上辞职并立即寻找下一份工作。我可能在周五辞职，然后在下周一便开始新的工作。我从没有停下来分析为什么我不喜欢第一份工作和为什么选择第二份工作。我实实在在地从一个机会跳到另一个机会，在每份工作中我都努力学习。我无法想象为求安稳而长期从事某份工作。对于我来说，如果对一份工作失去兴趣，就是我离开的时候了。有时候公司为了节省成本，提出特别方案鼓励员工离职，我会是第一个离开的人。"

逻辑反应型的人的理想工作环境

关注你的个人偏好，便可以更准确地找到让你感到满足的工作类型。下面归纳和总结了逻辑反应型的人的理想工作环境，你可以看看哪些描述更适合你。

作为一个逻辑反应型的人，我偏爱下列工作环境：

- ☐ 喜欢变化与多样性
- ☐ 有足够的自由可以独立行事
- ☐ 有能力做出决定，并履行决定内容
- ☐ 自由挑战规则
- ☐ 存在实际问题等待解决
- ☐ 工作职责多样而富于变化
- ☐ 热衷于风险、挑战与竞争
- ☐ 有机会迅速做出逻辑性评估
- ☐ 有机会可以亲力亲为，并且关注细节

■ 逻辑反应型的人感兴趣的工作

以下是逻辑反应型的人可能感兴趣的工作。这份清单是参照数据进行归纳的，数据显示，逻辑反应型的人从事下述这些行业的概率高于其他行业。

在这份职业清单中，我们使用了5个总结性标题，按照O*NET网站提供的信息，这些类型的工作，对逻辑反应型的人来说充满了吸引力。O*NET是一个庞大的互动性数据库，专门提供职业相关信息，用于探讨与研究职业选择。O*NET内部对工作类型进行了划分，划分依据不仅考虑了工作本身的内容，还涉及完成该项工作所需的技能、需要接受的教育或培训。你可以在O*NET的网站上浏览

你的职业性格是什么？

所罗列的职业或工作类型。在这个网站上，你会发现关于职业的广泛信息。第六个标题"其他"提供了一些职业的样本，涵盖了 O*NET 网站分类系统所划分的其他工作类型，这些工作同样可以吸引逻辑反应型的人。

解读职业信息的要点

每种职业都借助编号提供了一些信息，帮助你更好地评估这份职业是否适合自己。

🍃=**绿色职业** 与降低化石燃料的使用、减轻污染、提高能源效率及提升可再生能源的使用息息相关。

✺=**前景光明的职业** 从经济意义上来看十分重要的行业，这些行业有可能实现长期增长，或正因为技术与创新而发生翻天覆地的变化。

工作区域 数字编码（1~5），总结了想要进入这个行业需要进行的准备（如教育、培训或经验传授）。1~5代表所需要进行的准备由少到多。

职业趣味性 字母编码（R、I、A、S、E、C 的组合），体现了这一职业的趣味性情况。这些结论是与荷兰的趣味性模型及工作环境一致的。

商业与金融操作

会计师 ✺ 4CE

审计师 ✺ 4CEI

预算分析师 ✺ 4CEI

合规官员 ✺ 4CIR

成本预算师 ✺ 4CE

保险精算师、审查员与调
　查员 3CE

物流师 ✺ 4EC

个人财务顾问 🍃✺ 4ECS

批发与零售采购员 ✺ 3EC

艺术家、演艺人员与运动员的经纪人
　和经理 4ES

薪酬、福利与工作分析师 ✺ 4CE

金融分析师 🍃✺ 4CIE

信贷主管 ✺ 3CES

管理分析师 ✺ 4IEC

猎头 ✺ 4ECS

报税员 3CE

采购员 ✺ 3CE

安装、养护与维修

汽车技师 ✺ 3RI

计算机、自动提款机与办公
　设备维修人员 3RCI

电线安装与维修人员 🍃✺ 3RIC

公交车与卡车技师和柴油发动机专
　家 ✺ 3RC

电器与电子设备维修人员 🍃✺ 3RIC

农场设备技师 3RCI

一般维修工作者 ❀ 3RCI　　　　　　移动重工设备技师 ❀ 3RC
汽船技师 3RCI　　　　　　　　　　摩托车技师 3R
户外电力设备与其他小型发动　　　通信设备安装与维修人员 3RIC
　机技师 2RC　　　　　　　　　　通信线缆安装与维修人员 ❀ 2RE

管理

下面的清单涵盖了一些能够吸引逻辑反应型的人的管理工作。你会发现，很多管理岗位对他们都有吸引力。逻辑反应型的人同时会热衷于众多工作类型中一线监督人员或管理人员的工作。受到个人经历与兴趣的影响，你可能对某个领域的一线监督与管理岗位感兴趣。要想找到关于这些职业的说明，你可以首先确定自己感兴趣的一个工作类型，然后在 O*NET 上寻找"一线监管人员/管理人员"的门类具体包含哪些职业。

行政服务管理人员 ❀ 3EC　　　　　计算机与信息系统管理人员 ❀ 4ECI
施工管理人员 ❀ 4ERC　　　　　　农民与农场主 ❀ 3REC
金融管理人员 ❀ 4CE　　　　　　　餐饮服务管理人员 ❀ 3ECR
一般与运营经理 ❀ 3ECS　　　　　人力资源经理 4ESC
工业生产经理 ❀ 3EC　　　　　　　住宿管理人员 ❀ 3ECS
市场营销经理 ❀ 4EC　　　　　　　物业、房地产与社区协会管理
采购经理 ❀ 4EC　　　　　　　　　　人员 ❀ 3EC
交通运输、仓储与分销经理 ❀ 4EC　销售经理 ❀ 4EC

保护服务

惩教人员与狱警 3REC　　　　　　犯罪调查人员与特工 ❀ 4EI
消防员 ❀ 2RS　　　　　　　　　　火因调查员 ❀ 3IRC
森林消防人员 ❀ 2RS　　　　　　　赌场监管与调查人员 2RCE
救生员、滑雪救护队及其他娱　　　市政消防员 ❀ 3RSE
　乐场所的保护服务人员 ❀ 1RS　　巡警 ❀ 3REC
警探 ❀ 3EI　　　　　　　　　　　保安 ❀ 2RCE
私家侦探与调查员 ❀ 3EC　　　　　正副警长 ❀ 3ERS

销售及相关工作

广告销售中介 3ECA　　　　　　　示范员与产品推销人员 ❀ 2ECR
保险销售经纪 ❀ 4ECS　　　　　　房地产经纪人 ❀ 3EC

房地产销售代理✿3EC　　　　零售销售人员✿2EC
证券与大宗商品销售代理✿4EC　销售专家✿4ERI
批发与制造业销售代表✿3CE　　科技产品销售代表🍃4EC
证券、大宗商品与金融服务　　　电话营销人员 2EC
销售代表✿4EC

其他

逻辑反应型的人也会对建筑和工程设计类的工作感兴趣。如果对这方面感兴趣，你就要考虑并研究一下，下列这些对逻辑反应型的人有吸引力的工作类型：化工、计算机硬件、电子产品、环境、工业、工业安全与健康、材料、技术与产品安全。

在一些与施工相关的职业中也可以看到逻辑反应型工作者的身影，包括砌砖工人、砌石工人、木匠、水泥工人、混凝土浇筑工、施工与建设调查员、施工人员、电工、水管工、管子工、蒸汽管道工人。

如果有创意天分，你可能想尝试下面这些能够吸引逻辑反应型的人的艺术工作，包括演员、电视/视频/电影拍摄人员、音乐家、摄影师、广播与电视播音员。如果喜欢娱乐或接待工作，你或许可以考虑下面的工作，包括娱乐场所接待人员、健身教练、健美操教练、导游，或者宾馆、度假中心的服务人员。

下面的清单涵盖了可能吸引逻辑反应型的人的其他工作类型。

空中交通指挥员 3EC　　　　　飞机驾驶员、副驾驶员和飞机
救护车驾驶员与随车人员✿2RS　　机械师✿4RCI
航空检查员✿3RCI　　　　　　仲裁人、调停人、调解员🍃4SE
收账人✿2CE　　　　　　　　酒保✿2ECR
商业飞行员✿3RIE　　　　　　脊椎按摩师✿5SIR
重症监护室护士✿3SIR　　　　计算机支持服务专家✿3RIC
档案管理员 3CRE　　　　　　急救医疗技术人员与医疗人员✿3SIR
看门人与清洁工✿1RC　　　　　护林人 4RIE
市场研究分析员✿4IEC　　　　律师✿5EI
空军空乘人员 2CR　　　　　　医疗与临床实验室技师✿3RIC
验光师 5ISR　　　　　　　　空军指挥与控制中心军官 2CR
药剂师✿5ICS　　　　　　　　公园博物学者 4SRA
警察、消防与救护车　　　　　助理药剂师✿3CR
　调度员✿2CRE　　　　　　　缓刑犯监督官与矫正治疗

第 3 章　反应型的人：行动与适应

放射科技师 ❀ 3RCS　　　　　专家 4SEC
土壤与水利保护工作者 🍃 4IRE　船长 ❀ 3ER
服务生 ❀ 1SEC

逻辑反应型的人的技能强项和关注的能力

关注你的个人偏好，便可以更准确地找到让你感到满足的工作类型。下面归纳和总结了逻辑反应型的人的技能强项和关注的能力，你可以看看哪些描述更适合你。

作为一个逻辑反应型的人，我具有以下技能强项并关注如下能力的提升：

- ☐ 适应能力
- ☐ 竞争能力
- ☐ 推销
- ☐ 销售
- ☐ 排除故障能力
- ☐ 解决实际问题能力
- ☐ 分析能力
- ☐ 对细节的关注度
- ☐ 谈判能力
- ☐ 即兴演讲能力

■ 作为领导者的逻辑反应型

逻辑反应型的人在担任领导者时有着独特的优势。他们有着自然独特的领导方式，作为下属也能呈现出独特的个性。

处理危机

在紧急情况下，逻辑反应型的人喜欢担当领导者角色。在寻找解决问题的即时的、合乎逻辑的方案时，他们往往有着出色表现。他们具备这种能力，即聚精会神关注某个问题，并迅速提出有效的解决方案。他们只是强调实际问题的解决，而甚少关注解决方案对他人的影响。同样地，他们只关注短期结果而不是长远影响。那些具有不同工作方式的人，也许会觉得难以说服逻辑反应型的领导者在行动计划中顾及长远或个人需要。一个逻辑反应型的领导者是这么认为的：

"战略性计划是我最大的挑战，过去我总是在工作中尽量避免它。我对计划的制订过程没有耐性，处理身边的需要和问题及日常活动对我来说更简单有趣。如果可以选择的话，我才不管将来会怎样呢。"

灵活机动

当团队遇到障碍，影响任务的进度时，逻辑反应型的人往往会成为非常有效的领导者。他们似乎天生就擅长清除障碍，解决工作中的瓶颈，使项目得以继续进行。这些领导者总是能够在短时间内对问题或情况进行逻辑分析，关注相关事实依据，往往能够因此而大放光芒。他们通常会依靠自己的即兴能力和足智多谋立即处理某个问题或状况，绝不拖泥带水。

逻辑反应型的领导者常常会忽略或回避严谨的组织结构和程序，其领导方式属于非传统的。他们对例行公事、严谨架构和一成不变的事情往往缺乏必要的耐心，因此他们喜欢在不同岗位工作而不是长时间局限于某项工作或体制内。同时他们也不喜欢处理理论层面、事关长期发展及界限模糊的事情。

作为领导者，逻辑反应型的人通常表现出发号施令式的领导行为和态度。他们不会畏惧上级或对上级唯命是从。必要的时候，他们会主动采取行动，承担领导者的角色。他们不愿意就解决问题或处理事情制定详细的步骤和程序，因为在他们看来，这些步骤和程序会分散对当下问题的注意力，而且不适用于其他情境。他们是行动直接而且具有独立精神的领导者。一个逻辑反应型的人曾经这样说：

"给我一些方向就可以了，请不要干扰我的做事方法。"

作为领导者的逻辑反应型

关注你的个人偏好，便可以更准确地找到让你感到满足的工作类型。下面归纳和总结了逻辑反应型的人偏爱的领导风格，你可以看看哪些描述更适合你。

作为一个逻辑反应型的领导者，我喜欢：

- ☐ 处理危机
- ☐ 集中关注某个问题
- ☐ 迅速找出即时解决方案
- ☐ 回避战略性长期计划
- ☐ 忽略或逃避严谨的组织结构和程序
- ☐ 具有独立精神
- ☐ 挑战循规蹈矩、条条框框与一成不变的界限
- ☐ 迅速分析某一状况
- ☐ 直接而实际
- ☐ 关注相关事实依据
- ☐ 直截了当地采取行动

■ 作为团队成员的逻辑反应型

逻辑反应型的人大多具有亲和力，与他人相处融洽。他们对处理和解决身边的冲突具有强烈的兴趣，是天生的谈判和游说专家。然而，如果与别人的意见相左，他们会正视这些差异，并毫不避讳地对他人提出批评。正是因为这样，他们往往会给那些个性温和的人带来一些负面的影响。

逻辑反应型的人缺乏必要的耐心去深究问题的起因和根源，并经常忽略或回

避这些。与其他逻辑型的人一样,他们更多地关注行动及行动的结果,而不是问题涉及的"人事"因素。他们并没有意识到,他们的行动或许会让别人感到不安或给他人带来不便。与其他人不同,他们不会总是确定他人是否受到影响。他们有自己的一套评估标准,并不在乎外界如何看待。一个逻辑反应型的人这样解释说:

"我并不需要别人对我所做的事情给予夸奖和奖励,我自己就可以看到成果。别人的意见并不比我自己的看法重要。"

作为团队成员的逻辑反应型

关注你的个人偏好,便可以更准确地找到让你感到满足的工作类型。下面归纳和总结了逻辑反应型的人偏爱的团队工作方式,你可以看看哪些描述更适合你。

作为一个逻辑反应型的团队成员,我偏爱:

- ☐ 精力充沛,讲求实际
- ☐ 擅长消除工作障碍使工作得以继续进行
- ☐ 对分析问题的起因和根源之类的事情缺乏耐心
- ☐ 擅长谈判和游说
- ☐ 具有亲和力,与他人相处融洽
- ☐ 如不同意别人的意见,会毫不犹豫地直接提出
- ☐ 处理和解决身边的冲突
- ☐ 更关注迅速行动而不是人

■ 逻辑反应型的人的学习风格

逻辑反应型的人喜欢通过行动和亲身实践来学习。他们喜欢参加竞赛之类的活动,因为这些活动富于挑战性和冒险性。他们的学习目的很现实,那就是直接得到与某个感兴趣的主题相关的事实或信息。在学习抽象理论的时候,他们会变得很厌倦甚至不投入,除非理论和实践有着逻辑上的必然关系。他们学习的兴趣在于如何发现问题,然后做出合乎逻辑的决策并解决问题,因此尤其希望那些理论模型以逻辑实用的方式去呈现。他们总是渴望有机会立刻应用所学到的知识。

逻辑反应型的人的学习风格

关注你的个人偏好,便可以更准确地找到让你感到满足的工作类型。下面归纳和总结了逻辑反应型的人偏爱的学习方式,你可以看看哪些描述更适合你。

作为一个逻辑反应型的人,我偏爱:

你的职业性格是什么?

☐ 亲身体验活动
☐ 享受竞争、挑战和承担风险
☐ 对实际应用和问题解决更感兴趣
☐ 厌倦抽象理论,难以投入
☐ 希望得到立刻应用所学知识的机会
☐ 想直接得到与某个主题相关的事实
☐ 学习并实际排除障碍、做出决策和解决问题
☐ 对条理清晰并有逻辑性的信息感兴趣

性格偏好跟与生俱来的倾向可以作为自我评估的出发点。在阅读这一部分的过程中,一些陈述你可能认可,而另一些陈述你可能不认可。这样的反应是常见的,因为每个人表达自己性格特征的方式都不同。阅读总体信息可以作为决定事业发展方向的出发点。现在,你需要进一步进行自我评估,具体方法就是将这些总体性陈述与自己的个人生活结合起来。下面这些问题可以帮助你将这一部分的内容和自己的具体情况联系起来。在回顾本章内容的过程中不要忘了比照这些问题。

- 这种性格的所有特征是否符合我的真实情况?哪些部分符合?哪些部分不符合?
- 是不是有哪个部分的描述对我来说尤为重要或关键?
- 我可以将哪些信息用于具体实践,从而决定自己的事业发展方向?
- 我应该如何调整自己的事业发展方向?哪些方面应该强化?又有哪些方面应该弱化?
- 在未来工作中,我想将重心放在哪个方面?

在这一过程中,你可能想用各种标注方法着重突出一些部分,或者想在书页的空白部分写些笔记,或者制作一系列索引卡,或者在笔记本上认真做笔记。不管采取什么方式完成这项工作,问题的关键在于一定要保证记录的信息可以真实地描述你目前的情况。设想自己的理想工作应该是怎样的,有哪些具体的工作内容,有什么样的工作环境,你在工作中会应用哪些技能,你期盼以怎样的方式领导他人或被他人领导,你希望为团队做出什么样的贡献,你想以什么样的方式不断学习与成长。

同时也思考一下自己目前处于怎样的发展阶段。你现在利用哪些方法来平衡自己的自然工作方式?你是否正在过渡到新的平衡方式中去?一定要记住,每个人的情况都是独一无二的。以果断型和分析型的人为例,这两种类型的人在沟通的时候喜欢就事论事。但是,他们还是会或多或少地通过移情作用与他人建立联系。这两种人如果愿意花费时间和精力,通过学习最终从事人事服务工作,就有可能与在技术领域独立工作的同种类型的人做事方式截然不同。

/ 第 3 章　反应型的人：行动与适应

> **关键行动**
>
> 你已经做好准备，将自己的自然偏好和具体情况结合起来了。
>
> 描述一下你最想从工作中得到什么。不要单纯地罗列一系列工作，而要将重点放在说明自己的个人偏好上。
>
> _____
> _____

现在，你已经认识到了自己的工作偏好，可以直接阅读对 ESFP 性格类型的介绍。如果你有兴趣培养基于价值观的决策方式，更应如此。如果你已经准备好通过评估自己的价值观、生活方式和局限来继续完成职业规划的过程，可以直接跳到第 11 章。

第4章
探索型的人：创新与主动

性格类型：ENFP 和 ENTP

作为成人继续教育的老师，我觉得看到同学们重新回到学校学习并逐步走向成功是对我的工作的最好回报。我很享受学生们在课堂上共同分享他们多角度、鼓舞人心的丰富观点。

——一个探索型的人

最新研究显示，在美国成年人中，探索型的人所占比例为11.3%。他们认为这个世界及其中的人充满各种可能性和潜能。他们喜欢探访其他人没有踏足过的地方，热衷于寻找全新而独特的方式与他人合作。他们非常关注可能即将发生的事情，能够很快察觉不同情境之间的关联及其模式。面对不同的情境，他们习惯首先通过快速检视来吸收相关的信息并进行整合，从而形成自己的想法。灵感和洞察力自始至终导引着他们的生活和工作，是他们工作方式最鲜明的特点。

探索型的人的工作方式

■ 探索型的人做什么最自然

创新并寻求联系

不管选择什么样的工作，对探索型的人来说，能够有机会运用他们的自然方式去创造新理念或新的工作方式是很重要的。他们喜欢抽象的概念世界，热衷于富于抽象和象征性质的工作，而不是具体的实践。相比具体的事实和细节，探索型的人喜欢可以发挥想象力的工作。面对任何状况，他们都可以想到不计其数的备选方案与可能性。

这种工作方式应用于产品设计、教学、系统开发或问题解决时会发挥很大的作用。例如，一个探索型广告从业人员可能热衷于在产品与营销理念之间构建联系；探索型教育工作者会发掘新的方式向不同的学生群体教授某个课题。探索型

第 4 章 探索型的人：创新与主动

的人喜欢通过团队的头脑风暴以寻求解决问题的方案，他们尤其擅长将头脑风暴过程中所提出的想法、观点和相关信息等进行整合，从而找到解决问题及利用机遇的新方法。

探索型的人热衷于不断调整、即兴发挥和运用他们的创新思维。灵感对他们来说是第一位的，他们擅长快速反应，往往在一瞬间迸发出新的想法。探索型的人还喜欢将想法进行概念化提炼，喜欢使用象征与借喻手法，喜欢与创意和表达相关的工作，如艺术、表演和协作工作。通常吸引探索型的人的工作还包括市场营销，因为这种工作需要新鲜的理念、独树一帜的方法和别出心裁的宣传口号。探索型的人可能利用创意过程来改善流程或解决问题。

探索型的人一般具有十分广泛的兴趣，并善于把自己感兴趣的不同领域联系起来。他们通常是具有多种才能的多面手，因为他们具有全球性的视角，而不是单一视角，所以他们在什么工作岗位上都会受到热烈欢迎。不论在理念创新还是在整合不同理念进行创新的过程中，探索型的人均能发挥十分重要的作用。

探索型的人总是将眼界放在未来，他们的脚步总会赶超自己所在的时代。很多人都有与生俱来的天赋，善于预测趋势，预见新发展。因为这些立足未来的想法在旁人看来毫无价值或一无是处，所以探索型的人会发现，自己总是在竭尽所能地推销自己的想法。如果旁人没有看到发展机遇，或者没想过马上抓住这些机遇，他们就会觉得焦躁不安或心灰意懒。

沟通和激励

探索型的人擅长沟通交流，在这方面很有天分，分享自己的思想对他们来说是十分重要的一件事。他们注重自我表达，在沟通过程中充满自信和友善，表达流畅自如，尤其善于运用口头表达技巧参与团队合作或领导团队，同时具备一对一交流的能力。

鼓励分享和自我表达的工作能让探索型的人获得很大的职业满足感。他们能在不同的工作中，如在教育、咨询、销售、辅导、谈判、仲裁工作中，充分运用自己的沟通技巧。不论选择什么样的沟通方式，他们都热衷于协助他人去发掘不同状况中的可能性和可能发展的方向。他们天生就乐于提出或沟通自己的观点和发现，并创造和分享自己美好的愿景，从而鼓励他人从不同的视角去看待周围的事物。也正因为如此，他们往往扮演着催化剂的角色，鼓励他人采用新的方式去行动、自我变革或自我提升。

探索型的人总是迫不及待地想和别人分享自己的想法。这种优点有时会影响他们倾听他人观点并且向别人学习的能力。一个探索型的人注意到，作为一个老

你的职业性格是什么?

师,他最大的收获就是学会在课堂上留出让大家安静思考的时间。

"我最开始当老师的时候,如果提问后等了几秒没人回答,就会马上告诉大家答案或提出另一个问题。我不能忍受自己的课堂上出现沉默。在了解了自己的性格倾向之后,我意识到自己之前没想到留出思考问题的时间。现在,我在提问之后,会耐心等待大家给出答案。后来我就发现,只要多等几秒,学生们就能想到答案了。因为现在和学生之间的互动更积极,所以我的课堂变得丰富充实多了。"

一心求变

对探索型的人来说,改变和灵活性通常是工作中的重要主题。他们最初的职业选择通常都是短期的或多元化的。他们会尝试很多不同类型的工作,找寻新的方法将自己的想法付诸实践。另外,他们还会寻求不同的机会积极主动地进行创新。一个探索型的人这样说:

"我无法想象从事单调枯燥的工作。我有很多想法,有些人可能活过三四次才能有我那么多的想法。我最大的职业挑战是选择在什么地方使用我的时间和精力。"

探索型的人能够敏锐地察觉事物的变化和改进事物的方式,并因此经常表现出活跃、精力充沛的一面,随时都会成为变革发起者。他们具有很强的灵活性和适应能力,积极主动地应对变革或引发变革,希望自己能够站在未来变革的前沿。他们喜欢能够发挥其创新理念的工作,在富有灵活性和鼓励自由创新的工作环境中表现尤为突出。当别人都在过于专注程序和日常工作的时候,探索型的人可能对这些方面不胜其烦。相较于条理分明而略显拘谨的工作环境,他们更喜欢不拘一格、自由自在的工作环境。一个探索型的人这样说:

"那种照本宣科却缺乏互动的管理层董事会让我深恶痛绝。我觉得坐在那里很难专心致志。"

在探索型的人看来,规则就是阻碍创意过程的干扰因素,他们很快就会对循规蹈矩和条条框框产生厌倦情绪。他们不喜欢因为任何原因放慢自己的节奏,如果他们所在的单位充斥着繁文缛节或既定程序,他们的积极性很快就会一扫而空。探索型的人绝对不是墨守成规的人,面对规则与传统,他们或者以智取胜,或者绕道而行,或者干脆视而不见。一个探索型的人讲述了自己作为团队成员在解决问题的过程中所感受的心灰意懒:

第 4 章 探索型的人：创新与主动

"我希望以一种创新的方式来处理每个问题，但我发现周围都是一些循规蹈矩的人，他们让我无处施展。我抓住一切机会想鼓励大家在思考问题的时候能另辟蹊径，但是很多时候，我所在的单位因为让人束手束脚的线性思考而裹足不前。"

作为探索型的人，你需要培养耐性，耐心地等待其他人对你别出心裁的想法产生兴趣。一个探索型的人讲述了自己是如何通过"群聚效应"这一理念找到舒适感的：

"我知道，如果很多人都支持某个观点，那么这个观点就可以实施。几年前，如果我发现自己需要几乎一年的时间才能推进某个想法，我就会心灰意懒。但是现在，我将自己的创意能量投入到花费很长时间来积攒支持自己的力量上，从而让大家逐渐接受我的想法。我现在学会了谨慎地定位自己的想法，以我所在的群体可以接受的速度来工作。"

作为探索型的人，如果改变和多元化对你来说是重要的职业命题，那么你可以将自己的重点放在沿着一条广阔的职业轨道昂首向前，而不是目光短浅地局限在一个具体的工作选择上。想法和可能性总会让你兴致勃勃，你可以借助这一点将自己不同的尝试方向联系起来。当你能够审视不同的工作和任务如何相互关联并相互重合时，你就可以做出最好的职业分析。如果你将目光放在可以触类旁通的技能与兴趣上，你就可以发现更大的可能性。

为了满足自己创新的欲望，探索型的人可能自立门户，或者在追求变化的机构工作。探索型的人可能被创业机会所吸引，脑海中通常会浮现出源源不绝的商业机会。同时，他们的人际关系网通常四通八达。探索型的人如果找到了动力，就会对自己所做的事情表现得热情洋溢，总会兴致勃勃地想要推销给别人。很多探索型的人有自己的生意，或者从事联络或咨询工作，通过这种方式将自己接触条条框框与政治政策的可能性降到最低甚至是零，他们正是出于这样的原因才对更为正式的工作关系敬而远之。但是，作为创业者，探索型的人可能面临这样的挑战，就是如何在按照自己的喜好追求创意与灵活性的同时创造一个可行的框架，并能处理细节问题。

在变化中求发展

探索型的人喜欢工作内容多元化，长时间地做同一件事情会让他们觉得兴致全无或心灰意懒。他们尤为喜欢同时参与多个项目，因为这可以让他们对工作始终保持高昂的兴趣。如果他们所在的环境对创新缺乏应有的重视，就会让他们垂

你的职业性格是什么？

头丧气。一个探索型的人，其职业生涯通常由一系列不同的项目或不同领域的工作组成。一个探索型的人用这样的方式描述他在工作中不断追求自我学习和发展的过程：

"我想将自己喜欢的东西融合在一起，然后去创造一些令人兴奋的新挑战。"

对探索型的人来说，自然的工作方式应随着自己的热情和精力来。什么时候这两样东西不期而至，他们就可以全力以赴地投入工作了。他们似乎总是被灵感牵着走，不喜欢亦步亦趋或者四平八稳的工作节奏。每天都要按固定的时间表工作，会让他们觉得束手束脚。他们宁愿一头扎进一个项目，实在撑不下去的时候再停下来喘口气，完全不想理会时间安排。当他们的精力开始走下坡路的时候，就迫不及待地想转换工作内容。相比其他类型的人，探索型的人似乎更能够在苦熬节奏并且需要不断变换工作内容的工作环境中出类拔萃。

探索型的人对理论和概念具有浓厚的兴趣，虽然他们对完成所谓的正式学历教育表现得并不是很热情。对探索型的人来说，按部就班的学习历程过于冗长乏味，也过于循规蹈矩，无法满足他们的学习需要。探索型的人喜欢从经验中学习，面对他们目前的专业水平无法应对的新挑战，他们也会毫无畏惧地迎难而上。他们秉持着"即时学习"的理念，乐观地相信自己在完成工作的过程中就会了解所需要的信息，培养自己所需要的技能。

探索型的人通常是多面手，而不是专家。他们擅长整合不同来源的信息。在工作中学习是他们的专长，因此他们的实际工作能力往往超出了他们文凭中显示的能力。当然，如果在职业晋升时需要一个正式的专业证书，这对他们来说可能是一个障碍。因此，他们中的很多人选择在工作后继续回到学校学习，也只是为了一纸证书而已，因为他们所学习的都是已经掌握了的知识。作为探索型的人，如果你没有正式的教育经历或证书来证明自己的能力，那么对你来说，借助一系列的参考点来留意自己前进的轨迹并培养自己的能力可能是至关重要的。发掘具有创意的方式来向人们证明你可以做到。

很多探索型的人都喜欢通过阅读和讨论来学习，对接触和吸取新理念充满热情，由衷地喜爱那些能够提供研究空间和自我提升机会的工作。但也正是这种对拓展专业领域和专业技能孜孜以求的特征，使他们的职业生涯往往充满曲折。

在反思职业轨迹时，一位探索型的人说她经常每三年就换一次工作，她认为自己在职业规划上相当高瞻远瞩：

"我似乎能够预感到在什么时候，我应该做什么。当回首我的职业生涯时，

第4章 探索型的人：创新与主动

我发现我始终为迎接变革做了大量积极的准备，但真正的机遇往往是不期而至的，而我并不需要费任何力气，我的职业生涯就往前推进了。"

虽然并不是所有探索型的人都会自然而然地步入理想的职业轨道，但他们确实热衷于放眼未来，预想自己需要做些什么。因此，他们的职业发展似乎永远都是水到渠成。如果你属于探索型的人，可以找一些书籍、数据或其他自我评估工具来更为深入地了解自己。相较于短时间完成的调研或指令性工具，能够提供整体指导方针、信息整合与理论诠释的职业规划材料更有用处。发掘那些能够让你就新想法进行讨论与尝试的人或事。

为了满足个人发展与追求多变的需要，你可以寻找各种方式来改变自己的岗位与工作职责，即使在公司工作也可以解决这个问题——你可以尝试跨部门调动。如果你是独自创业，这件事情就更容易实现了。工作选择应该能够为你提供自我发展的机会，如果能够在多个方面实现全面发展就更理想了。一个探索型的人的职业轨迹可能集聚了形形色色的项目与职责，这一点在现实生活中屡见不鲜。你可以寻求机遇，在自己所处的环境中去改变、学习、发展。

在选择职业方式时，应该考虑一下对你来说，什么样的因素能激励你在工作中奋发向上，全力以赴。一个人可能选择一份与自己的个性特征并不契合的工作，但最终却发现这份工作让自己实现了高度的满足感与成就感。例如，谁能够想到，一个探索型的人会喜欢当会计？因为会计需要面对海量的事实与细节。一个对会计工作非常满意的探索型的人解释了自己为什么如此热爱这份工作：

"对我来说，数据录入和计算非常枯燥，好像也没什么意义。但我改变了我的工作模式，为客户提供了一些定制化的业务，这样我就可以为客户提供咨询服务帮助他们（通常是夫妻）制订私人理财计划，协助他们把自己的生活方式、价值观及私人理财计划融合在一起。最终发现，我的工作同样需要创新性和灵活性。我真的非常喜欢告诉别人怎样对自己的资产进行管理，从而使他们的资产发挥最大的潜力。"

探索型的人的自然工作方式

探索型的人在运用自然工作方式时具有最好的表现。了解你的不同偏好，你就可以更准确地评估什么样的工作方式才会让自己获得满足感。下面归纳和总结了探索型的人的性格特点和工作偏好，你可以看看哪些描述更适合你。

作为一个探索型的人，我在下列方面表现最好：
☐ 建立人与创意之间的联系　　☐ 工作涉及处于时代前沿的新理念

你的职业性格是什么？

- ☐ 用创造性的方式解决问题
- ☐ 扮演催化剂的角色，促进和鼓励他人采取行动
- ☐ 保持与他人的密切联系，但同时保持自己行动的独立性
- ☐ 机智地避免或可以忽略规则、结构及传统
- ☐ 关注未来
- ☐ 很强的灵活性和适应能力
- ☐ 创造变革
- ☐ 推广与传递自己的愿景
- ☐ 在没有过多规则和限制的情况下保持高效快速的行动力
- ☐ 启动新的项目
- ☐ 参与内容多元化的活动和工作
- ☐ 运用灵感驱动工作
- ☐ 灵感来临的时候具有很高的工作效率
- ☐ 在不必要的严密程序下，寻找自己的自由度
- ☐ 改善流程
- ☐ 在开放及鼓励探索的工作环境中，与他人一起工作
- ☐ 运用头脑风暴对不同状况构思不同的选择和可能性
- ☐ 构思新想法与新机遇，并将其付诸实践

最理想的工作方式

回顾对探索型的人的工作方式的总结，摘出最能描述你工作方式的要点并填写在下面的空白处，这样有助于明确你自己想要在工作中从事什么样的具体活动，以及什么样的工作方式才是最能与你契合的。当然你也可以将上面没有提及的要点补充在下面。

对我而言，最重要的工作偏好是：
_____
_____

探索型的人如何缓解工作压力

通过本章前面的内容，你已经确定了自己的性格类型是如何与自己偏好的工作活动与工作风格联系起来的。考虑一下什么样的工作内容和工作环境会让探索型的人感到压力或不适应，这也很有必要。每个人都会在某段时间内从事自己并不喜欢的工作，但是如果需要长时间从事自己没有兴趣的方向，就可能造成工作压力或不满情绪。

第 4 章 探索型的人：创新与主动

本部分会着重指出对探索型的人来说存在哪些工作压力。在阅读的过程中，考虑一下自己目前的工作是否包含了书中所描述的活动。如果答案是肯定的，你或许需要考虑一下，是否需要通过某种方式来改变自己的某些工作内容，或者采取什么办法来最大限度地缓解压力。了解工作中最让自己产生压力的要素，会帮助你明确哪些工作选择不适合自己，从而在实际抉择的过程中绕开这些工作。

对探索型的人来说，最让他们引以为傲的是自己的创意理念与创意方法。如果他们所处的工作环境不重视创新，就会感受到压力。他们不喜欢有严密的规则和制度、结构化的工作环境，另外，流程、官僚主义及没有实际价值的繁文缛节会让他们有挫败感。对探索型的人来说，这样的环境无法给予他们所需要的创新和灵活发挥的机会。如果你需要在一个充满条条框框的工作环境中工作，你会发现，将一定的灵活性融入日常工作中，会让你受益。面对例行工作或结构化的进度表，你可以尽最大努力绕道而行，或者最大限度地避免接触的机会。

探索型的人向各种选择方案敞开怀抱，探讨各种可能性。如果要求他们在看重落实决策的环境中工作，就会让他们觉得太压抑。当然，虽然探索型的人也可以按照要求跟进某项任务，但是对他们来说，制定决策并落实决策远没有思考可行的行动方案能让他们兴致勃勃。在完成项目的过程中，事无巨细的规划、排序与组织工作通常会让他们避之唯恐不及。如果你属于探索型的人，你就需要将任务跟进的工作交给他人，而不是试图勉强自己独立完成。如果交给别人不可能，你就需要考虑分割自己的时间，在按要求跟进某个任务执行情况的同时还可以尝试新的可选方案，这样就可以最大限度地降低自己的工作压力。你必须接受一个事实，即自己确实更喜欢将任务留到最后一分钟，所以鉴于这种工作偏好，一定要在项目即将结束的阶段，留出额外的时间，包容自己的这种工作方式。另外，如果在允许的情况下就尽情地玩，在有状态时，就努力地工作。

探索型的人通常会寻求改变，推进改变，所以他们喜欢能够即兴发挥并且迅速适应的工作。如果他们觉得某项改变可以精简、改善流程，就会全力支持。但是，如果某种改变会制造更多的障碍、规划制度、繁文缛节，他们就会极力反对。面对改变，探索型的人讨厌有人对自己发号施令，他们更喜欢以一种自由的方式与积极的态度来推进改变或参与改变。作为探索型的人，如果你已经预见某个改变将会到来，就可以申请参与到规划过程中去。如果其他人想要将改变强加于你，你可以在变化中寻找机会，看看有没有什么办法可以适应这种改变，让自己可以于其中如鱼得水。

针对探索型的人的职业和人生发展策略

这一部分向探索型的人展示了应该如何从事业中获得最大收获,不仅描述了有可能改善事业规划的两方面,同时也提供了一些实际的建议,帮助他们更为高效地规划自己的职业发展路径。另外,这一部分还讨论了第三个更为私人化的方面。从这三个亟待发展的方面综合出发,讨论可用来推动自己在职场有更好表现,并实现个人成长、收获个人满足的一般性策略。

■ 聚焦愿景

探索型的人通常会被新项目所吸引,可以轻松地预见未来的成果。但他们有可能承担比他们能应付的更多的工作,这让他们陷入麻烦。从更大的角度来看,探索型的人对事实认识不足、对细节不够关注的做法会让他们过度低估项目所需要的时间与资源,或者错失了重要信息导致需要重新明确项目重点、重新对项目进行规划。在投身于某个任务或项目之前,抽出时间规划好细节问题,有助于探索型的人全面认识自己面对的工作范围有多大,从而保证他们能够实现工作与事业目标。

探索型的人如果不清晰定义自己的职业愿景,就会削弱他们成功的机会。如果探索型的人在分享想法之前没有仔细评估过,或者在向他人提出请求时脑中的要求不明确,这些都会导致他人驳回探索型人的想法或愿景。对方会错误解读探索型人的过于宽泛的愿景、不清晰的表述和快速产生的想法,认为都是不成熟、未加工的想法。同样,因为探索型的人喜欢将自己反对的观点或各种假设挂在嘴边加以讽刺,他们留给别人的印象可能是飘忽不定或难以预测的。如果你想要利用自己的人际关系网推进事业发展,需要呈现的就是深思熟虑过的事实、观点与可选方案。这并不意味着你应该将自己的梦想或远见抛弃,你只是需要以一种更为明确的方式将自己想要与他人分享或向他人呈现的东西表达出来,这样对方才会帮助你。

如果探索型的人没有任何细节来支撑自己的建议与观点,他们向别人推销自己观点的时候就会发现自己失去信任。如果对方更倾向于其他工作方法,就可能认为他们的观点缺乏必要的可操作性。而他们与生俱来的乐观个性,也会给别人留下负面的印象。一个探索型的人这样描述自己的个人发展:

"在呈现自己观点的时候,我原来特别喜欢即兴发挥。但是,现在我已经学会了做好准备工作，事先做好研究与调查工作。参会时，我会带上数据和细节信息，以此来支撑自己的观点。"

关于聚焦愿景的建议

- 通过记日记等方式来记录自己的想法和感觉，这样可以帮助你回顾并改善自己的想法或目标。
- 你可能想以探讨性与开放性的方式来讨论自己的目标与梦想。讨论的对象可以是认同你的方式的朋友，而不是你的员工或客户。
- 倾听别人的想法，注意学习别人身上的闪光点。他们可能给你提供相关的事实与细节信息，这些信息可能是你之前根本没有想到的。提出的问题，重点一定要放在想要实现某个具体目标，需要采取什么实际性的步骤与举措上。
- 在对某个职业选择投入时间与精力之前，应该进行深入研究。不要对各种选择都浅尝辄止，而是应该深度研究少数可选方案。
- 在向某人呈现一个观点之前，应该包含相关的实用信息及更广泛的想法与影响。将自己高涨的热情控制在合适的程度，不要让别人对你的乐观产生怀疑。

■ 落实职业规划

探索型的人一旦开始构建职业愿景，就会全身心地投入进去，他们的热情与毫无保留会让人联想到虔诚的教徒和坚定的倡导者。但是令人遗憾的是，这种轻易点燃的热情，也会被轻易地浇灭。一个探索型的人经常被灵感点燃热情，然后很快就因为厌倦而兴致全无。对于他们来说，设想并且开启一段新的事业要比坚持完成实现事业转变最终获得事业成功所必需的任务与细节更为有趣。这种缺乏坚持的做法可能导致很多重要的任务被原封不动地留在那里，从而对职业方向与职业选择产生负面影响。

思考一下，对你个人来说，这种无法持之以恒的心态是否是实现事业发展并获得职场成功的障碍。探索型的人反映，自己会避免完成预算，或者避免日常流程、文件处理和信息记录的工作内容。一个自己创业的探索型的人表示：

"处理文件让我觉得很痛苦。发票、纳税记录、申报文件还有一些细节性的行政工作是我不喜欢的。我知道这些工作很重要，但是我面对它们就是提不起精神来。只要不让我整理这些文件，我愿意去做任何事情。"

你的职业性格是什么？

你可能要求自己的助理、合伙人或同事在工作中担任组织者的角色，或者让他们去处理细节。很多探索型的人都已经学会，聘请善于处理细节的人来弥补自己的不足是一种举足轻重的解决方法。但是，通常情况下，在你个人职业规划的过程中，依靠他人代劳的方法并不在选择之列。如果你必须亲力亲为地应对细节问题，你可以经常歇一歇，或者在完成一部分日常或细节工作之后奖励自己去从事一些更为自由的工作。学会在细节工作越积越多，让你不堪重负之前就开始着手处理，不要再依靠最后一分钟突击完成。为了让自己能提起劲儿来，在自己埋头细节工作的过程中一定要不断回想自己的目标与梦想。将手头的工作与愿景联系起来。

关于落实职业规划的建议

- 将自己的职业目标转化成由细小而实际的步骤与任务构成的职业规划。制定一份时间表和检查清单，然后按部就班地完成所有任务。
- 对于需要多少时间来完成这些任务，一定要估计得尽可能准确。可以从估计一个小项目会花费多长时间入手，然后再细心观察，注意错过了什么细节，关注自己的估计与最终耗时之间的差距有多少。在下一个项目上再度尝试，通过之前的经验改善估计的过程。
- 推动职业发展规划不断向前。对于其他任务与承诺，能分配给别人的就分配出去，同时也排出先后顺序。要记住的一点是，如果你在无意识的情况下答应了一件事，就意味着你需要对另外一件事说"不"。
- 制定一个系统来管理时间或组织资源。传统的时间管理策略似乎都是那些感觉型与判断型的人所编写的，通常对于探索型的人来说灵活性不足，条条框框太多。但是，制定策略的时候还是要注意融合一些基本的管理方法，如罗列清单、设定最终时间或在完成某些任务后奖励自己等。

■ 了解自己的体能极限

探索型的人是充满活力、放眼未来的改革者。如果他们处于灵感源源不断的状态，就会完全沉浸在一个项目中，对自己身体的需求视而不见，他们意识不到自己需要健康的饮食、需要锻炼身体或仅仅停下前进的脚步休息一下。正因如此，他们会发现自己备受健康问题的困扰。在最糟糕的状况下，他们引以为傲的灵感涌现会带给他们太多想法，会让他们分散聚焦点。探索型的人需要认识到，他们的大脑和身体都需要休息。

如果探索型的人无法让自己重新充电，他们原本的热情和干劲就会消失。即使这样,他们还是停不下脚步,思绪总会不由自主地围绕着他们的项目。一个探索型的人讲述了自己面对这种挑战时是如何找到解决办法的:

"我会去洗个蒸汽浴,想要放松一下。但是每次我都控制不了自己的思绪,思绪总会飘到如何处理某件事情或未来应该怎么办上。后来,我发现参与到某项活动中可以从真正意义上让我将思绪留在此时此刻,因为我需要集中精力。"

对于探索型的人来说,学会关注当下的环境是最为艰难的一步。他们一定要认识到,在高涨的热情与身体需要、体能极限之间应达到一个平衡。如果探索型的人不重视这个实际的问题,他们就会发现自己处于失衡的状态,以不负责任、无组织的方式不停寻找新想法、接触不同的人、探讨不同的可能性。这种不聚焦的做法往往会成为他们未来事业发展的隐患。

很多探索型的人到中年之后会开始有意识地培养更多关注点并接受自己的体能条件,展望未来的成果和回报与对当前实际的关注得以融合。他们学会享受独处的时间,留出时间关注自己的需要,或者体验所处的环境。一个探索型的人讲述了自己是如何到了不惑之年才开始关注周围的现实世界:

"我现在会抽出时间来画画,希望通过这种方式教会自己如何抓住当时当下。在尝试捕捉某个画面的时候,我就不得不放慢脚步,全神贯注地观察眼前的事物。最开始,我总会表现得缺乏耐心。很多最初的画作被我直接丢进了垃圾箱。但是,随着时间的推移,我发现自己好像能够更好地置身其中。现在,我可以创作很多精确而又细致的画了。"

推进个人发展没有具体的时间表,也没有所谓的最后期限。一些人可能发现,对于随着时间的推移而发展似乎有一种与生俱来的兴趣。而其他人可能发现,他们需要专心致志地评估一些自己并不偏好的方法,然后有针对性地培养自己在这方面的能力。不管处于什么样的发展阶段,不管所面临的状况是怎样的,探索型的人可能发现,抽出时间独处,关注自己的感官体验,关注自己周围环境中的细节,而不是联想,是一件发人深省的事情。

关于了解自己体能极限的建议

- 照顾自己的基本需求,包括保证健康的饮食、充足的睡眠和定期运动。注意捕捉身体给你的信号,并且做出适当的反应。有些时候,身体会告诉我们很快就会耗尽精力、生病或饥饿。你越早意识到自己正在挑战体能极限,就可以更大程度地降低疲惫甚至生病的可能性。

你的职业性格是什么？

- 停下来闻一闻，"路边的花香"，抽出时间在真正意义上从周围环境和感官体验中享受快乐。
- 诸如记日记或冥思这样的活动能帮助你关注自己的内心世界，帮助你认识到工作已经对身体造成了怎样的影响。
- 从事创意性休闲活动，包括写作、表演和制作艺术作品等，这些活动都可以让你从工作中抽身而出，以自己满意的方式寻求改变（当然，如果这些活动原本就是你的工作内容，那就得另当别论）。另外，如果能够参与一些直接接触现实世界的休闲活动，也可以让你抽离自己的自然工作方式，享受改变。

关键行动

对你来说，避免自己的愿景缺乏聚焦，落实职业规划，认识到自己的体能极限，这些事情是否具有挑战性？如果你的答案是肯定的，那么本节探讨的哪个策略是有帮助的并值得一试？

_____
_____

探索型的人的职业平衡

探索型的人对探索周围的世界充满兴趣，他们不断吸收新信息，积极地探寻可能存在的模式和可能性。这种生活方式非常富有活力，催人奋进，但是也很容易让人筋疲力尽。尤其是年纪较轻的探索型的人，通常会为很多可能的职业生涯发展机会所累，在探索自己的职业生涯时会走很多弯路，因此他们或许非常忌妒那些专注的人，太多选择也可能成为他们行动的障碍。

探索型的人必须借助客观的信息评估及基于此的决策能力来平衡能看到很多可能性的能力。

通常，人们在评估信息时采用两种方式：基于价值观的方式和基于逻辑的方式。在性格类型理论中，这两种方式分别称为感性（F）和理性（T）。虽然每个人在某个阶段都会使用感性与理性的方式来评估信息或做出决策，但是他们会更加倾向于某种方式。你可以回到本书的第 2 章去找出自己属于哪种类型。

从语义上来说，感性和理性这两个词包含很多含义，与信息评估及决策方式不尽相同，所以为了避免不必要的误解，在本书中将感性偏好为决策方式的探索型的人称为感性探索型（ENFP），而将以理性偏好为决策方式的探索型的人称为逻辑探索型（ENTP）。

感性探索型的人通常在吸收和评估信息时会很自然地以自己或他人的价值观为基础，他们做出决定的依据是相关人员的状况与需求。随着时间的推移（通常在他们人生的后半段），他们会学会在决策过程中融入更多逻辑性的成分，以一种客观却个性的方式来评估自己的抉择与行动，在此过程中，他们会更为紧密地关注自己的行为按逻辑推测可能产生的后果。

逻辑探索型的人则会很自然地运用逻辑分析的方法来吸收和评估信息。他们在制定决策的过程中会采取逻辑分析的方法。但是随着他们在人生中不断成长，他们将学会在决策时更为照顾相关人员的状况与需求。随着他们从更为人性化的角度出发来看待自己周围的世界，他们就会发现，结交他人并且了解对方对于自己来说比谈判和让步更为重要。

这两种方式都能使探索型的人停下脚步，对自己的想法和理念进行考量和评估。一般来说，人们考量和评估自己的抉择时，是为了使自己能够保持专注力，并界定自己努力的方向。这种在深思之后才进行选择的方法也常见于探索型的人身上。在其一生中，探索型的人都会运用和完善这两种方式，协助自己对不同的、繁杂的想法进行选择。随着时间的推移，这种自然的发展完善过程使探索型的人在决策时更加灵活和从容。

下面是一个感性探索型的人描述她是如何学习使用逻辑分析提升自己的决策质量的：

"记得我第一次面对一个商业项目的时候，必须通过逻辑推理过程，去说明完成项目所需的必要资源。我花了比别人更长的时间，去学习如何谈判。因为在过去，我通常非常看重和关注如何去帮助他人，努力保持和谐的人际关系。我通常会先考虑其他人的需要，才考虑自己的。对我来说，学会为了满足我个人的需要去谈判，和以前的我比起来，是一个很大的跨越。现在我了解了如何通过逻辑分析的方式说服自己去考虑那些需要。"

这个感性探索型的人意识到了个人需要的重要性，并学会了如何使用逻辑分析去了解和满足自己的需要。她的天性是基于个人喜好的主观决策，但经过自然的发展和完善，她看到了在决策过程中包含逻辑分析的必要性和重要性。当你通读完本章后就会发现，首先了解自然性格平衡方式会对你的职业发展更有帮助。然后阅读其他的性格完善平衡方式，你不难发现当变得更成熟时，在你身上所产生的变化。如果你已经步入中年，就可能对本章所介绍的两部分内容都很感兴趣，因为在这个阶段，你可能已经想要去培养那些自己之前并不热衷的决策偏好。

你如何寻找平衡？

☐ 我更像 ENFP	☐ 我更像 ENTP
我是感性探索型的人。首先我会以基于价值观的决策模式来平衡我作为探索型的处事风格。当我日趋成熟时，我会学习在做决定时如何更加关注逻辑分析来进一步平衡。	我是逻辑探索型的人。首先我会以基于逻辑分析的决策模式来平衡我作为探索型的处事风格。当我日趋成熟时，我会学习在做决定时如何更加关注价值观的因素和人性化考量来进一步平衡。

ENFP：感性探索型的人的工作方式

"追随梦想。"

最新研究显示，在美国成年人中，感性探索型的人（ENFP）所占比例为8.1%。他们通过对内在价值观的关注来平衡追求主动创新的特质。依靠对责任感和正直感的个人追求，他们寻找一切可能的机会去帮助他人发掘潜能。如果遇到一些与他们内心的个人基本价值观不一致的，但已经为他人所普遍接受的信念和行为，他们亦会无惧挑战，努力尝试去改变。他们对那些能够提供友善的工作气氛、帮助他人的机会、自由表达自我的平台及发挥创造天性的工作具有浓厚的兴趣。

由于感性探索型的人基于个人价值观的决策方式可能平衡他们对于本能的跟从，所以他们最初表现出来的探索型工作方式，与逻辑探索型的人有着很大的不同。然而逻辑探索型的人在步入中年后，亦会发现这种以价值观为基础的决策方式映照了他们提升和成长的方向。

■ 感性探索型的人做什么最自然

鼓舞和激励

为了提升他人的潜力和状态，感性探索型的人非常热衷于激励和劝说他人。

这个时候的他们往往充满活力，富有激情。在团队中，他们主张个人的发展与提升，热心地发起各种项目、流程或计划去协助他人学习和成长。他们推崇和鼓励多元化，喜欢和各种不同的人打交道，总是劝谕他人运用感染力去对待工作或者与人交往。

感性探索型的人非常推崇真诚和开放的心态，十分关注人际关系的建立和培育，颇为注重提升自己在培训、辅导、谈判、推动、协商、招聘、解决争端情境下的沟通能力。他们看重关系与成长，热衷于培养自己在这些方面的技能。

创造性地表达自我

很多感性探索型的人拥有创造和自我表达的天赋。对于普遍的人类价值和个体的个性化特质，他们均极为关注。他们对于纯粹艺术具有极为浓厚的兴趣，不难在音乐家、作曲家和作家群体中发现他们的身影。同时他们对美术、戏剧和音乐等领域的教学工作也抱有极大的兴趣。

看到他人身上存在的可能性及潜能

乐观是感性探索型的人的一个重要特征。他们擅长发掘自己或他人个人生活和职业生涯的可能方向，孜孜不倦地寻求各种方式去帮助他人成长和发展。秉持人是最重要的优先考虑因素的观念，他们惯于通过个人价值观去考量一切信息，因此他们对于他人的需要、状况和动机具有非凡的洞察力。

他们多数从事与咨询辅导、教育、宗教和艺术相关的工作。一个感性探索型的人，他的工作是与十几岁的孩子打交道，他是这样描述在工作中的最大收获的："在我的教导下，孩子们变得朝气蓬勃，对未来充满希望。"

营造和谐气氛和鼓舞士气

感性探索型的人具有亲和力，非常友善，十分适合那些需要与人建立关系的工作。下面是一个感性探索型的人对他最喜欢的工作的描述：

"在小组里与人交往、分享信息或者接触小组以外的其他人，是我最兴奋的事情。我喜欢了解不同的人，并从他们身上学习。"

感性探索型的人不同于逻辑探索型的人黑白分明的个性，在他们的眼中凡事都是处于中间的灰色地带。在充斥着过多判断、逻辑分析、批评的环境中，他们往往觉得难以忍受，因为在这种环境中他们也许感觉被低估，或者可能招致他人毫不留情的批评。

感性探索型的人对工作关系、组织气氛和员工士气具有非常敏锐的感受力，

你的职业性格是什么？

他们渴望和谐与相互支持的工作环境，因此，在缺乏认可、欣赏或对个人独特且有价值贡献的赞扬的工作环境中，他们容易感到郁闷。在有人指导或提供足够支持的工作环境中，他们非常富有效率。如果所在组织中的人际冲突或价值观的冲突令他们觉得难以忍受，他们也许会选择毫不犹豫地离开。下面是一位感性探索型的人描述在他的职业生涯中人的因素所产生的影响：

"回顾过去，我发现和我一起工作的人甚至比我的工作本身更重要。我曾经试过继续留在并不适合的工作岗位上，只是因为我喜欢那些与我共事的人，他们关心和认可我。反过来说，如果我喜欢这份工作，但工作环境非常消极的话，我想我一定会选择辞职。"

感性探索型的人的理想工作环境

关注你的个人偏好，你便可以更准确地找到让你感到满足的工作类型。下面归纳和总结了感性探索型的人的理想工作环境，你可以看看哪些描述更适合你。

作为一个感性探索型的人，我偏爱下列工作环境：

- ☐ 工作得到他人的欣赏
- ☐ 重视创新
- ☐ 以人为本
- ☐ 相互支持
- ☐ 同事之间热情相待，相互理解
- ☐ 和谐合作
- ☐ 具有足够的灵活性，可以满足个人需求
- ☐ 关注如何帮助他人
- ☐ 工作有意义，追求更崇高的目标

■ **感性探索型的人感兴趣的工作**

以下是感性探索型的人可能感兴趣的工作。这份清单是参照数据进行归纳的，数据显示，感性探索型的人从事下述这些行业的概率高于其他行业。

在这份职业清单中，我们使用了5个总结性标题，按照O*NET网站提供的信息，这些类型的工作对感性探索型的人充满了吸引力。O*NET是一个庞大的互动性数据库，专门提供职业相关信息，用于探讨与研究职业选择。O*NET内部对工作类型进行了划分，划分依据不仅考虑了工作本身的内容，还涉及完成该项工作所需的技能、需要接受的教育或培训。你可以在O*NET的网站上浏览所罗列的职业或工作类型。在这个网站上，你会发现关于职业的广泛信息。第六个标题"其他"提供了一些职业的样本，涵盖了O*NET网站分类系统所划分的其他工作类型，这些工作同样可以吸引感性探索型的人。

第4章 探索型的人：创新与主动

> **解读职业信息的要点**
>
> 每种职业都借助编号提供了一些信息，帮助你更好地评估这份职业是否适合自己。
>
> 🍃=绿色职业　与降低化石燃料的使用、减轻污染、提高能源效率及提升可再生能源的使用息息相关。
>
> ✹=前景光明的职业　从经济意义上来看十分重要的行业，这些行业有可能实现长期增长，或正因为技术与创新而发生翻天覆地的变化。
>
> **工作区域**　数字编码（1~5），总结了想要进入这个行业需要进行的准备（如教育、培训或经验传授）。1~5代表所需要进行的准备由少到多。
>
> **职业趣味性**　字母编码（R、I、A、S、E、C 的组合），体现了这一职业的趣味性情况。这些结论是与荷兰的趣味性模型及工作环境一致的。

艺术、设计、娱乐、体育与媒体

演员 2AE

文案人员 4EA

编辑 4AEC

平面设计师✹ 4ARE

多媒体艺术家与动画师✹ 4AI

音乐家与歌手 3AE

摄影师 3AR

制作人与导演 4EA

广播与电视播音员 3AES

布景与展览设计师 4AR

艺术总监 4AE

导演（舞台、电影、电视与广播）4EA

美术家 3AR

室内设计师✹ 4AE

音乐作曲家与编曲 3AE

音乐家与演奏家 3AE

制作人 4EA

公关专家🍃✹ 4EAS

记者与通讯员🍃 4AEI

作家 4AI

社区与社会服务

儿童、家庭与学校社会
　工作者🍃✹ 4SE

顾问 5S

职业教育和学校教育✹ 5S

医疗与公共健康社会工作者✹ 5SI

心理健康咨询师✹ 5SIA

社会与人力服务助理✹ 3CSE

神职人员 5SEA

宗教活动与教育业主管 4ESC

健康教育工作者✹ 4SE

心理健康与滥用药物社会工
　作者✹ 5SIA

康复咨询师✹ 4SI

滥用药物与行为异常咨询师✹ 5SAI

你的职业性格是什么？

教育、培训与图书馆

初中教师 ✿ 4SAC　　　　　　　艺术、戏剧与音乐教师 5SA
幼儿园教师 ✿ 4SA　　　　　　 辅导员 ✿ 5SIE
学前班教师 3SA　　　　　　　 高中教师 ✿ 4SA
自我进修教育教师 ✿ 3SAE　　　中学教师 ✿ 4SAE
教师助理 ✿ 3SC　　　　　　　 特殊教育教师 ✿ 4SA

生命、自然与社会科学

人类学者 5IA　　　　　　　　　临床心理学家 ✿ 5ISA
咨询心理学家 ✿ 5SIA　　　　　 学校心理咨询师 ✿ 5IS
社会科学研究助理 4CI　　　　　社会学家 5IAS
城市与地区规划师 🍃 5IEA

销售及相关工作

广告销售代理 3ECA　　　　　　收银员 1CE
柜台与租赁职员 ✿ 1CE　　　　 演示者与产品推广人员 ✿ 2ECR
保险销售经纪 ✿ 4ECS　　　　　房地产经纪 ✿ 3EC
房地产销售经纪 ✿ 3EC　　　　 零售与制造业销售代表 ✿ 3CE
电话营销人员 2EC　　　　　　　旅行代理 3EC

其他

下面的清单涵盖了可能吸引感性探索型的人的其他工作类型。

广告与推广经理 ✿ 4EAC　　　　仲裁人、调停人、调解员 🍃 4SE
酒保 ✿ 2ECR　　　　　　　　　账单、款项收集人 ✿ 2CE
木匠 ✿ 2RCI　　　　　　　　　儿童看护 ✿ 2SA
脊柱按摩师 ✿ 5SIR　　　　　　造型师 2CR
牙医助理 ✿ 2CRS　　　　　　　牙科保健员 ✿ 3SRC
桌面系统出版人 3AIC　　　　　 教育行政人员（高中以上）✿ 5ECS
教育行政人员（学前）✿ 4SEC　 行政秘书与行政助理 ✿ 3CE
绿色营销人员 🍃 4EC　　　　　理发师、发型师与化妆师 3AES
健康诊断与治疗从业人员 5IS　 家庭健康护理 ✿ 2SR
人力资源助理 ✿ 3CES　　　　　人力资源、培训与劳动关系专家 4ESC
保险索赔职员 2CE　　　　　　　景观建筑师 🍃 4AIR

法律秘书 ✹ 3CE　　　　　　注册实习护士与注册职业护士 ✹ 3SR
公寓管理人员 ✹ 3ECS　　　　按摩理疗师 ✹ 3SR
会议规划师 ✹ 4ECS　　　　　职业理疗师 ✹ 5SI
猎头 ✹ 4ECS　　　　　　　　公关经理 ✹ 4EA
前台与信息咨询人员 ✹ 2CES　住宅顾问 ✹ 3SEC
呼吸理疗师 ✹ 3SIR　　　　　发音治疗师 ✹ 5SIA
培训与发展经理 4ES　　　　　培训与发展专家 🍃✹ 4SACD
服务生 ✹ 1SEC

感性探索型的人的技能强项和关注的能力

关注你的个人偏好，便可以更准确地找到让你感到满足的工作类型。下面归纳和总结了感性探索型的人的技能强项和关注的能力，你可以看看哪些描述更适合你。

作为一个感性探索型的人，我具有以下技能强项并关注如下能力的提升：

- ☐ 适应　　　　　　　　☐ 激励和鼓舞他人
- ☐ 沟通　　　　　　　　☐ 谈判
- ☐ 咨询和辅导　　　　　☐ 招聘
- ☐ 创新　　　　　　　　☐ 指导与训练他人
- ☐ 推动工作进展　　　　☐ 培训

■ 作为领导者的感性探索型

感性探索型的人在担任领导者时有着独特的优势。他们有着自然独特的领导方式，作为下属也呈现出独特的个性。

授权和辅导

感性探索型的人认为授权是领导者的一个重要职能，因为他们十分注重发掘和培养他人的潜能。他们不喜欢为下属指出明确的方向，或者命令别人去执行具体的任务，而是喜欢听取下属的想法，或给出粗略的指导性意见。他们认为领导更多意味着教练或指导，而不是指挥或控制。与此同时，他们也认为给予员工自主权是信任员工能力的一种表示。

感性探索型的人非常热情地提倡和发起各种活动，致力于为下属提供各种不同的可能性，或者改善流程以促进下属的提升与发展。在团队中，他们对人倾注了更多的关注。他们坚信，如果提供合适的机会，每个人都会努力自我成长和发展，充分发挥自己的潜能。而他们所要做的，就是积极创造空间鼓舞、激励员工做出自己的贡献，并为此制定合理的系统和流程。

个性化的领导方式

感性探索型的人希望自己的领导方式能够充分尊重和关心不同人的个性。对他们来说，建立和维持和谐的人际关系是作为领导者极为重要的素质之一。为此，他们努力追求营造一个充满关怀、热情、真诚和公正的人际关系氛围。对他们来说，领导能力是个人能力的展现，承担着了解、理解和激励员工的重任，而他们恰恰具有发现、了解和知人善用的天分。他们善于帮助人们找到合适的岗位，并在此岗位上发挥自己的优势和特长，扬长避短。

作为领导者，感性探索型的人为此角色倾注了热情，在获知员工的经历与需求后，往往会导致他们的迷茫和矛盾心理，从而让他们疏忽了手头的工作，表现不稳定。因为他们渴望充分了解每个人的工作和状况，认为这将会有助于他们了解如何更有效地为他人提供帮助。因此，有时感性探索型的领导者会尝试取悦下属，获得下属的正面评价和鼓励，并为此深受鼓舞。对于自己取得的进步，他们希望得到别人的反馈与支持。人际冲突会对他们的工作表现产生直接严重的影响，这导致那些与自然工作方式不同的人会觉得他们过多干涉下属的工作，或者过于感性。下面是一个感性探索型的人描述她在领导岗位上所遇到的最大的挑战，学习如何充分放手让员工去做自己的工作，所遇到的情形：

"当我刚成为领导的时候，总是积极地参与到每个人的工作中去，鼓励他们。我现在明白了，有些员工把我的参与看成是干扰，而不是鼓励。"

参与和民主

感性探索型的人是民主和参与式的领导方式，不喜欢结构化和严格的制度。他们在决策的时候希望听到每个人的看法。他们乐意为下属提供足够的信息或资源而不是指点方向，希望下属能够根据所给出的信息制订自己的计划。在决策中，他们相信直觉和价值观，而不是事实或逻辑。下面是一个感性探索型的人描述她在做决定时对直觉的依赖：

"我总是努力去寻求下属的行为背后的价值观。任何事情的发生，其背后都有支撑它的价值观，不是吗？"

作为领导者的感性探索型

关注你的个人偏好，便可以更准确地找到让你感到满足的工作类型。下面归纳和总结了感性探索型的人偏好的领导风格，你可以看看哪些描述更适合你。

作为一个感性探索型的领导者，我喜欢：
- [ ] 向着宽泛的、人员导向的愿景而工作
- [ ] 关注团队中人的要素
- [ ] 建立互信、和谐的人际关系
- [ ] 为下属提供完成工作的粗略指引和必要的信息
- [ ] 授权和指导
- [ ] 人人参与，充分民主
- [ ] 热心的拥护者和发起人
- [ ] 帮助他人提升和发展潜能
- [ ] 与员工关系密切，了解、理解和鼓励大家
- [ ] 发掘、了解和利用下属的长处
- [ ] 采取人性化的工作方法

■ 作为团队成员的感性探索型

感性探索型的人通过从事自己喜欢的工作、发挥自己的创新能力及发起能够让他人受益的项目来为团队增添价值，尤其善于执行各种项目的启动工作。他们喜欢团队的概念，在充分发挥个人优势和能力以达到团队目标的环境中往往具有非常突出的表现。他们对于团队成员之间的互动非常敏感，善于融合来自团队成员的想法和意见。在小组中，他们扮演的往往是无私奉献和支持他人的角色。他们总是试着去迎合他人，对来自团队成员的过于客观、以工作为出发点的反馈表现得很敏感。

感性探索型的人强烈关注团队成员的多元化及个性特征。他们非常注重每个团队成员的独特贡献，鼓励发挥自己的优势并形成合力，往往是小组中承担最多表扬、鼓励和激励他人任务的人。但是，他们可能过分看重私人层面的互动。下面是一个感性探索型的人描述他在和团队成员交往的过程中，从最初的同情心泛滥到后来冷静体会的过程和经历：

"我学会了如何保持距离，不至于太过投入地去倾听和理解他人面临的问题。而在过去，每当我听到别人的痛苦感情经历时，常常会很难过。现在我学会了如何抽身出来，尽量变得客观一些。"

作为团队成员的感性探索型

关注你的个人偏好，便可以更准确地找出让你感到满足的工作类型。下面归纳和总结了感性探索型的人所偏爱的团队工作方式，你可以看看哪些描述更

适合你。

作为一个感性探索型的团队成员，我偏爱：
- ☐ 喜欢发起对团队成员有益的项目或活动
- ☐ 擅长执行各种项目的启动工作
- ☐ 关注团队成员的多元化及个性特征
- ☐ 欣赏、鼓励和激励他人
- ☐ 强调、融合和吸收团队成员的思想
- ☐ 对来自团队成员的过于客观、以工作为出发点的反馈表现得很敏感
- ☐ 在能够充分发挥个体优势的环境中充满活力
- ☐ 对于团队成员之间的互动非常敏感

■ 感性探索型的人的学习风格

感性探索型的人喜欢在学习中倾注个人情感。他们对那些能够激励个人成长的实用性理论或模型具有浓厚兴趣。在学习过程中，他们并不喜欢按部就班地教学，而是喜欢在个人辅导老师的指导下学习——他们希望能够得到别人的支持。他们热衷于和同学交流或参加小组性质的活动，认为通过这样的途径能够从同学和老师身上学到很多东西。一旦被激发起学习的欲望，他们就会充满激情，自我激励去投入学习。在学习过程中，他们希望接受来自老师的个性化的积极评价，那些带有批评意味的反馈、苛刻的评估或教育方式往往对他们的学习产生消极影响。在老师对学生的个性给予充分尊重和关心的环境里，他们通常具有很高的学习效率。他们兴趣广泛，阅读面和知识面也很广，喜欢把自己学到的知识贯通融合起来去为他人提供帮助，或者将其拓展运用到其他领域。

感性探索型的人的学习风格

关注你的个人偏好，便可以更准确地找到让你感到满足的工作类型。下面归纳和总结了感性探索型的人偏爱的学习方式，你可以看看哪些描述更适合你。

作为一个感性探索型的人，我偏爱：
- ☐ 喜欢学习新理念，提出新点子
- ☐ 不喜欢结构化的固定安排
- ☐ 对批评性反馈敏感
- ☐ 需要来自他人的互动、支持与表扬
- ☐ 同时开展多个学习项目或学习任务
- ☐ 喜欢小组学习方式
- ☐ 学习兴趣和阅读面广泛
- ☐ 希望有自己个人的指导者或教练

性格偏好跟与生俱来的倾向可以作为自我评估的出发点。在阅读这一部分的过程中，一些陈述你可能认同，而另一些陈述你可能不认同。这样的反应是常见的，因为每个人表达自己性格特征的方式都不同。阅读总体信息可以作为决定事业发展方向的出发点。现在，你需要进一步进行自我评估，具体方法就是将这些总

第 4 章　探索型的人：创新与主动

体性陈述和自己的个人生活结合起来。下面这些问题可以帮助你将这一部分的内容和自己的具体情况联系起来。在回顾本章内容的过程中不要忘了比照这些问题：

- 这种性格类型的所有特征是否符合我的真实情况？哪些部分符合？哪些部分不符合？
- 是不是有哪个部分的描述对我来说尤为重要或关键？
- 我可以将哪些信息用于具体实践，从而决定自己的事业发展方向？
- 我应该如何调整自己的事业发展方向？哪些方面应该强化？又有哪些方面应该弱化？
- 在未来工作中，我想将重心放在哪个方面？

在这一过程中，你可能想用各种标注方法着重突出一些部分，或者想在书页的空白部分写些笔记，或者制作一系列索引卡，或者在笔记本上认真做笔记。不管采取什么方式完成这项工作，问题的关键在于一定要保证记录的信息可以真实地描述你目前的情况。设想自己的理想工作应该是怎样的，有哪些具体的工作内容，有什么样的工作环境，你在工作中会应用哪些技能，你期盼以怎样的方式领导他人或被他人领导，你希望为团队做出什么样的贡献，你想要以什么样的方式不断学习与成长。

同时也思考一下自己目前处于怎样的发展阶段。你现在利用哪些方法来平衡自己的自然工作方式？你是否正在过渡到新的平衡方式中去？一定要记住，每个人的情况都是独一无二的。以果断型和分析型的人为例，这两种类型的人在沟通的时候喜欢就事论事。但是，他们还是会或多或少地通过移情作用和他人建立联系。这两种人如果愿意花费时间和精力，通过学习最终从事人事服务工作，就有可能与在技术领域独立工作的同种类型的人做事方式截然不同。

关键行动

你已经做好准备，将自己的自然偏好和具体情况结合起来了。

描述你最想从工作中得到什么。不要单纯地罗列一系列工作，而要将重点放在说明自己的个人偏好上。

_____

_____

现在，你已经认识到自己的工作偏好，可以直接阅读对 ENTP 性格类型的介绍。如果你有兴趣培养基于逻辑的决策方式，更应如此。如果你已经准备好通过

77

评估自己的价值观、生活方式和局限来继续完成职业规划的过程，可以直接跳到第 11 章。

ENTP：逻辑探索型的人的工作方式

"可能性是无尽的。"

最新研究显示，在美国成年人中，逻辑探索型的人（ENTP）所占比例为 3.2%。他们通过对逻辑分析的内在关注来平衡他们追求主动创新的特质，喜欢创造复杂的理论体系和模型对信息进行理解与综合。他们思维模式的内敛性，让他们对新思维具有很好的适应和吸收能力，并因此创造出丰富的创意，以及不断构建和调整自己思维模式的特征。这种思维模式的调整，往往能够更进一步提升工作流程运作的效率。由于决策过程中运用逻辑分析方法来平衡他们的直觉特征，所以他们最初表达出来的探索型工作方式，与感性探索型的人有着很大的不同。然而，感性探索型的人在步入中年后，也许会发现这种以逻辑为基础的决策方式正是他们所需要提升和成长的方向。

■ 逻辑探索型的人做什么最自然

处理理论知识和理论模型

逻辑探索型的人通过直觉和逻辑思考来探索不同理论的可能性，从而找到解决问题的不同方式，在科学、管理、技术和艺术等领域往往表现活跃，因为这些领域的工作能够充分发挥创新能力和丰富的想象力。对诸如系统设计、制度完善、流程改进等工作他们尤其有浓厚兴趣，因为他们擅长创造既合乎逻辑又高效的系统模型。一位逻辑探索型的人这样描述他对完善组织中杂乱无章方面的热爱：

"我努力营造井井有条的工作环境，喜欢将每个系统和流程都落实到位，这样整个团队才能有效地工作。"

解决问题

逻辑探索型的人具有出色的问题分析能力，同时亦是出色的问题解决者，尤其是在需要创新性解决问题的方法时，他们往往有着突出的表现。他们对解决问题和发起变革非常狂热，因此不难在管理者和领导者的群体中发现他们的身影，他们也常常成为杰出的工程师、计算机系统分析师、咨询专家、发明家、律师、战略规划者、开发商、政客或专门解决难题的人。他们无惧接受任何挑战，涉猎的领域非常广泛，包括科学、研究、教育和调研等领域的知识。他们亦是新技术的狂热爱好者，因为这个领域日新月异，发展十分迅速。

逻辑探索型的人具有大局观，渴望超越传统的部门结构和职能体系去实现自己的愿景。他们热衷于建立和推广新的体系和模型，有时甚至将自己的职业生涯发展作为赌注，去追求实现愿景。也因为如此，他们往往能成为杰出的领导者和梦想家，领导和实施复杂的项目，虽然这些能力也会给他们带来挑战。一位逻辑探索型的人是这样描述的：

"我需要有控制项目范围和广度的自由权，因为我总是不可避免地尝试去扩大项目范围。反过来说，我遇到的一个难题就是如何去克制自由发挥的爱好，而不是尝试同时去影响所有的事情。"

说服他人

逻辑探索型的人喜欢能够运用自己出色的沟通能力去工作。他们善于游说和沟通，在投资、公共关系、销售和市场营销等领域往往有突出表现。他们看重提倡独立解决问题的工作环境。逻辑探索型的人热衷于沟通，同时也会注意培养自己讲话与辩论的能力。这些技能使他们可以解释或捍卫自己的愿景，使对方相信，他们所提供的解决方案，其正确性是毋庸置疑的。一位逻辑探索型的人是这样描述他最喜欢的工作方式的（率领4~8人的小团队对某个议题或状况进行讨论）：

"我喜欢就问题展开辩论，经过头脑风暴的过程产生解决问题的方案。而我在其中的优势，就是把小组成员聚在一起进行讨论，然后把所有人的观点综合起来。"

看重个人独立性和个人能力

逻辑探索型的人喜欢与具有独立性且能力出众的人一起共事。相比感性探索型，他们更有成为管理者和领导者的潜质。他们善于建立良好的人际关系，性格直率而真实，了解个人价值观在人际交往中的重要性。下面是一位逻辑探索型的人的说法：

"我喜欢澄清问题，而不是火上浇油。"

这个逻辑探索型的人接着娓娓道来，讲述了自己是如何学会倾听并欣赏别人的观点，以及如何借助这些信息来更好地决策。他们也十分了解个人价值观及具体情况具体分析的重要性，并将这些因素融入工作中。

你的职业性格是什么？

逻辑探索型的人十分关注竞争、策略、知识与能力，并努力去培育自己在这些方面的能力和技巧。他们亦十分注重提升自己及他人的专业技能。他们的成功来源于解决问题的能力，所以任何能够提升解决问题能力的知识和技巧都足以吸引他们的兴趣。

自主权是激励逻辑探索型的人工作动力的一个关键因素。他们非常反感被告知应该做什么及如何去做。他们希望对比组织的整体目标进行自我调整，从而为组织的整体绩效和发展贡献自己的力量。

渴求挑战

逻辑探索型的人喜欢对勇于接受挑战、工作积极性高和表现突出的员工做出奖励的工作环境，因为他们喜欢主动寻求挑战去经历全新的体验。因为喜欢接受挑战或被挑战的个性，他们总是被其他人误认为过于争强好胜。有时他们甚至会寻求身体或心理上的冒险，只是为了增加工作的挑战性，也因为他们具有出色的即兴能力和灵活性。对逻辑探索型的人来说，冒险是一种拓展认知人类生理和心理极限的方法。

逻辑探索型的人的理想工作环境

关注你的个人偏好，便可以更准确地找到让你感到满足的工作类型。下面归纳和总结了逻辑探索型的人的理想工作环境，你可以看看哪些描述更适合你。

作为一个逻辑探索型的人，我偏爱下列工作环境：

- □ 抽象概念化的工作内容
- □ 强调解决问题
- □ 发挥和运用战略规划能力
- □ 发挥逻辑思考能力
- □ 能提供劝服他人的机会
- □ 对能力出众并且独立性强的员工进行奖励
- □ 冷静而理智的工作方式
- □ 富有挑战性
- □ 以项目为中心，具备高度的灵活性

■ **逻辑探索型的人感兴趣的工作**

以下是逻辑探索型的人可能感兴趣的工作。这份清单是参照数据进行归纳的，数据显示，逻辑探索型的人从事下述这些行业的概率高于其他行业。

在这份职业清单中，我们使用了5个总结性标题，按照O*NET网站提供的信息，这些类型的工作对逻辑探索型的人充满了吸引力。O*NET是一个庞大的互动性数据库，专门提供职业相关信息，用于探讨与研究职业选择。O*NET内部对工作类型进行了划分，划分依据不仅考虑了工作本身的内容，还涉及完成该

第4章 探索型的人：创新与主动

项工作所需的技能、需要接受的教育或培训。你可以在 O*NET 的网站上浏览所罗列的职业或工作类型。在这个网站上，你会发现关于职业的广泛信息。第六个标题"其他"提供了一些职业的样本，涵盖了 O*NET 网站分类系统所划分的其他工作类型，这些工作同样可以吸引逻辑探索型的人。

解读职业信息的要点

每种职业都借助编号提供了一些信息，帮助你更好地评估这份职业是否适合自己。

🍃=**绿色职业** 与降低化石燃料的使用、减轻污染、提高能源效率及提升可再生能源的使用息息相关。

✺=**前景光明的职业** 从经济意义上来看十分重要的行业，这些行业有可能实现长期增长，或正因为技术与创新而发生翻天覆地的变化。

工作区域 数字编码（1~5），总结了想要进入这个行业需要进行的准备（如教育、培训或经验传授）。1~5 代表所需要进行的准备由少到多。

职业趣味性 字母编码（R、I、A、S、E、C 的组合），体现了这一职业的趣味性情况。这些结论是与荷兰的趣味性模型及工作环境一致的。

艺术、设计、娱乐、体育与媒体

演员 2AE

导演（舞台、电影、电视与广播）4EA

美术家 3AR

室内设计师✺ 4AE

摄影师 3AR

公关专家🍃✺ 4EAS

记者与通讯员🍃 4AEI

商业与工业设计师🍃✺ 4AER

编辑 4AEC

平面设计师✺ 4ARE

多媒体艺术家与动画师✺ 4AI

制作人与导演 4EA

广播与电视播音员 3AES

作家 4AI

商业与金融操作

会计师✺ 4CE

预算分析师✺ 4CEI

成本预算师✺ 4CE

保险精算师、审查员与
　调查员✺ 3CE

物流师✺ 4EC

审计师✺ 4CEI

合规官员✺ 4CIR

金融分析师🍃✺ 4CIE

信贷主管✺ 3CES

会议规划师✺ 4ECS

猎头✺ 4ECS

81

个人财务顾问 🍃✴ 4ECS
报税员 3CE

培训与发展专家 🍃 4SAC
批发与零售采购员 🍃 3EC

生命、自然与社会科学

生物化学家与生物物理学家 ✴ 5IAR
化学家 🍃✴ 4IRC
经济学家 5ICE
食品科学家与技术专家 5IRC
工业组织心理学家 SIEA
政治学家 5IAS
社会学家 5IAS
城市与地区规划师 🍃✴ 5IEA

生物学家 5IR
咨询心理学家 ✴ 5SIA
环境科学家与专家 🍃✴ 4IRC
地球学家 🍃✴ 4IR
医学家 ✴ 5IRA
社会科学研究助理 4CI
土壤与植物科学家 5IR

管理

下面的清单包含了一些逻辑探索型的人感兴趣的管理工作。你会发现，这种类型的人会被很多管理职位所吸引。逻辑探索型的人同样也热衷于众多工作门类中一线监督人员或者管理人员的工作。受个人经历与兴趣的影响，你可能对某个领域的一线监督与经理感兴趣。想要找到关于这些职业的说明，你可以首先确定自己感兴趣的一个工作类型，然后在O*NET上寻找"一线监管人员/经理"的门类具体包含哪些职业。

行政服务经理 ✴ 3EC
执行总监 ✴ 5EC
计算机与信息系统经理 ✴ 4ECI
餐饮服务经理 ✴ 3ECR
人力资源经理 4ESC
投资基金经理 3EC
市场营销经理 🍃✴ 4EC
自然科学管理人员 🍃✴ 5EI
公关经理 ✴ 4EA
销售经理 ✴ 4EC
交通运输、仓储与分销经理 ✴ 4EC

广告与推广经理 ✴ 4EAC
薪酬与福利经理 ✴ 4ECS
施工管理人员 🍃 4ERC
绿色营销人员 🍃 4EC
工业生产经理 🍃 3EC
房屋管理人员 ✴ 3ECS
医疗与健康管理人员 ✴ 5ECS
物业、房地产与社区协会管理人员 ✴ 3EC
采购经理 ✴ 4EC
社会与社区服务经理 4ES

销售及相关工作

广告销售中介 3ECA

收银员 1CE

第4章 探索型的人：创新与主动

演示与产品促销人员 ✾ 2ECR	保险销售经纪 ✾ 4ECS
房地产经纪人 ✾ 3EC	房地产销售代理 3EC
零售销售人员 ✾ 2EC	证券与大宗商品销售代理 ✾ 4EC
批发与制造业销售代表 ✾ 3CE	科技产品销售代表 🍃✾ 4EC
证券、大宗商品与金融服务销售代表 ✾ 4EC	电话营销人员 2EC

其他

逻辑探索型的人也会被与建筑和工程设计相关的工作所吸引。如果对这方面感兴趣，你就要考虑并研究一下，下列这些对逻辑探索型的人有吸引力的工作类型：航空航天、生物制药、化学、民事、计算机硬件、计算机软件、电子设备、电器产品、环境、工业、工业安全与健康、材料、机械与石油。逻辑探索型的人同样会对工程设计领域的管理角色感兴趣。

作为逻辑探索型的人，如果你对咨询和教育工作有兴趣，你也可能对很多工作门类中帮助他人的岗位产生兴趣。可能对逻辑探索型的人产生吸引力的帮助性工作包括：儿童、家庭与学校的社会工作者，神职人员，宗教与教育活动主管，教育、职业与学校顾问，健康教育者，心理健康咨询师，康复咨询师，社会与人事服务助理，疗伤教育及GED教师与讲师，自我进修教育教师，职业教育教师。逻辑探索型的人也可能对教育行政类工作有兴趣。

逻辑探索型的人也可能被医疗保健领域的工作所吸引，包括脊椎按摩师、牙医、家庭医生或一般医生、内科医生、医疗与临床实验室技术人员、产科医生、妇科医生、儿科医生、药剂师、精神病医生、放射科技师、注册护士、呼吸理疗师、发音治疗室、外科医生与医学秘书。

下面的清单涵盖了可能吸引逻辑探索型的人的其他工作类型。

保险精算师 ✾ 4CIE	仲裁人、调停人、调解员 🍃 4SE
建筑师 🍃✾ 5AI	木匠 ✾ 2RCI
厨师 ✾ 3ERA	计算机专家 3CI
建筑工人 🍃 1RC	桌面系统出版人员 3AIC
侦探与罪证调查人员 ✾ 3EI	电子设备与电器维修人员 🍃 3RIC
电工 🍃✾ 3RIC	理发师、发型师与化妆师 3AES
酒店、汽车酒店与度假村前台接待人员 ✾ 2CES	景观与绿化工作者 ✾ 1RC
	图书管理员 ✾ 5CSE
律师 ✾ 5EI	空军指挥与控制中心军官 2CR

83

你的职业性格是什么？

空军空乘人员 2CR　　　　　　巡警✵3REC
律师助手与法律助理✵3CIE　　通信线缆安装与维修人员✵2RE
数据专家 5CI　　　　　　　　服务生✵1SEC

逻辑探索型的人的技能强项和关注的能力

关注你的个人偏好，你便可以更准确地找到让你感到满足的工作类型。下面归纳和总结了逻辑探索型的人的技能强项和关注的能力，你可以看看哪些描述更适合你。

作为一个逻辑探索型的人，我具有以下技能强项并关注如下能力的提升：

- ☐ 适应
- ☐ 沟通
- ☐ 创造
- ☐ 解决问题
- ☐ 系统思考
- ☐ 逻辑分析
- ☐ 说服他人
- ☐ 辩论
- ☐ 设计
- ☐ 发明

■ 作为领导者的逻辑探索型

逻辑探索型的人在担任领导者时有着独特的优势。他们有着自然独特的领导方式，作为下属也呈现出独特的个性。

梦想家

对逻辑探索型的人来说，创造和分享愿景是他们领导角色的关键要素。对于那些有助于实现他们愿景的项目或工作，他们会全情投入，精力充沛。同时，他们想当然地认为下属也应该怀有同样的想法和抱负，为了实现愿景独立自主地完成属于自己的工作。

独立性

如果身处于凡事都须听从指令或者缺乏远期目标的环境中，即使作为领导者，逻辑探索型的人也很容易感到沮丧。他们希望领导他人向着同一个广阔的愿景昂首阔步，同时也希望，在一个规模庞大的项目当中，对于自己负责的部分具有相当程度的控制权。他们会想当然地以为，其他人也希望以独立的方式工作。一位逻辑探索型的人用比喻来解释他偏爱的领导方式及被领导的方式：

"在工作中，我需要设定一个参照物或者目标，然后独立自主地去实现目标。用一个比喻来形容，如果工作需要我们去登陆月球，我相信我能做到这一点。工作中你只需要告诉我目标，然后为我提供必要的资源就可以了。但如果你不告诉我具体的目的地，我想我的效率会大大降低。"

逻辑探索型的人非常欣赏那些有洞察力、有想法同时愿意分享自己的想法的下属。他们对下属的期望是：独立自主、高效地完成服务于整体目标的工作。这种风格的逻辑探索型的领导者的职业满足感，多数来自引导下属自己去发现问题，然后将问题转化为机遇。有些下属当然喜欢这种宽松的领导方式，而有些下属如果倾向不同的工作方式，或许会认为更加具体的指导可能对自己的工作有更大的帮助。

一语中的的分析能力

逻辑探索型的人善于吸收和整合来自不同源头的信息或数据。作为领导者，他们的沟通方式具有以下特点：富有逻辑性、言辞精确、一语中的。他们并不期望从他人那里获得反馈，而是凭借自己内在的逻辑分析方式指引自己工作的进程。他们也许不会花时间向他人解释自己伟大愿景的所有细节，而只是给出一个提纲或者几个主要的要点。在没有得到足够信息去了解最终决定及行动背后的依据时，下属或许会因此缺少认同感和向心力。

作为领导者，逻辑探索型的人不喜欢一件事讲两遍，也并不是很了解鼓励和积极反馈对下属的激励作用。他们总是倾向于运用逻辑思维而不是热心和同情心来处理问题。对其他类型的人来说，这种方式或许有些太过苛刻、冷漠，缺乏必要的投入。

逻辑探索型的人凡事均会采取质疑的态度，凡事均相信运用逻辑分析才能对其进行评核。他们喜欢应对抽象而复杂的问题和机会，从中发现或者创造创新性的解决方法和行动方案。这种类型的人对自己或者他人的专业能力都十分看重，评价人的标准通常是创新所必需的能力、知识、技能。

灵活性

逻辑探索型的人通过不断吸收新信息，来调整自己的思维方式以顺应自己获得的事实信息，擅长思索、讨论，比较不同甚至完全相左的问题解决方案的优劣。对于未来的可能性，他们通常只是做出貌似简单的推测，因此往往导致他的下属会觉得很难理解其中的奥妙，很难与他们不断变化的观点保持同步。问题的发生对他们来说，恰是难得的机遇，但结果是他们的下属时常无法确定到底应该往哪个方向走。

作为领导者的逻辑探索型

关注你的个人偏好,你便可以更准确地找到让你感到满足的工作类型。下面归纳和总结了逻辑探索型的人偏爱的领导风格,你可以看看哪些描述更适合你。

作为一个逻辑探索型的领导者,我喜欢:

- ☐ 创造并与下属分享我的愿景
- ☐ 想当然地认为下属会自我激励去努力工作
- ☐ 寻求独立性和控制权
- ☐ 与能快速发现、分享和提出创意的人一起工作
- ☐ 通过能力和知识去评价下属
- ☐ 面对问题,客观逻辑而非感情用事
- ☐ 努力追求提升知识面和洞察力
- ☐ 解决抽象和复杂的问题
- ☐ 发现或者创造创新性解决方法和行动方案
- ☐ 准确的语言表达,一语中的
- ☐ 依据逻辑分析结果指引工作进程

■ 作为团队成员的逻辑探索型

在制定战略和把握机会的能力方面,逻辑探索型能够为团队带来比较大的贡献。只有在专注于完成工作或目标的团队里,他们才认为为团队奉献是具有价值的。他们喜欢并经常主动采取行动去推动事情的进展,他们能够容忍团队成员的多样化,但对于能力欠缺或者达不到期望标准的人则缺乏宽容,而那些死守规则或对变革迟钝的人则会让他们感受到深深的挫败感。

逻辑探索型的人擅长激励他人,但是在需要花很多时间向其他团队成员解释他们的行为或者决定背后的依据时,他们往往缺少必要的耐心,因为这在他们看来完全没有必要。虽然他们通常擅长说服别人,但有些时候在对方看来,他们的沟通方式只是以工作为中心,对人的关注完全不在他们的考虑范围之内。

作为团队成员的逻辑探索型

关注你的个人偏好,你便可以更准确地找到让你感到满足的工作类型。下面归纳和总结了逻辑探索型的人偏爱的团队工作方式,你可以看看哪些描述更适合你。

作为一个逻辑探索型的团队成员,我偏爱:

- ☐ 为制订解决问题的方案及把握机会贡献点子
- ☐ 因为那些死守规则和对变革迟钝的团队成员而感到心灰意懒
- ☐ 不能容忍能力欠缺的团队成员
- ☐ 只有在专注于完成工作或目标的团队里才认为团队奉献是具有价值的

☐ 激励与说服团队成员　　　　　　☐ 喜欢推动事情的进展
☐ 缺乏必要的耐心去向其他团队成员　☐ 经常主动采取行动
　解释自己的行为或决定背后的依据

■ 逻辑探索型的人的学习风格

逻辑探索型的人对学习新理念、在学习过程中运用逻辑推理能力，倾注了极大的热情。他们天生就喜欢通过辩论和分析，对不同看法、信息进行批判和评估。在学习中，面对逻辑探索型人咄咄逼人的质疑和挑战，那些专业能力较低的老师或许早已落荒而逃了。他们丝毫不能容忍能力平庸的老师，如果真的遇上这样的老师，他们很快就会放弃。

逻辑探索型的人喜欢体验和掌握关于理论知识、理论模型的学习内容，对所谓事实或细节则没有兴趣。他们擅长捕获不同想法之间的联系，并通过精准的文字表达自己的想法，对于文字确切的字面意义及其中隐含的含义均不放过。能力对于他们来说，是工作的关键要素，因此他们不断学习更多的知识，扩充自己的知识面。

逻辑探索型的人的学习风格

关注你的个人偏好，你便可以更准确地找到让你感到满足的工作类型。下面归纳和总结了逻辑探索型的人偏爱的学习风格，你可以看看哪些描述更适合你。

作为一个逻辑探索型的人，我偏爱：

☐ 是一个能力出众的通才　　　　☐ 灵感来自新想法的激发
☐ 果断、不轻信　　　　　　　　☐ 逃避常规的学习任务
☐ 具有独立学习能力　　　　　　☐ 喜欢针对一个问题从不同角度展开
☐ 受教于专业能力出众的老师　　　讨论
☐ 只有复杂的事情才能让我保持充
　满兴趣的状态

性格偏好与与生俱来的倾向可以作为自我评估的出发点。在阅读这一部分的过程中，一些陈述你可能认可，而另一些陈述你可能不认可。这样的反应是常见的，因为每个人表达自己性格特征的方式都不同。阅读总体信息可以作为决定事业发展方向的出发点。现在，你需要进一步进行自我评估，具体方法就是将这些总体性陈述与自己的个人生活结合起来。下面这些问题可以帮助你将这一部分的内容和自己的具体情况联系起来。在回顾本章内容的过程中不要忘了比照这些问题：

你的职业性格是什么？

- 这种性格的所有特征是否符合我的真实情况？哪些部分符合？哪些部分不符合？
- 是不是有哪个部分的描述对我来说尤为重要或关键？
- 我可以将哪些信息用于具体实践，从而决定自己的事业发展方向？
- 我应该如何调整自己的事业发展方向？哪些方面应该强化？又有哪些方面应该弱化？
- 在未来工作中，我想将重心放在哪个方面？

在这一过程中，你可能想用各种标注方法着重突出一些部分，或者想在书页的空白部分写些笔记，或者制作一系列索引卡，或者在笔记本上认真做笔记。不管采取什么方式完成这项工作，问题的关键在于一定要保证记录的信息可以真实地描述你目前的情况。设想自己的理想工作应该是怎样的，有哪些具体的工作内容，有什么样的工作环境，你在工作中会应用哪些技能，你期盼以怎样的方式领导他人或被他人领导，你希望为团队做出什么样的贡献，你想以什么样的方式不断学习与成长。

同时也思考一下自己目前处于怎样的发展阶段。你现在利用哪些方法来平衡自己的自然工作方式？你是否正在过渡到新的平衡方式中去？一定要记住，每个人的情况都是独一无二的。以果断型和分析型的人为例，这两种类型的人在沟通的时候喜欢就事论事。但是，他们还是会或多或少地通过移情作用和他人建立联系。这两种人如果愿意花费时间和精力，通过学习最终从事人事服务工作，就有可能与在技术领域独立工作的同种类型的人做事方式截然不同。

关键行动

现在，你已经做好准备，将自己的自然偏好和具体情况结合起来了。

描述一下你最想从工作中得到什么。不要单纯地罗列一系列工作，而要将重点放在说明自己的个人偏好上。

_____

_____

现在，你已经认识到了自己的工作偏好，你可以直接阅读对 ENFP 性格类型的介绍。如果你有兴趣培养基于价值观的决策方式，更应如此。如果你已经准备好通过评估自己的价值观、生活方式和局限来继续完成职业规划的过程，可以直接跳到第 11 章。

第 5 章
果断型的人：直接与决断

性格类型：ESTJ 和 ENTJ

作为财务顾问，我享受帮助他人理财的过程，通过理财决策，帮助他们改善财务状况。我也喜欢协助他们制定财务预算，设法帮助他人更有效地管理钱财。

——一个果断型的人

最新研究显示，在美国成年人中，果断型的人所占比例为 10.5%。他们的主要特征是通过逻辑分析和果断决策来面对世界。他们喜欢评估一切信息，在组织管理人、事或想法时表现最为出色。他们善于定位事情之间的因果关系或相互联系，并以他们的逻辑决策方式作为指引，对状况或者形势快速做出分析，从而得出结论和最佳行动方案，并立刻行动。他们多关注事情的执行与改善，以结果为导向，在承担职责或者需要激励他人的情境中具有很高的工作效率。

果断型的人的工作方式

■ 果断型的人做什么最自然

运用逻辑分析

果断型的人凡事喜欢运用逻辑思考的方式，具有很强的分析能力，以及快速察觉工作中的漏洞或不协调之处的观察能力。面对问题时，他们表现冷静客观，目标明确，能够在很短的时间内做出决定。

他们具有怀疑精神，不容易轻信，只有在看到清晰和符合逻辑的证据后才会接受事物。他们只相信客观原因，而不是别人的看法或高涨的热情。他们会不断提出疑问，挑战他人的意见和结论，认为讨论的过程有助于信息的处理。

果断型的人对要求快速思考和决策的工作具有浓厚的兴趣。他们喜欢那些能够发挥分析和评估能力的工作，因此在工程、科研、电脑操作和系统分析等技术性较强的工作领域中常常看见他们的身影。下面是一位果断型的医生描述他在紧急情况下如何运用逻辑分析和决策能力的：

"我一步入急症室，便不由自主地开始考虑并过滤症状发生的各种可能的原因，直到得出最终的诊断结果。在这个过程中，我的脑海里会自动不停地推演，每个瞬间都会假设出很多种不同的原因，直到得出诊断结果和方案。然后，我便会快速有效地组织动员部下立即根据方案对问题进行处理。"

决策和行动

在工作中，果断型的人担任领导者和管理者角色的比例相对比较高。他们会毫不犹豫地告诉别人应该做些什么，并且能清楚直接地发出指令。他们表现果敢，一切以行动为导向，面对低效的运作感到沮丧。他们会尽力确保所有的事情都转化为行动，从而使项目一直进行下去。他们在内心里总是铭记最终目标，并为此承受压力，做出艰难的决策。他们会设法找寻并利用完成目标所需的资源。安排果断型的人作为项目负责人，是保证工作按时完成的一个重要保障，同时质量也能达到很高的标准。下面是一位果断型的人的现身说法：

"我觉得很多人都犹豫不决，总希望有人能带领他们前进。而我则喜欢担任指挥的角色，迅速而有效地行动。"

有责任感、坚持原则和制度

果断型的人喜欢在现有制度和原则的框架下努力工作。下面是一位果断型的人的说法：

"对我来说，在架构分明和目标清晰的组织中工作是最重要的。当我明白别人对我的期望后，我希望能有权力自由地完成我的工作。"

果断型的人喜欢架构分明的工作环境，如那些传统机构中按等级晋升的制度，他们认为非常合理。由于表现突出，在这种架构中，他们很容易就能获得晋升机会，最终往往能够成为高层领导者。因为果断型的人是决策派与行动派，所以如果他们在工作中缺乏控制权，就会产生举步维艰的感觉。一位果断型的人是这样说的：

"对我来说，首当其冲的难题就是平心静气地顺其自然。就个人经历而言，养育子女是一个至关重要的学习过程，因为育儿的过程中，想要预测接下来会发生什么状况完全是异想天开。面对突如其来的问题，我所有周详的计划都要付诸东流。我发现，学会顺其自然地对待周围发生的一切，对我来说绝非易事。"

果断型的人能够很快地将制度和原则与眼前的实际情况联系起来，并尽职尽责地遵循和运用这些制度和原则。他们具有很强的对错观念，看待事情非黑即白，没有中间地带。他们可以客观地应用原则，不会被任何主观因素所影响。对一些果断型的人来说，恪守原则是获得工作满足感的一个重要因素。一位果断型的人如是说：

"对我而言，工作中最重要的是道德操守，所以我不能在违反原则的情况下工作。例如，我不会刻意去维护犯错的人。"

果断型的人也是很好的自主创业者。对于自我创业，他们往往有周密的计划，而不是心血来潮，或只是捕捉机会。如果有了自己的公司，他们会制定自己认为合理的组织架构和工作流程。这种类型的人常从业于咨询行业，尤其是管理咨询。

果断型的人只要用心去做一件事情，就基本上会实现自己的既定目标。这种就事论事的工作方法会让他们按部就班地沿着自己的职业规划一往直前，同样在找工作的过程中，这样直截了当的方式会让他们得偿所愿。他们找工作时一般会设定目标、精心规划，然后有条不紊地利用自己的人际关系网落实自己的就业规划。这些特点使他们面对毫无头绪的对手时总是能够表现得更胜一筹。

以结果为导向

果断型的人性格中维护原则和完成任务的特点，使他们有很好的时间管理和达成结果的能力。他们擅长策划、分配工作和完成项目。他们会努力制定最后工作期限，使任务在规定的时间内完成。他们对于时间的安排非常紧凑，因此也具有相当高的工作效率。

果断型的人需要采取行动来达成结果，加上他们决断的作风及逻辑分析能力，这种过程并不会太难，他们总是能在短时间之内有所收获。他们会竭尽全力去完成自己的工作，勤恳踏实，在工作跟进和按时完成任务方面值得信赖。

果断型的人以工作为中心，强调流程和程序，有时候这会引起他人不必要的误解，认为他们对这些制度下的人缺乏关心。而且他们在交流和行动中所表现出来的客观态度往往让人感觉他们冷漠和麻木。但是虽然他们会因为过度关注工作而忽略人的因素，但其实他们对参与其中的人并不是毫不关心的。他们主要通过创造或利用有效的制度或原则来服务他人。下面是一位果断型的领导描述他进退两难的局面：

"在项目进展过程中，作为领导，我有义务使团队有效地朝着目标迈进。我知道员工欣赏我决断的个性，但有时在会议上，当涉及处理人际问题时，我会用同样严肃的方法，这却让员工感到沮丧。我觉得自己很难去理解他们究竟希望我

你的职业性格是什么?

如何处理这些情况。"

一般来说,采用这种基于逻辑分析决策方式的人以男性居多,而身居要职或者大权在握的男性大多属于这种类型。果断型的女性在使用这种方式时无疑会遇到一些障碍。在传统男性掌权的社会中,当女性尝试去展现她们的这种自然工作方式时,总会遇到不少困难。下面是一位果断型的女性所描述的她的困境:

"我喜欢直言不讳,甚至强硬地表达自己的观点。我喜欢掌控一切事情,但很多时候这个特点会让我陷入困境,因为同事认为我想胁迫和控制他们。其实我并不想这样做,我只是想把工作完成而已。"

一个果断型的人擅长凭借自己的自然工作方式完成规划组织工作并达成结果。作为果断型的人,在寻找理想职业的过程中,一定要保证你从事的工作包含上述这些活动。果断型的人想要从工作中获得满足感,可以担任领导,或者从事行政工作。

很多果断型的人发现,在一项工作大功告成之前,他们不允许自己有片刻松懈。他们可能总会和享受当下的机会擦肩而过。另外,他们的责任感总会让他们在不知不觉间将很多职责揽到自己身上。果断型的人会觉得,他们有责任扮演领导者的角色,有责任让问题迎刃而解,有责任找到问题的答案。如果他们不够小心谨慎,很可能惹事上身,因为大包大揽的个性让他们在工作中承担很大压力。

恪守高标准和高要求

果断型的人习惯为自己的工作制定很高的标准,并设法去达到这些标准。他们十分看重能力和责任,不但自己勇于承担责任,也期望别人和他们一样。因此,他们总是不断设法去提升自己或他人的能力,又或者改善和改进工作的过程或者流程。他们认为不断学习和知识的积累能令他们在工作中更加称职和果断。这种以工作为中心,以结果为导向,努力工作和追求自我提升的风格尤其适合担当领导者和指挥者。作为领导者,不论是对自己还是他人,他们都设定了极高的工作标准。下面是一位果断型的领导者的现身说法:

"我喜欢有足够的空间用自己的方式做事,我希望其他人也一样有这种自我管理意识。然而,在我给予他们充足的自主权之前,我需要确保他们的技能、知识、能力和操守值得我信任。"

果断型的人的自然工作方式

果断型的人在运用自然工作方式时具有最好的表现。了解你的不同偏好,你就可以更准确地评估什么样的工作方式才会让自己获得满足感。下面归纳和总结了果断型的人的性格特点和工作偏好，你可以看看哪些描述更适合你。

作为一个果断型的人，我在下列方面表现最好：

- ☐ 运用逻辑分析能力
- ☐ 解决问题，做出决定
- ☐ 工作中不掺杂个人情绪和个人问题
- ☐ 尽量降低主观因素的影响
- ☐ 创建有效的组织架构和流程
- ☐ 项目管理
- ☐ 与能力强、独立和以工作为重的人共事
- ☐ 高质量完成工作
- ☐ 凡事都定出工作期限并赶在之前完成
- ☐ 在不同情境中制定并应用规则或原则
- ☐ 根据决定迅速采取行动
- ☐ 指引、控制、组织及计划
- ☐ 明辨是非
- ☐ 计划、授权和分配工作
- ☐ 为他人提供指引和评估
- ☐ 取得成果
- ☐ 审视、讨论或辩论问题
- ☐ 提升自己和他人的能力
- ☐ 在架构清晰的环境中工作
- ☐ 高效完成工作

最理想的工作方式

回顾对果断型的人的工作方式的总结，摘出最能描述你工作方式的要点并填写在下面的空白处，这样有助于明确你自己想要在工作中从事什么样的具体活动，以及什么样的工作方式才是最能与你契合的。当然你也可以将上面没有提及的要点补充在下面。

对我而言，最重要的工作偏好是：

_____
_____

果断型的人如何缓解工作压力

通过本章的第一部分，你已经确定了自己的性格类型是如何与自己偏好的工作活动与工作风格联系起来的。考虑什么样的工作内容和工作环境会让果断型的人感到压力重重或觉得不适合自己也很有必要。每个人都会在某段时间内从事自己并不喜欢的工作，但是如果需要长时间从事自己没有兴趣的工作，就会造成工作压力或不满情绪。

你的职业性格是什么？

本部分会着重指出对于果断型的人来说存在哪些工作压力。在阅读的过程中，考虑一下自己目前的工作是否包含了书中所描述的活动。如果答案是肯定的，你或许需要考虑一下，是否需要通过某种方式改变自己的某些工作内容，或者采取某些办法来最大限度地缓解压力。了解工作中最让自己感到压力的要素，可能帮助你明确哪些工作选择不适合自己，从而在实际选择的过程中绕开。

对于果断型的人来说，面对千头万绪或杂乱无章的工作环境会让他们觉得备受压力，如果工作流程恰好又缺乏逻辑性与高效性，就会让他们觉得雪上加霜，无所适从。在这样的工作环境中，果断型的人可能觉得要将控制权掌握在手中或取得成果绝非易事，而对于他们来说，控制权与成果是他们实现工作满足感的关键。作为果断型的人，如果你身处这种工作环境中，就自然而然地会想方设法建立高效的流程来管理自己的工作，并且竭尽全力地让原本混乱不堪的局面变得井井有条。虽说事在人为，你还是会发现自己沉浸在心灰意懒或不胜其烦的情绪中无法自拔。如果他人的工作会影响到你的流程、成果或表现，产生这种负面情绪的可能性就更大。在这种情况下，你会想要最大限度地获得独立性，在这一前提下获得掌控权并完成自己的任务。

果断型的人面对这个世界秉持着毫不犹豫的态度。如果他们所在的工作环境要求他们一味地认同别人的想法与做法，他们就会产生厌倦情绪，倍感压力。在他们看来，调停与和解是毫无意义的，因为他们觉得自己虽然在不停地付出，但是实际上确实在浪费时间。如果果断型的人需要和在他们看来平庸无能、毫无效率的人一起工作，他们就会觉得这种通力合作的过程实在艰难。在这样的情况下，你可以抽出时间倾听别人的观点，听取与考量其他意见，这样的做法会让你受益匪浅，因为只有这样，你的团队成员才会接受你的看法，以一种合作的态度帮助你实现自己的既定目标。

面对改变，果断型的人想要迅速推进。他们倾向于手握大权，对着别人发号施令，而不是花费时间解释为什么会发生这种改变，然后在此基础上让他人自觉地参与到新项目中来。虽然在果断型的人看来，这样的方法是完成项目的最为高效的方式，但是长远来看，你还是需要抽出时间帮助他人心悦诚服地接受改变。如果做不到这一点，其他人会对你的努力置若罔闻甚至退出新项目，这样你需要面对的压力就更大了。如果他人将某种改变强加在你身上，你自己也很有可能不接受这一改变。当然，如果你察觉到这一改变背后存在合乎逻辑的依据，或者发现实现这一改变的道理很明显，你对改变的态度就不一样了。

第 5 章 果断型的人：直接与决断

针对果断型的人的职业与人生发展策略

本部分向果断型的人展示了在一生中应该如何从事业中获得最大的收获，不仅描述了有可能改善事业规划的两方面，同时提供了一些实际的建议，帮助读者更为高效地规划自己的职业。另外，本部分还讨论了一个更为私人化的方面。从这三个方面综合出发，本部分讨论了可用来推动自己在现有工作中表现更上一层楼，以及实现个人成长和收获个人满足感的一般性策略。

■ 思想开通

果断型的人总是迫不及待地想要着手完成某个任务，有些时候，他们可能还没有考虑所有可能的行动方案就下定论。果断型的人讲求的是自信满满与毫不犹疑，所以有些时候这样的处事方式会对他们造成干扰，让他们无法全面考虑所有备选方案。为了避免降低效率，果断型的人可能选择在深思熟虑之前莽撞地采取行动，因为无所事事会让他们觉得无所适从。在转换职业方面，这种倾向可能给他们带来麻烦。找工作时，果断型的人可能过分地急于求成，没法花费时间平心静气地对自己本身和自己当前的状况进行全面评估。

对果断型的人来说，认识到停下来的重要性是至关重要的。这种类型的人总是对摆在自己面前的工作来者不拒，他们的目的很简单，就是朝着某个目标全力以赴。这样的做法，再加上他们与生俱来的责任感，会让他们陷入一种恶性循环：他们会从事形形色色的工作，但是这些工作距离他们的理想工作相去甚远。果断型的人通常会分享这样的心情，他们总是匆忙地做出决定，然后迫不及待地采取行动，之后再去弥补。但是有些时候，如果能在采取行动之前认真反思并且收集更多的信息，才是明智之举。仓促之间做出职业选择会让你踏上一条难以回头的路，这条职业路径长期来看并不是最佳选择。

对那些过分关注眼前结果的果断型的人来说，这是个不容小觑的问题。有些时候，一些高瞻远瞩的最佳选择，其好处从短期来看并不是显而易见的。只有通过深入思考与信息收集，才能确定哪种选择是最佳的。如果你可以停下匆忙的脚步，透彻地评估自己的情况，就可以确定如何以明智的方式来支配自己的时间与精力。在转换事业路径的时候，应该对其他备选方案保持开明的态度，至少在短时间要做到这一点。

这样的做法同样可以让你收获一种顺其自然的心态。有些时候，一些事总是在意料之外，让我们措手不及，无能为力。对果断型的人来说，在学习中面临的一项挑战就是，当面对意料之外的事情时如何让自己强烈的责任感暂时得到缓解。不管处于怎样的发展阶段或面临怎样的情境，果断型的人可能发现，抽出时间专注于自己的感官感受，并且留意自己周围环境中的细节是一个发人深省的过程。随着果断型的人不断成长，他们会发现，学会对一些决策制定、管控与责任感怀抱顺其自然的态度，会让他们受益。同时，他们也会发现，把握转瞬即逝的意料之外的机会，同样也是一种收获。

关于思想开通的建议

- 三思而后行。花费时间设想几种可选方案，然后认真考量，而不是鲁莽地采取行动。
- 征求并考量其他人的建议与观点，从而拓宽自己的视野。注意多收集些信息，然后利用这些信息印证或推翻自己原本的决定。尤其注意关注一些与之前的信息或观点相互矛盾的信息，这样做有助于帮助你质疑自己的现有决定，重新进行思考。
- 要记住，高效率并不一定意味着好效果。迅速行动可能帮助你阔步向前，但是如果在决策时更加小心谨慎、周全考虑，长期结果就会更令人满意。在制定决策的时候，要停下来同时关注短期与长期影响及后果。
- 在自己的时间表中留出一些没有具体安排的时间，按照自己当下的情况以合适的方式来支配这些时间。这样的做法会给你提供机会探讨备选方案，或者从事前所未有的新工作。

■ 将以价值观为本的方法融入决策制定中

果断型的人倾向于逻辑分析。他们可能认为，以价值观为本的决策过程在他们看来是格格不入的、无法预测的并且不可靠的。果断型的人在某一情境下可能无法捕捉对方的情感回应与主观需求，在这方面，其他类型人群的表现会比果断型的人好很多。

果断型的人过于依靠逻辑性与客观性，这种过分依赖会影响他们在职业选择的过程中无法接收并使用一些宝贵的信息，因而忽略了自己的决定会对身边重要的人产生怎样的影响。果断型的人总会将自己的个人价值观与需求束之高阁，面对那些他们发挥自己的逻辑性也无法解释清楚的东西，他们会不闻不顾。他人所表达的情绪，他们解读起来非常困难。一个果断型的人曾经想测试一下，自己解读别人情绪的能力时是这样说的：

第5章 果断型的人：直接与决断

"在一整天的时间里，我不管看到谁，都会在几分钟之内告诉对方'你现在的感觉一定是怎样怎样的'，接着，我就会直言不讳地说出按照我的快速判断对方正陷入何种情绪之中。在一天即将结束的时候，我发现我几乎一直在误会别人的感觉。我这才意识到，自己应该停下脚步，好好地审视一下自己的认知问题，这一点至关重要。"

这个果断型的人发现，自己实际上在不断地接收信息，可以借助这些信息来判断对方面对某种状况时是如何解读、如何反应的，而在此之前，一直都没有留意到这些信息。对果断型的人来说，即使自己的情感反应也会让他们手足无措。在他们陷入情绪化状态时，果断型的人总会觉得局面失控，或者生活失去了平衡。这些情感反应会让果断型的人头痛不已，因为他们一向引以为傲的就是自己的掌控力，一直以来，他们也会投入很多精力保证自己游刃有余地控制生活或工作中的方方面面。当然，和其他类型的人一样，情感与价值观也是果断型的人不可或缺的生活组成部分，但他们更倾向于通过行动来实践自己的价值观。在生活中对孩子循循善诱并悉心养育就是他们实践价值观的一种方式。而其他的社区活动基本上都需要培训或需要他们主动申请去做，这些并不是果断型的人擅长的行为方式，因此会让他们避之不及。

因为果断型的人一般不会从价值观或人性化的角度出发看待某件事情，所以他们很难给出积极的反馈。那些直抒胸臆的积极反馈在他们看来可能是虚伪或做作的表现。果断型的人会说，他们不确定应该如何以一种坦诚的方式给予对方积极的反馈，因为这种做法有违他们与生俱来的批判个性，也违反他们希望提出明确而精准的建议而实现改善的需求。即使在积极反馈中掺杂一些批判性意见，也不被果断型的人接受，因为他们会觉得最开始的积极反馈就已经意味着，他们无须做出任何改变。如果有些人喜欢先扬后抑的反馈方式，总是想先肯定对方的某些做法，然后再给出建议，那么他们面对果断型的人就会感觉到无可奈何。实际上，这种彼此之间的误读和误解在理性型与感性型的沟通中屡见不鲜。沟通上的差异会影响他人看待果断型人的眼光，以及他们帮助果断型的人事业更上一层楼的意愿。

如果你属于果断型的人，在决策过程中考量并认可主观与人性化的方面可能是你亟待发展的方面。这一点如果能融入你的逻辑框架中，就会让你在决策时更为周全。如果能够学着更关注自己生活中人性化的部分与情感层面，你就可以将个人价值观与环境因素同时融入自己的逻辑思维方式中去。

很多果断型的人到了中年后会开始有意识地碰触情感与价值观层面。反思性

你的职业性格是什么？

活动，如记日记，会帮助你停下来，珍视和感受柔软的一面。一些果断型的人会尝试着更多从人性化的角度出发，找寻自己的人生意义，并且开始乐此不疲。随着他们开始关注自己的价值观与人性化需求，他们对精神层面与一些不可捉摸的人生要素所产生的兴趣就会逐渐强烈。

关于将以价值观为本的方法融入决策制定中的建议

- 审视自己关于情感的想法。询问对方的情绪，然后认真倾听对方的回答。将你听到的和自己认为对方正在表达的情感进行比较。
- 评估自己的决定对他人产生的影响，尤其要考虑别人的好恶与感触，判断自己的职业选择会对自己身边重要的人产生的影响。
- 注意观察别人所做的决定，其背后的价值观与人性化因素是怎样的，思考以价值观为本的决策方式是否是看待世界的另一种理性方式。如果你可以了解决定背后的价值观，这些决定就说得通了。
- 在做出职业选择的时候，应该从人性化的主观信念与价值观出发，并且综合逻辑思考的结果衡量所有的可选方案。

■ 同理心和合作

果断型的人主要通过分析来看待世界。面对某个问题，他们喜欢提出问题、检视、评价并明确立场。他们尤其热衷于辩论，热衷于针对形形色色的想法以公开的方式展开全面讨论。他们的沟通方式往往以任务为导向，直截了当。虽然这种沟通方式讲求效率，但是在他人看来，可能认为果断型的人故意表现屈尊或过于批判性。果断型的人如果发现自己清晰、冷静的反馈被解读为冷漠、严厉或过于苛刻，他们会觉得很吃惊。有些时候，如果没有别人明确指出问题的严重性，他们根本就不会意识到别人对于自己的反馈有着怎样的看法。

因为果断型的人追求时间效率，看重的是任务本身，他们会觉得在工作中发展人际关系对于自己高效完成任务是一种阻碍。如果他们的同事性格倾向与他们不同，同事就会觉得以任务为导向的工作方式缺乏人性。果断型人的同事甚至会觉得，在与果断型的人打交道时，自己被轻视。

作为其他人的领导时，果断型人的这种沟通风格所产生的影响更大。果断型的人可能凭借强大的商业依据制定符合逻辑的好决策，而他们的行动方案也有很好的效果。但是，这还是不可避免地会对组织中的很多个体产生影响。果断型的人可能对个人层面关心较少，而只是看到决策的好逻辑性、全面性上。一个果断型的管理者讲述了自己是如何处理这一具体问题的：

"我已经学会了抽出时间，在制定决策的过程中考虑一些更为个人、条件化的因素，像对某些人的影响等。我会将它们作为额外变量来考虑。但我现在还是不时地提醒自己，别人对于这些因素的重视程度，比我在正常情况下高很多。"

关于同理心和合作的建议

- 面对他人的观点与状况，注意认真倾听而不是妄下论断。抽出时间停下脚步，理解对对方来说，什么是最重要的，是最能激励他们的。
- 就自己的沟通风格征求别人的意见反馈。
- 在别人与你分享自己所面临的问题时，首先要表示理解，而不是出谋划策。通常情况下，对方凭借着一己之力就可以解决问题。他们可能只是想倾诉一下自己的感触与状况。
- 找机会给予积极的反馈。
- 要记住，一些人会觉得辩论、争论、竞争会让自己厌烦。仅在合适的情况下使用这些沟通方式。

关键行动

对你来说，保持思想开通，将以价值观为本的方法融入决策制定中，以及培养同理心和合作精神，这些事情是否具有挑战性？如果你的答案是肯定的，那么本节探讨的哪个策略是有所帮助的并值得一试？

_____
_____

果断型的人的职业平衡

果断型的人喜欢通过逻辑分析果断地对不同情况做出反应，借助逻辑分析做出决定并采取行动时，是他们感觉最为自然和从容的。然而，为了使工作更有效率，他们在做出决策时或许需要更有效地收集和吸收新信息来平衡自己果断的个性。评估信息并根据信息采取相应行动，与发现新事实和新模式，在两者之间进行平衡对果断型的人来说是一个重要的发展阶段。

一般来说，果断型的人在吸收新信息时通常采用两种方式：关注现实细节、展望未来可能的发展模式。在性格类型理论中，这两种方式分别被称为实感（S）和直觉（N）。虽然每个人在接收信息的过程中会综合使用实感与直觉的方法，但

你的职业性格是什么？

总会更倾向于其中的一种方式。你可以参照本书第 2 章中的描述去找出在这两种方式中，哪种方式是你感到更自然的。

语义上的"实感"和"直觉"这两个词有很多含义，并不仅与如何吸收信息有关，所以为了避免歧义，在本书中，我们会将通过实感来获取信息的果断型的人称为务实果断型（ESTJ），而把通过直觉来获取信息的果断型的人称为洞察果断型（ENTJ）。

务实果断型的人会借助对眼前事实、细节和实际应用的充分考量来平衡自己行动至上与决策至上的特征，他们喜欢看见即时效果而非长远的系统性变革。随着时间的推移，通常在他们人生的后半程，务实果断型的人会将自己的重点从眼前的工作转移到如何关注更多的项目与推进更为系统化的改变。

而洞察果断型的人在吸取信息时会很自然地看见事物背后的模式和未来的可能性。他们倾向于首先关注系统性变革而不是急于求成。随着时间的推移，通常在他们人生的后半段，他们会在关注长远全面结果的同时对把握当下的现实与状况产生兴趣。

这两种方式有着不同的关注重点，但两种方式都能让果断型的人在决策时获得更多信息的补充，尤其会在他们获取信息进行逻辑分析的过程中运用。在果断型的人的一生中，他们会不断运用和融合这两种吸收信息的方式来帮助他们做出明智的决定。久而久之，他们会变得更灵活，在决定具体的行动方案之前会主动留意不同种类的信息。

本章的剩余内容大致分为两部分——第一部分是为 ESTJ 型的人量身定制的，第二部分针对的则是 ENTJ 型的人。你可能发现，首先阅读对自己来说最自然的平衡方式很有帮助。之后，你可以阅读另一种平衡方式，这样就知道随着自己不断成长与成熟，未来有什么等着自己。如果你已经人到中年，你可能对两部分都有兴趣，因为在人生的这个阶段，你可能已经有足够的动力来培养自己并不偏好的决策方式。

你如何寻找平衡？

☐ 我更像 ESTJ	☐ 我更像 ENTJ
我是务实果断型的人。首先我会以对事实和细节的关注来平衡我的决断风格。当我日趋成熟时，我会学习在做决定时更加关注模式和未来可能性来做进一步平衡。	我是洞察果断型的人。首先我会以对理念和未来可能性的关注来平衡我的决断风格。当我日趋成熟时，我会学习在做决定时更加强调对事实与细节的关注来做进一步平衡。

第 5 章 果断型的人：直接与决断

ESTJ：务实果断型的人的工作方式

"让我们放手去干！"

最新研究显示，在美国成年人中，务实果断型的人（ESTJ）所占比例为 8.7%。在运用逻辑进行分析时，务实果断型的人会使用具体的事实作为决策的依据。他们实事求是，以结果为导向来解决身边的具体问题。他们擅长跟进、处理和关注与眼前状况相关的事实，尤其擅长制定和管理流程、程序、步骤和项目等。虽然他们总是设法使缺乏效率的流程变得更高效，但他们更加喜欢维持现有秩序而不是去改变它们，并按照标准程序推动事情的进展。

由于务实果断型的人在做决定时比较务实，并以细节为导向，通过这种方式来平衡自己决断的个性，所以，他们最初表现出来的果断型工作方式与洞察果断型的人有着很大的不同。然而，洞察果断型的人在步入中年后，也会发现这种对细节的关注是他们应该提升和成长的方向。

■ 务实果断型的人做什么最自然

管理和执行

务实果断型的人喜欢推动事情向具体或务实的方向努力，并现实、清晰而具体地界定目标和优先次序，他们会通过完成各项具体任务来一步一步迈向目标。这种缜密的方式使他们在努力的过程中能够非常系统和高效地工作。务实果断型的人擅长及时获得和协调完成目标所需的一切资源，在这个过程中，他们往往担当管理者的角色，从而可以发挥他们有序安排和关注细节的特长。他们希望得到自由和自主权，从而在自己的职责范围内有效行使管理和行动权。如果能够提供这种环境，他们便能顺利完成工作。下面是一位务实果断型的人的说法：

"我喜欢做管理方面的工作，当所有的事情都按计划进行时，我会很有满足感。"

在众多要求细致管理、执行或评估能力的职业中，我们都能看到务实果断型的人的身影。观察、对细节的关注和对精确度的追求是务实果断型的人的普遍特征。那些需要组织详细资料和信息的工作，往往是他们会选择的，如审计、会计和数据管理方面的工作。下面是一位务实果断型的合同管理者所描述的她的工作：

你的职业性格是什么？

"我喜欢同时管理很多项目，监督别人或者看到项目的成果都是很有成就感的事。"

务实果断型的人往往把事情看成非黑即白，没有中间地带，因此在决策或行动的过程中，模糊地带或者未知的变数通常让他们感到不自在。他们愿意制定并遵守清晰的、有助工作有效完成的规则和工作流程。他们具有很高的忠诚度和责任感，与所在的组织关系密切。

维持现状

务实果断型的人喜欢结构严谨和目标明确的环境。过去的经验是他们进行分析和做出决定的重要参考要素。他们尊重和提倡"实践出真知"的信念，认为已有的制度和流程能带来稳定。标准运作流程对于他们来说是合理的事情，因此往往会对那些不守规则的人表示出不耐烦的态度。

对于现有制度或流程的重新设计和改动，务实果断型的人认为完全是浪费时间和精力，倒不如花时间考虑如何通过规划完成目标。他们喜欢稳定和一切皆可掌控，而不是不停变化和太多的不确定性。对于已经存在的一切，他们充其量只不过是做出一些细微的调整。面对冒险，他们则尽可能避免，宁愿在稳定的、职责清晰的组织里工作。下面是一位务实果断型的人对组织架构的看法：

"我喜欢严密的架构和计划，没有这些我会觉得很迷茫。如果没有架构和计划，我会自己制订出一套来。"

务实果断型的人在清晰和明确的目标下往往有着出色的表现。在这个过程中，他们不断运用系统、逐步推进的方式收集相关信息和资料。他们关注如何让现行制度和架构发挥最大的效率，而不是去质疑、重新设计或改变现有的制度和流程。他们喜欢为他人提供具体信息或协助他人完成某些具体工作，包括填写表格、贯彻流程或完成日常工作及安排得井井有条的任务。

随着年龄的增长，在对事实和细节关注之余，他们也开始学习寻找事情发展的模式及关注未来可能性。通过这种学习，他们将了解如何朝更长期的目标更策略性地工作，通过关注更全面的、长远的结果来平衡对当下结果的关注。

按时完成工作

在务实果断型的人看来，根深蒂固的传统或仪式是有益的社会传统。在传统活动之外，他们很少和别人闲聊，也很少参加社会应酬，因为他们不喜欢浪费时间，更不喜欢漫无目的地打发时间。他们毫不动摇地坚守着自己的职业道德，会竭尽全力地完成自己的工作。务实果断型的人非常守时和具有责任心，并希望别人也和他们一样。

跟进事情的进展和对细节的关注对务实果断型的人来说是很重要的，对这类型的领导者来说，工作限期、时间表至关重要。正因为如此，他们自己及其他相关的人往往都为此承受沉重压力。他们一心想要完成工作，通常情况下具有强烈的可信度与责任感。务实果断型的人在与别人并肩作战，朝着目标共同努力的过程中，会认识到通力协作的重要性。但是，他们期望其他人表现出高工作效率和以工作为重的态度，对那些没有这么做的人往往缺乏必要的耐心。

他们惯于为自己和他人设定很高的标准和要求，对自己也具有很高的期望值，这导致他们有时会肩负太多责任和压力，做出超越自身能力的承诺。下面是一位务实果断型的人的说法：

"虽然我擅长管理细节，但有时我真的太忙了。对我来说，要抓住无数要做的事情的细节是很大的挑战。我不断尝试处理一切琐碎的事情。"

务实果断型的人的理想工作环境

关注你的个人偏好，你便可以更准确地找到让你感到满足的工作类型。下面归纳和总结了务实果断型的人的理想工作环境，你可以看看哪些描述更适合你。

作为一个务实果断型的人，我偏爱下列工作环境：

- ☐ 关注细节，并将所有的细节综合起来，组织得井井有条
- ☐ 清晰地界定期望、任务和结果
- ☐ 建立和遵循标准的操作流程
- ☐ 关注眼前的任务
- ☐ 维持工作现状
- ☐ 对任务与队员进行组织与管理
- ☐ 与他人进行有效的互动
- ☐ 在稳定的、可预期结果的环境中工作
- ☐ 实现具体的成果，完成实物产品

■ **务实果断型的人感兴趣的工作**

以下是务实果断型的人可能感兴趣的工作。这份清单是参照数据进行归纳的，数据显示，务实果断型的人从事下述这些工作的概率高于其他行业。

在这份职业清单中，我们使用了 5 个总结性标题，按照 O*NET 网站提供的信息，这些类型的工作对务实果断型的人来说充满了吸引力。O*NET 是一个庞大的互动性数据库，专门提供职业相关信息，用于探讨与研究职业选择。O*NET 内部对工作类型进行了划分，划分依据不仅考虑了工作本身的内容，还涉及完成该项工作所需的技能、需要接受的教育或培训。你可以在 O*NET 的网站上浏览所罗列的职业或工作类型。在这个网站上，你会发现关于职业的广泛信息。第六个标题"其他"提供了

你的职业性格是什么？

一些职业的样本，涵盖了 O*NET 网站分类系统所划分出的其他工作类型，这些工作同样可以吸引务实果断型的人。

> **解读职业信息的要点**
>
> 每种职业都借助编号提供了一些信息，帮助你更好地评估这份职业是否适合自己。
>
> ✿=绿色职业　与降低化石燃料的使用、减轻污染、提高能源效率及提升可再生能源的使用息息相关。
>
> ✱=前景光明的职业　从经济意义上来看十分重要的行业，这些行业有可能实现长期增长，或正因为技术与创新而发生翻天覆地的变化。
>
> **工作区域**　数字编码（1~5），总结了想要进入这个行业需要进行的准备（如教育、培训或经验传授）。1~5 代表所需要进行的准备由少到多。
>
> **职业趣味性**　字母编码（R、I、A、S、E、C 的组合），体现了这一职业的趣味性情况。这些结论是与荷兰的趣味性模型及工作环境一致的。

商业与金融操作

会计师 ✱ 4CE
审计师 ✱ 4CEI
薪酬、福利与工作分析师 ✱ 4CE
成本预算师 ✱ 4CE
环境合规检查员 ✱ 4CIR
财务核查师 4EC
保险承销商 ✱ 4CEI
信贷主管 ✱ 3CES
管理分析师 ✱ 4IEC
猎头 ✱ 4ECS
报税员 3CE
批发与零售采购员 ✿✱ 3EC

房地产评估师 ✱ 4ECR
预算分析师 ✱ 4CEI
合规官员 ✱ 4CIR
信贷分析师 ✱ 4CE
金融分析师 ✿✱ 4CIE
保险精算师、审查员与调查员 ✱ 3CE
投资承销商 ✿ 4CE
物流师 ✱ 4EC
个人财务顾问 ✿✱ 4ECS
采购员 ✱ 3CE
培训与发展专家 ✿✱ 4SAC

计算机与数学

保险精算师 ✱ 4CIE
计算机软件工程师
　（应用类）✱ 4IRC

计算机与信息科学家
　（研究类）✱ 5IRC
计算机软件工程师

计算机系统分析师 ✹ 4ICR （系统软件类）🍃✹ 4ICR
网络与计算机系统管理员 ✹ 4IRC 数据库管理员 ✹ 4CI
运营研究分析师 ✹ 5ICE 网络系统与数据传输分析师 ✹ 3IC
通信专家 ✹ 4IC 统计员 5CI

医疗保健与技术

运动员培训师 5SRI 牙医 ✹ 5IRS
家庭医生与一般医生 ✹ 5IS 内科医生 ✹ 5ISR
医疗与临床实验室技师 ✹ 3RIC 医疗与临床实验室技术
医疗记录与健康信息技师 ✹ 2CE 　专家 ✹ 4RIC
妇产科医生 ✹ 5ISR 护理工作者 5SIR
药剂师 ✹ 5ICS 职业健康与安全专家 🍃✹ 4IC
理疗师 ✹ 5SIR 制药技师 ✹ 3CR
呼吸治疗师 ✹ 3SIR 娱乐治疗师 5SIR
外科医生 ✹ 5IRS

管理

下面的清单涵盖了一些能够吸引务实果断型的人的管理工作。你会发现，很多管理岗位对于他们来说都有吸引力。务实果断型的人同时也会热衷于众多工作门类中一线监督人员或经理的工作。受到个人经历与兴趣的影响，你可能对某个领域的一线监督与经理岗位感兴趣。想要找到关于这些职业的说明，你可以首先确定自己感兴趣的一个工作类型，然后在O*NET上寻找"一线监管人员/经理"的门类具体包含哪些职业。

行政服务经理 ✹ 3EC 行政长官 ✹ 5EC
合规经理 🍃 4CER 施工经理 🍃✹ 4ERC
教育行政人员（小学和中学）✹ 5SEC 工程经理 🍃✹ 5ERI
农民与农场主 🍃 3REC 财务经理 ✹ 4CE
财务经理（分支机构或部门）✹ 4EC 餐饮服务经理 ✹ 3ECR
丧葬承办人 3ESC 人力资源经理 4ESC
住宿管理人员 ✹ 3ECS 市场营销经理 🍃✹ 4EC
医疗保健服务经理 ✹ 5ECS 自然科学经理 🍃✹ 5EI
物业、房地产与社区协会经理 ✹ 3EC 公关经理 ✹ 4EA
采购经理 ✹ 4EC 社会与社区服务经理 4ES
供应链经理 🍃 4EC 培训与发展经理 4ES

105

财务主管与总监✹ 5CE

销售及相关工作

广告销售经纪 3ECA

保险销售经纪✹ 4ECS

房地产销售代理✹ 3EC

证券与大宗商品销售代理✹ 4EC

批发与制造业销售代表✹ 3CE

证券、大宗商品与金融服务销售
　代表✹ 4EC

示范员与产品推销人员✹ 2ECR

零件销售人员 2ECR

零售销售人员✹ 2EC

销售专家✹ 4ERI

科技产品销售代表🍃✹ 4EC

其他

务实果断型的人也会对工程设计门类的工作感兴趣。如果对这方面感兴趣，你可能想考虑并研究下列这些对务实果断型的人有吸引力的工作：航空航天、生物制药、化学、民事、计算机硬件、电子设备、电器产品、环境、工业、工业安全与健康、材料、机械与石油。务实果断型的人同样会对电器工程技师的工作感兴趣。

在与生产、运营和产品修理相关的工作中同样可以看到务实果断型的人的身影。这一领域的具体工作包括：计算机、自动提款机与办公设备维修人员，电子产品与电器维修人员，电线安装与维修人员，通信线缆安装与维修人员，电子与电器设备组装人员，检查员、测试员、分拣员、样品检查员与称重员，结构金属生产与装配人员。他们还会从事运输工作，因此下列工作会吸引他们，如飞行员、飞机副驾驶员、飞行机械师、公共汽车司机、商用飞机飞行员及轮船船长等。

对于务实果断型的人来说，执法是另一个热门的职业选择。他们会对下列工作感兴趣：惩教人员与狱警，法庭书记员，法官、治安法官、地方行政长官，律师，救生员，滑雪救护队成员及其他娱乐设施保护服务工作者，空军空乘人员，空军指挥官与管理中心军官，军官特殊与战略行动管理者，警探，巡警，私家侦探与调查员，缓刑犯监督官与矫正治疗专家及保安。

下面的清单涵盖了可能吸引务实果断型的人的其他门类工作。

飞机检修人员✹ 3RCI

厨师与大厨🍃 3ERA

施工与建筑监察人员🍃✹ 3RCI

环境科学家与专家🍃✹ 4IRC

收账人✹ 2CE

化学家🍃✹ 4IRC

施工工人🍃✹ 1RC

食品科学家与技术专家 5IRC

健康教育者 ✹ 4SE
人力资源助理 ✹ 3CES
微生物学家 ✹ 5IR
音效工程技师 3RA
职业教育教师 4S

酒店、汽车旅馆与度假村前台人员 ✹ 2CES
狱警与清洁工 ✹ 1RC
公园自然学家 4SRA

务实果断型的人的技能强项和关注的能力

关注你的个人偏好，你便可以更准确地找到让你感到满足的工作类型。下面归纳和总结了务实果断型的人的技能强项和关注的能力，你可以看看哪些描述更适合你。

作为一个务实果断型的人，我具有以下技能强项并关注如下能力的提升：

☐ 人员、数据或项目的管理　　☐ 观察
☐ 组织　　　　　　　　　　　☐ 分析
☐ 解决实际的问题　　　　　　☐ 对细节的敏感
☐ 推理　　　　　　　　　　　☐ 决策
☐ 时间管理和目标管理　　　　☐ 评估

■ 作为领导者的务实果断型

务实果断型的人在担任领导者时有着独特的优势。他们有着自然独特的领导方式，作为下属也呈现出独特的个性。

以工作为中心

务实果断型的人是极具组织能力并且以工作为导向的领导者。在工作中，他们会为下属制订出明确的发展计划、岗位和职责，并希望下属严格遵守。他们也会给下属清晰、明确和详细的指示。高效是他们最大的优势，如果务实果断型的人负责一个项目，你大可不必忧虑这个项目是否能按期完成。

清晰的期望和反馈

作为领导者，务实果断型的人热衷于制定出清晰的标准和期望。他们始终认为，清晰和具体是帮助他人高效独立工作的最好方式。他们喜欢找出完成工作的最佳方式，然后制定循序渐进的规程来维持标准并捍卫流程。

务实果断型的人能很快决策并指出他人工作中存在的偏差或错误。如果他人不能履行职责，完成该完成的工作，他们的批评往往非常严厉，尤其是对于那些不遵守规矩、规则和标准操作流程，并且不断挑战和质疑他们领导权威的人。此外,他们也常常会被一些计划不周的人所激怒。

恪守传统

务实果断型的人明白在组织中稳定性和归属感的重要性,因此会设法保留和维持所谓的传统和习惯。他们具有很高的忠诚度和奉献精神。对于组织里所谓的规则和流程,他们宁愿积极推行,而不是提出质疑或改变,尤其是这些规则和流程符合逻辑和已经证明有效的情况下。他们具有传统观念,喜欢等级分明的制度体系,了解清晰指令对下属的实际作用。他们认为领导风格应建立在经验、尊重和权力的基础上。

作为领导者的务实果断型

关注你的个人偏好,你便可以更准确地找到让你感到满足的工作类型。下面归纳和总结了务实果断型的人偏爱的领导风格,你可以看看哪些描述更适合你。

作为一个务实果断型的领导者,我喜欢:

- ☐ 关注眼前的工作
- ☐ 一切都井井有条
- ☐ 尊重传统及习惯
- ☐ 给予清晰、精确和详细的指示
- ☐ 制定清晰的标准、期望和反馈
- ☐ 明确指出工作中的偏差和错误
- ☐ 设定高效的程序与标准,并贯彻到底
- ☐ 清楚地制定规划,设定岗位与相关职责
- ☐ 重视忠诚度和奉献精神
- ☐ 遵守规则和流程
- ☐ 了解清晰指令对于下属的作用和意义

作为团队成员的务实果断型

务实果断型的人认同团队归属感,对于团队具有很高的忠诚度和奉献精神。作为一个合作的团队成员,当所在的团队朝着共同目标迈进,并通过共同努力达成目标时,他们会获得巨大的满足感。

对务实果断型的人来说,工作团队必须有实际功能和效率,否则他们会觉得在浪费时间。与能干和高效的人共事,加上清晰的监管机制,这能够让他们发挥最高的工作效率。他们喜欢与他人维持良好的工作关系。在团队中,他们会毫不犹豫地与他人分享自己的想法,必要时承担领导责任,特别是在团队运转不畅、工作效率陷于低谷的时候。

作为团队成员的务实果断型

关注你的个人偏好,你便可以更准确地找出让你感到满足的工作类型。下

面归纳和总结了务实果断型的人所偏爱的团队工作方式,你可以看看哪些描述更适合你。

作为一个务实果断型的团队成员,我偏爱:
☐ 团队成员共同努力朝着目标进发
☐ 具有忠诚度与合作精神
☐ 在具备实际功能和高效的团队中工作
☐ 与能干和高效的人共事
☐ 清晰的工作监管机制
☐ 维持工作式的人际关系
☐ 分享想法,指导别人
☐ 在团队效率低时承担领导责任

■ 务实果断型的人的学习风格

在经历周遭事情时,务实果断型的人会不断地努力尝试去控制、组织和完成目标,对于学习亦是如此。他们非常看重学习所能得到的信息和专业能力,因此在学习中他们始终关注获取具体事实和细节。记忆力和逻辑分析能力是他们的学习优势,但正因为如此,他们有时往往缺乏必要的大局观,尤其是课程太过理论化时,他们会感到比较吃力。对于那些缺乏实际应用意义的理论,他们会很快感到厌倦。

务实果断型的人希望学习过程中的信息或数据以符合逻辑、务实有序的方式呈现,否则他们会忍不住想要重新对其进行整理,使它们看上去更为合理与有序。但这个过程对于他们来说简直就是浪费时间,他们也会因此质疑老师的能力和专业水平,如不合逻辑、思维混乱或不切实际等。他们更为倾向于组织化和学习目的明确的学习环境。

两种果断型的人都具有怀疑精神,务实果断型的人尤其对所获得数据的精确度很感兴趣,常常进一步核实以确保数据来源的准确性和可靠性。他们也喜欢通过辩论和竞争提升学习动力,同时对学习过程中的讨论抱有极大的兴趣。

务实果断型的人的学习风格

关注你的个人偏好,你便可以更准确地找到让你感到满足的工作类型。下面归纳和总结了务实果断型的人偏爱的学习风格,你可以看看哪些描述更适合你。

作为一个务实果断型的人,我偏爱:
☐ 希望能够自我掌控,组织完成学习任务
☐ 学习过程中的信息或数据以符合逻辑和实际的结构呈现

你的职业性格是什么？

> - □ 老师提供清晰的学习指令、结构和明确的希望
> - □ 发挥记忆力和逻辑分析能力
> - □ 明确理论和实际应用之间的联系
> - □ 提供精确的数据
> - □ 鼓励辩论和竞争
> - □ 有机会就正在学习的内容进行讨论

性格偏好与与生俱来的倾向可以作为自我评估的出发点。在阅读这一部分的过程中，一些陈述你可能认同，而另一些陈述你可能不认同。这样的反应是常见的，因为每个人表达自己性格特征的方式都不同。阅读总体信息可以作为决定事业发展方向的出发点。现在，你需要进一步进行自我评估，具体方法就是将这些总体性陈述和自己的个人生活结合起来。下面这些问题可以帮助你将这一部分的内容和自己的具体情况联系起来。在回顾本章内容的过程中不要忘了比照这些问题：

- 这种性格类型的所有特征是否符合我的真实情况？哪些部分符合？哪些部分不符合？
- 是不是有哪个部分的描述对我来说尤为重要或关键？
- 我可以将哪些信息用于具体实践，从而决定自己的事业发展方向？
- 我应该如何调整自己的事业发展方向？哪些方面应该强化？又有哪些方面应该弱化？
- 在未来工作中，我想将重心放在哪个方面？

在这一过程中，你可能想用各种标注方法着重突出一些部分，或者想在书页的空白部分写些笔记，或者制作一系列索引卡，或者在笔记本上认真做笔记。不管采取什么方式完成这项工作，问题的关键在于一定要保证记录的信息可以真实地描述你目前的情况。设想自己的理想工作应该是怎样的，有哪些具体的工作内容，有什么样的工作环境，你在工作中会应用哪些技能，你期盼以怎样的方式领导他人或被他人领导，你希望为团队做出什么样的贡献，你想要以什么样的方式不断学习与成长。

同时也思考一下自己目前处于怎样的发展阶段。你现在利用哪些方法来平衡自己的自然工作方式？你是否正在过渡到新的平衡方式中去？一定要记住，每个人的情况都是独一无二的。以果断型和分析型的人为例。这两种类型的人在沟通的时候喜欢就事论事。但是，他们还是会或多或少地通过移情作用和他人建立联系。这两种人如果愿意花费时间和精力，通过学习最终从事人事服务工作，就有可能与在技术领域独立工作的同种类型的人做事方式截然不同。

第 5 章　果断型的人：直接与决断

> **关键行动**
>
> 现在，你已经做好准备，将自己的自然偏好和具体情况结合起来了。
>
> 描述你最想从工作中得到什么。不要单纯地罗列一系列工作，而要将重点放在说明自己的个人偏好上。
>
> _____
>
> _____

现在，你已经认识到了自己的工作偏好，你可以直接阅读对 ENTJ 性格类型的介绍。如果你有兴趣培养基于价值观的决策方式，更应如此。如果你已经准备好通过评估自己的价值观、生活方式和局限来继续完成职业规划的过程，可以直接跳到第 11 章。

ENTJ：洞察果断型的人的工作方式

"让我们做成这件事！"

最新研究显示，在美国成年人中，洞察果断型（ENTJ）的人所占比例为 1.8%。洞察果断型人的主要特征是在决策时会融合自己对于未来发展模式和潜在可能性的展望。他们热衷于基于长远的目标，运用有效策略去建立、改进工作架构和系统。无疑，他们的这种偏好对于制订长远目标和计划特别有用。

在朝着愿景努力前行时，洞察果断型的人会精力充沛地通过积极主动的行动，保证制订出具有可行性的计划并加以贯彻执行。在此过程中，他们希望能主导自己的工作，同时希望能够指引他人完成计划。他们职业生涯的主题大都集中在如何合理组织人和资源、推动变革、建立制度、管理体系和流程等领域。

由于借助对决策的想象力和对长远规划的展望能力来平衡自己决断的个性，他们最初表达出来的果断型工作方式，与务实果断型的人有着很大的不同，然而，务实果断型的人在步入中年后，会发现这种基于愿景的决策方式恰好是他们提升和成长的方向。

■ 洞察果断型的人做什么最自然

处理具有挑战性而复杂的工作

洞察果断型的人热衷于挑战有难度、复杂的工作，享受在参与复杂项目过程

你的职业性格是什么？

中有效处理各种复杂情况的成就感。他们懂得如何顾全大局，尤其喜欢率领他人朝着战略性目标共同前进。

他们会想方设法在组织或者团队中不断提升自我，尤其喜欢扮演掌控者的角色。他们具有很强的独立性，不喜欢受人管辖，时常会对所谓权威表示自己的质疑。如果一定要为某人工作的话，那么他的上司必须具有相当的专业能力和渊博的知识，才能赢得他们足够的尊重。下面是一位洞察果断型的人的心声：

"我不喜欢别人告诉我要做什么或怎样去做。"

洞察果断型的人会努力拓展自己的知识面，提升自己的专业能力。他们能很快察觉不同事物之间的关联，并对缺乏这种能力的人嗤之以鼻。在学习时他们专心致志，尤其是在整合信息或数据时更加聚精会神。

改进系统和流程

洞察果断型的人关注模式或可能性，而不是事实和细节。正因如此，他们喜欢作为掌控者，牵头去改善和提升现有的制度体系和流程，从而让整个系统变得更有效率和组织性。当然他们并不是天生的破坏者，对于那些合理和有效的流程，他们一样会表示出相当的重视和遵守。然而，当事实并非如此时，他们就会毫不犹豫地去做出改变。他们似乎不会完全抛弃那些旧的架构，他们只是对其进行精简或重新设计。

建立长期愿景，并朝此愿景努力是洞察果断型的人的主要特征。比起务实果断型的人，他们更关注改善和提升现有的制度、模式和流程。他们热衷于从宏观角度出发，对现有的事物做出评估，并努力通过改变旧方法并建立新方法进行完善，从而提升工作效率。下面是一位洞察果断型的人描述他在引导大家关注未来时遇到的挫折：

"我在工作中遇到的最大挑战就是如何让大家看到他们行动的长远结果。我可以清楚地看到他们现在的行动将带来的问题。有时我觉得自己不得不挥手呐喊，你们这样做很危险，难道你们看不到吗！"

掌控一切

在领导岗位上我们不难发现洞察果断型的人的身影。他们喜欢主导一切，管理风格富有决断力和效率。对于能力稍逊的人或浪费时间、精力的行为，他们往往觉得难以忍受。他们认为任何事情都是可以改善的，为了实现这个目标，他们会不断去寻找、削减或改进工作中低效或者浪费资源的流程和系统。他们喜欢成为主导者，指导和分配他人工作。他们会不自觉地就跳出来成为领导角色，并希望其他人会跟随他们。这种对目标过于关注的特征，往往会让其他人觉得他们过于挑剔或只顾工作。

作为主导者，他们的沟通方式清楚、明确而直接。他们并不忌讳做出艰难的决定，然后坚定地支持这个决定。下面是一位洞察果断型的人的心声：

"别人可以毫无保留地与我沟通。如果我看到什么不对劲，我就会说出来让大家注意。对我来说，开诚布公地直接面对问题很重要。"

你也许不难发现，在需要长期战略规划能力的领导者的职位上，洞察果断型的人非常普遍。他们喜欢在能够不断取得进步，同时随着自己的进步可以逐步承担更艰巨责任的组织中工作。

洞察果断型的人也喜欢那些有机会运用他们的逻辑分析能力解决问题的工作，尤其是同时能够提供高度自主决策和行动权的工作。另外，他们也喜欢与优秀卓越、以目标为导向的人共事，尤其是在架构明确、重视结果和推崇个人独立性的工作环境里。

洞察果断型的人的理想工作环境

关注你的个人偏好，你便可以更准确地找到让你感到满足的工作类型。下面归纳和总结了洞察果断型的人的理想工作环境，你可以看看哪些描述更适合你。

作为一个洞察果断型的人，我偏爱下列工作环境：
- ☐ 工作复杂且多元化
- ☐ 有机会担任指挥者和策划者
- ☐ 有领导他人和自我提升的机会
- ☐ 重视能力与成果
- ☐ 重视改变与改善
- ☐ 解决复杂问题
- ☐ 提供把想象转化为行动的空间
- ☐ 工作内容涉及长远规划和决策

■ 洞察果断型的人感兴趣的工作

以下是洞察果断型的人可能感兴趣的工作。这份清单是参照数据进行归纳的，数据显示，洞察果断型的人从事下述这些工作的概率高于其他行业。

在这份职业清单中，我们使用了5个总结性标题，按照O*NET网站提供的信息，这些类型的工作对洞察果断型的人来说充满了吸引力。O*NET是一个庞大的互动性数据库，专门提供职业相关信息，用于探讨与研究职业选择。O*NET内部对工作类型进行了划分，划分依据不仅考虑了工作本身的内容，还涉及完成该项工作所需的技能、需要接受的教育或培训。你可以在O*NET的网站上浏览

你的职业性格是什么？

所罗列的职业或工作类型。在这个网站上，你会发现关于职业的广泛信息。第六个标题"其他"提供了一些职业的样本，涵盖了 O*NET 网站分类系统所划分出的其他工作类型，这些工作同样可以吸引洞察果断型的人。

解读职业信息的要点

每种职业都借助编号提供了一些信息，帮助你更好地评估这份职业是否适合自己。

🍃=绿色职业　与降低化石燃料的使用、减轻污染、提高能源效率及提升可再生能源的使用息息相关。

✹=前景光明的职业　从经济意义上来看十分重要的行业，这些行业有可能实现长期增长，或正因为技术与创新而发生翻天覆地的变化。

工作区域　数字编码（1～5），总结了想要进入这个行业需要进行的准备（如教育、培训或经验传授）。1～5 代表所需要进行的准备由少到多。

职业趣味性　字母编码（R、I、A、S、E、C 的组合），体现了这一职业的趣味性情况。这些结论是与荷兰的趣味性模型及工作环境一致的。

商业与金融操作

洞察果断型的人对这一工作类型中的很多具体工作都会产生兴趣，下面的清单将这些工作罗列了出来。他们对商业与金融操作领域的很多领导岗位都会感兴趣，包括薪酬与福利经理、财务经理、采购经理、培训与发展经理。

会计师✹ 4CE　　　　　　　　审计师✹ 4CEI
预算分析师✹ 4CEI　　　　　　薪酬、福利与工作分析专家✹ 4CE
合规官员✹ 4CIR　　　　　　　成本预算师✹ 4CE
信贷分析师✹ 4CE　　　　　　 金融分析师🍃✹ 4CIE
人力资源、培训与劳动力　　　 保险精算师、审查员与调查员✹ 3CE
　关系专家✹ 4ESC　　　　　　物流师✹ 4EC
信贷主管✹ 3CES　　　　　　　会议规划师✹ 4ECS
管理分析师✹ 4IEC　　　　　　猎头✹ 4ECS
个人财务顾问🍃✹ 4ECS　　　　培训与发展专家🍃✹ 4SAC
报税员 3CE　　　　　　　　　 批发与零售采购员🍃 3EC

教育、培训与图书馆

洞察果断型的人会对形形色色的高等教育工作感兴趣，包括：农业科学，人

114

类学与考古学，大气、地球、海洋与空间科学，生物科学，化学，计算机科学，环境科学，地理，数学，物理，政治学，社会学与职业教育。同样，他们也会对高等教育、小初中或学前和儿童看护中心，以及看护项目的教育管理工作感兴趣。吸引他们的其他教育、培训与图书馆职位包含在下面的清单当中。

辅导员 ✹ 5SIE　　　　　　　　小学教师 ✹ 4SAC

图书管理员 ✹ 5CSE　　　　　　幼儿园教师 ✹ 4SA

高中教师 ✹ 4SAE　　　　　　　中学教师 ✹ 4SA

教师助理 ✹ 3SC　　　　　　　　自我进修教育教师 ✹ 3SAE

医疗保健与技术

牙医 ✹ 5IRS　　　　　　　　　家庭医生与一般医生 ✹ 5IS

内科医生 ✹ 5ISR　　　　　　　医疗与临床实验室技术

护理工作者 5SIR　　　　　　　　专家 ✹ 4RIC

病理学家 ✹ 5IR　　　　　　　　妇产科医生 ✹ 5ISR

药剂师 ✹ 5ICS　　　　　　　　儿科医生 ✹ 5IS

理疗师 ✹ 5SIR　　　　　　　　制药技师 ✹ 3CR

放射科技师 ✹ 3RS　　　　　　精神病医生 ✹ 5ISA

外科医生 ✹ 5IRS　　　　　　　注册护士 ✹ 3SIC

兽医技术专家与技师 ✹ 3RI

管理

下面的清单涵盖了一些能够吸引洞察果断型的人的管理工作。你会发现，很多管理岗位对于他们来说都有吸引力。洞察果断型的人同时也会热衷于众多工作门类中一线监督人员或经理的工作。受到个人经历与兴趣的影响，你可能对某个领域的一线监督与经理岗位感兴趣。想要找到关于这些职业的说明，你可以首先确定自己感兴趣的一个工作类型，然后在 O*NET 上寻找"一线监管人员/经理"的门类具体包含哪些职业。

行政服务经理 ✹ 3EC　　　　　广告与推广经理 ✹ 4EAC

行政长官 ✹ 5EC　　　　　　　计算机与信息系统经理 ✹ 4ECI

施工经理 🍃✹ 4ERC　　　　　　餐饮服务经理 ✹ 3ECR

一般与运营经理 🍃 3ECS　　　　绿色营销人员 🍃 4EC

人力资源经理 4ESC　　　　　　工业生产经理 🍃 3EC

立法人员 4ES　　　　　　　　　住宿管理人员 ✹ 3ECS

你的职业性格是什么？

物流经理 🍃 4EC
医疗保健服务经理 ✺ 5ECS
物业、房地产与社区协会
　　管理人员 ✺ 3EC
采购经理 ✺ 4EC
运输、存储与配送经理 ✺ 4EC

市场营销经理 ✺ 4EC
自然科学经理 ✺ 5EI
公关经理 ✺ 4EA
社会与社区服务经理 4ES
财务主管与总监 ✺ 5CE

销售及相关工作

广告销售代理 3ECA
示范者与产品推广人员 ✺ 2ECR
房地产销售经纪 ✺ 3EC
销售专家 ✺ 4ERI
技术与科学产品销售代表 🍃✺ 4EC
电话营销人员 2EC

收银员 1CE
保险销售经纪 ✺ 4ECS
证券与大宗产品销售代理 ✺ 4CE
批发与制造业销售代表 ✺ 3CE
证券、大宗商品与金融服务销售
　　代理 ✺ 4EC

其他

洞察果断型的人也会对工程设计门类的工作感兴趣。如果对这方面感兴趣，你就要考虑并研究一下，下列这些对洞察果断型的人有吸引力的工作类型：航空航天、生物制药、化学、民事、计算机硬件、计算机软件、电子设备、电器产品、环境、工业、工业安全与健康、材料、机械、石油、产品安全与机器人技术，洞察果断型的人同样会对电器工程技师的工作感兴趣。他们会希望得到工程设计领域的领导职位。

计算机与通信领域的工作同样吸引洞察果断型的人，这些工作包括：计算机与信息科学家，计算机支持专家，计算机系统分析师，数据库管理员，网络与计算机系统管理员，网络系统与数据通信分析员，通信专家，电子设备与电器产品组装人员，计算机、提款机与办公器材维修人员，电子设备与电器产品维修人员，通信设备安装与维修人员，通信线缆安装与维修人员。

如果你是一位有创意天分的洞察果断型的人，你可以考虑下面这些职位，包括：编辑、艺术家、平面设计师、室内设计师、多媒体艺术家与动画师、摄影师、制片人与导演、节目导演、公共关系专家、记者与通讯员，以及作家与作者。

洞察果断型的人同样会对很多专业领域的科学家工作感兴趣，包括：生物科学家与生物物理学家、生物学家、化学家、临床心理学家、咨询心理学家、经济学家、环境科学家与专家、食品科学家、医疗科学家、微生物学家、政治学家、学校心理师、地球学家、行业组织心理学家、土壤与植物科学家。在这一领域，他们同样可能想成为生物学技师、食品科学家与技术专家。

下面的清单涵盖了可能吸引洞察果断型的人的其他工作类型。

保险精算师 ✿4CIE	飞机驾驶员、副驾驶员与飞机机械师 ✿4RCI
建筑师 ⚘✿5AI	
厨师与大厨 ✿3ERA	木匠 ✿2RCI
商业与工业设计师 ⚘4AER	神职人员 5SEA
行政秘书与行政助理 ✿3CE	惩戒人员与狱警 3REC
人力资源助理 ✿3CES	理发师、发型师与化妆师 3AES
法官、地方法官与地方行政长官 5ES	狱警与清洁工 ✿1RC
救生员、滑雪救护队成员与其他娱乐设施保护服务工作者 ✿1RS	律师 ✿5EI
	医疗保健与公共健康社会工作者 ✿5SI
心理健康咨询师 ✿5SIA	空军空乘人员 2CR
军队指挥官与控制中心军官 2CR	运营研究分析师 ✿5ICE
律师助理与法律助理 ✿3CIE	巡警 ✿3REC
保安 ✿2RCE	城市与地区规划师 ⚘✿5IEA

洞察果断型的人的技能强项和关注的能力

关注你的个人偏好，你便可以更准确地找到让你感到满足的工作类型。下面归纳和总结了洞察果断型的人的技能强项和关注的能力，你可以看看哪些描述更适合你。

作为一个洞察果断型的人，我具有以下技能强项并关注如下能力的提升：

- ☐ 领导
- ☐ 决策
- ☐ 调动资源以实现长期目标
- ☐ 达成结果
- ☐ 长期规划
- ☐ 分析
- ☐ 设计
- ☐ 解决问题
- ☐ 战略规划
- ☐ 说服他人

■ 作为领导者的洞察果断型

洞察果断型的人在担任领导者时有着独特的优势。他们有着自然独特的领导方式，作为下属也呈现出独特的个性。

天生的领导者

正如我们所见，洞察果断型的人被领导角色深深吸引。基于以任务和目标为导向的特征，他们或许会对谋取共识和协议的过程感到不耐烦，而宁愿通过指挥和控制的方式来领导。同时由于个人的独立性，他们倾向于将工作分成不同部分，寄希望于每个人都有能力独立地完成任务。他们认为下属理所当然地应该在规定的限期内完成属于自己的任务。因此当发现下属能力不足或过于依赖别人时，他们会感到非常不满。作为领导者，他们具有很高的工作效率，决策果断，能够很好完成工作任务。

变革推动者

洞察果断型的人会善用组织已有的管理体系和资源，成为变革的推动者。虽然似乎不太喜欢冒险，但他们十分重视结果和"谁出问题谁负责"的问责制度，通过完善既有的管理体系和制度，他们无疑是带领整个组织向前迈进的十分适合的角色。但是如果现有系统不够好，他们就会重新设定重新调整。洞察果断型的人会为长期变革设定一个愿景，然后付出相当大的投入来让愿景变为现实。

作为领导者的洞察果断型

关注你的个人偏好，你便可以更准确地找到让你感到满足的工作类型。下面归纳和总结了洞察果断型的人偏爱的领导风格，你可以看看哪些描述更适合你。

作为一个洞察果断型的领导者，我喜欢：

☐ 指挥别人　　　　　　　　☐ 控制项目
☐ 专注于实现长期目标　　　☐ 独立工作
☐ 成为变革推动者　　　　　☐ 重视结果和问责制度
☐ 给予他人独立工作的空间　☐ 带领整个组织向前迈进
☐ 与具有专业能力的人合作　☐ 完善既有架构和制度
☐ 认为下属理所当然地应该在规定
　的期限内完成属于自己的任务

■ **作为团队成员的洞察果断型**

洞察果断型的人强于分析、组织和解决问题，因此在团队中往往具有很大的贡献。只要团队能够团结一心朝着目标进发，他们对于团队贡献会十分看重。他们喜欢推动事情的进展，经常带头采取必要的行动。虽然他们不能接受他人能力不足或者不能达到预期标准，但他们对于团队成员的多元化具有很好的接受度。对于他们来说，完成任务才是他们的最终目标，而团队和合作只是完成任务的手段，除非团队能够提升组织营运的效率，否则团队本身毫无价值可言。

第5章　果断型的人：直接与决断

洞察果断型的人具有很好的激励他人的技巧和能力，但是他们并不愿意花不必要的时间来向别人解释事情背后的依据之类的工作上，因为他们认为这种解释无疑会拖慢行动的进程，也许会使任务难以在规定时间内完成。正因为如此，他们的沟通往往过于以工作为重，而不是以人为本。他们喜欢控制和指挥团队，而不是鼓励或激励他人。对他们来说，被视为能干比起受人欢迎更加重要。下面是一位洞察果断型的人的心声：

"我宁愿得到别人的尊敬，而不是被爱戴。"

作为团队成员的洞察果断型

关注你的个人偏好，你便可以更准确地找到让你感到满足的工作类型。下面归纳和总结了洞察果断型的人偏爱的团队工作方式，你可以看看哪些描述更适合你。

作为一个洞察果断型的团队成员，我偏爱：

- □ 运用自己的分析、组织和解决问题的能力为团队做出贡献
- □ 激励他人朝着一个目标努力
- □ 通常会担任团队领导与指挥者的工作
- □ 对于能力差的人缺乏必要的容忍度
- □ 希望团队集中精力，奋力达成目标
- □ 喜欢推动事情的进展，经常带头主动采取行动
- □ 接受团队成员的多元化
- □ 认为被视为能干比起受人欢迎更加重要

■ 洞察果断型的人的学习风格

洞察果断型的人喜欢获取有关理论和概念的知识，以及如何使用精确的语言和概念。他们对于具有高度复杂性的知识抱有浓厚的兴趣，时常被新概念或者对于未来可能性的展望激发起学习动力。他们甚至时常为一个词语的精确语义而争辩，并寻找机会讨论或辩论来澄清。

在学习过程中，洞察果断型的人需要了解理论和概念背后的逻辑构架。在构建事实和理论之间的联系时，所有收集来的信息都必须经过这个逻辑构架的检验，因此他们往往会质疑信息的可靠性，并努力查证其来源是否可靠。他们把站在行业潮流前沿视为自己能力的重要表现。对于学习，他们认为必须确保自己所学的东西是经过验证的，而他们的老师必须具有卓越的专业能力。一位洞察果断型的人是这样描述他的学习偏好的：

你的职业性格是什么？

"我不喜欢盲目轻信或接受所谓的权威。我喜欢通过直接研究，得出自己的结论。我总是批判性地分析我所看到和听到的事物。"

洞察果断型的人喜欢目标清晰的学习环境，然而，一旦确认了学习目标，他们便会设法影响或控制所处的学习环境。他们颇具条理性，会设定自己的短期和长期学习目标，具有浓厚的学习竞争意识，渴望明确了解怎样做才可以精益求精。在课堂中，他们是关注如何获得高分的一群人。

洞察果断型的人的学习风格

关注你的个人偏好，你便可以更准确地找到让你感到满足的工作类型。下面归纳和总结了洞察果断型的人偏爱的学习方式，你可以看看哪些描述更适合你。

作为一个洞察果断型的人，我偏爱：

- ☐ 需要了解理论和概念背后的逻辑构架
- ☐ 质疑信息本身的准确性，并检查信息来源的可靠性
- ☐ 老师具有卓越的专业能力
- ☐ 对学习环境施加影响和控制
- ☐ 学习如何使用精确的语言和概念
- ☐ 被高度复杂的知识、理念和未来的可能性所激励
- ☐ 寻找机会展开讨论和辩论
- ☐ 浓厚的学习竞争意识

性格偏好与与生俱来的倾向可以作为自我评估的出发点。在阅读这一部分的过程中，一些陈述你可能认可，而另一些陈述你可能不认可。这样的反应是常见的，因为每个人表达自己性格特征的方式都不同。阅读总体信息可以作为决定事业发展方向的出发点。现在，你需要进一步进行自我评估，具体方法就是将这些总体性陈述与自己的个人生活结合起来。下面这些问题可以帮助你将这一部分的内容和自己的具体情况联系起来。在回顾本章内容的过程中不要忘了比照这些问题：

- 这种性格的所有特征是否符合我的真实情况？哪些部分符合？哪些部分不符合？
- 是不是有哪个部分的描述对我来说尤为重要或关键？
- 我可以将哪些信息用于具体实践，从而决定自己的事业发展方向？
- 我应该如何调整自己的事业发展方向？哪些方面应该强化？又有哪些方面应该弱化？
- 在未来工作中，我想将重心放在哪个方面？

在这一过程中，你可能想用各种标注方法着重突出一些部分，或者想在书页

第 5 章　果断型的人：直接与决断

的空白部分写些笔记，或者制作一系列索引卡，或者在笔记本上认真做笔记。不管你采取什么方式完成这项工作，问题的关键在于一定要保证记录的信息可以真实地描述你目前的情况。设想自己的理想工作应该是怎样的，有哪些具体的工作内容，有什么样的工作环境，你在工作中会应用哪些技能，你期盼以怎样的方式领导他人或被他人领导，你希望为团队做出什么样的贡献，你想以什么样的方式不断学习与成长。

同时也思考一下自己目前处于怎样的发展阶段。你现在利用哪些方法来平衡自己的自然工作方式？你是否正在过渡到新的平衡方式中去？一定要记住，每个人的情况都是独一无二的。以果断型和分析型的人为例，这两种类型的人在沟通的时候喜欢就事论事。但是，他们还是会或多或少地通过移情作用和他人建立联系。这两种人如果愿意花费时间和精力，通过学习最终从事人事服务工作，就有可能与在技术领域独立工作的同种类型的人做事方式截然不同。

关键行动

现在，你已经做好准备，将自己的自然偏好和具体情况结合起来了。

描述一下你最想从工作中得到什么。不要单纯地罗列一系列工作，而要将重点放在说明自己的个人偏好上。

_____

_____

现在，你已经认识到了自己的工作偏好，你可以直接阅读对 ESTJ 性格类型的介绍。如果你有兴趣培养基于价值观的决策方式，更应如此。如果你已经准备好通过评估自己的价值观、生活方式和局限来继续完成职业规划的过程，可以直接跳到第 11 章。

第 6 章
贡献型的人：沟通与合作

性格类型：ESFJ 和 ENFJ

作为一名小学老师，我的工作是爱与教学的结合。对我来说，了解我对孩子们的成长产生的重大影响是多么重要的一件事。每天走进教室，我都能感觉到我所做的能影响孩子们的一生。我视自己的工作为极大的荣誉和责任。

——一个贡献型的人

最新研究显示，在美国成年人中，贡献型的人所占比例为 14.8%。他们凡事亲力亲为，全情投入。他们热衷于与人沟通和合作，为他人提供必要的帮助。他们希望能与人分享自己的价值观和感受。出于对了解和支持他人的热爱，他们性格开朗热情，喜欢给予和接受积极正面的反馈，是团队内的中坚分子，由衷地热爱团队合作。他们喜欢把人或者组织协调统一起来，开展不同的活动和项目，营造互动和合作的机会。沟通和合作是贡献型的人最自然的工作方式。

贡献型的人的工作方式

■ 贡献型的人做什么最自然

构建和谐的人际关系

贡献型的人喜欢参与各种能与他人互动的活动，重视和乐于与周围的人对话。对他们来说，讨论和对话是收集、了解和梳理他人感受和意见的最重要信息来源，而这些信息是他们用来协助他人更有效一起工作或满足他人需要的主要工具。贡献型的人善于以一种人性化并且讲求策略的方式与他人沟通，在他们看来，并肩作战与通力协作具有重要意义。他们能在很短的时间内对别人的情绪感同身受。贡献型的人被能够为人服务的工作所吸引，因为这些工作能够提供大量机会让他们与人沟通和帮助别人。他们也非常喜欢和擅长销售、客户服务之类的工作。在需要与他人大量互动或能够直接和人面对面接触的环境中，他

第6章 贡献型的人：沟通与合作

们往往表现活跃。

贡献型的人注重构建和维持良好的人际关系。他们会很自然地关心他人，并希望取悦别人。他们亦会努力维护个人、社区和社会的价值，非常认同和重视自己所担当的社会角色，全心全意为大众服务，为他人提供无微不至的关怀和照顾，并视为自己的责任。下面是一位贡献型的人描述他的客户服务理念：

"我喜欢与客户建立良好的关系。我倾听他们的需要，提供可行的解决方案。根据我的经验，我发现许多服务供应商往往太想销售产品，而忘了花时间弄清楚一个重点，即客户想要什么。"

作为贡献型的人，在规划理想的职业发展路径时，可以应用自己与生俱来的性格倾向给予别人认可、支持与帮助。寻找各种方式肯定自己与他人的成功，与积极向上、乐于助人的人并肩作战。在这样一个鼓励相互肯定与相互支持的环境中工作，你就会可以得心应手地使用自己的自然工作方式了。

诠释自我价值观

贡献型的人为人处世态度主动、果断，具有鲜明的个人风格。他们通过评估和判断所做出的决定对他人的影响及每个决定所附着的人的价值观来做出决定。这种方式虽然看上去随意而感性，但是正如逻辑分析方式般有系统性和可预测性。例如，在路途中他们也许会选择停下来帮助一只受伤的小狗，这样做可能令他们来不及赶赴一个早已安排的约见，而这个决定是出于他善待动物和尊重生命的价值观。如果下一次遇到另一个涉及相同价值观的环境，我们不难预测他会采取相同的行动。

贡献型的人热情友善，时常公开表达自己的情绪。他们渴望维持和谐的社会环境，并因此通常只是表达正面的而非负面的情绪。他们喜欢鼓励别人，及时给予他人赞许和正面的反馈，而他们自己在接受来自他人的正面反馈时也会大受鼓舞，就像别人如果用语言和行动表达对他们的欣赏时，他们同样会表现雀跃。

对男性贡献型的人来说，这种热情和善于表达的性格有时会让他们觉得窘迫，因为传统社会的认知是男性并不善于表达感情。因此，男性贡献型的人必须在满足他人期望和表达自己之间取得一定的平衡，而在面对需要界定与他人互动程度和方式的时候，这对于他们来说无疑是一个挑战。

营造和谐气氛

贡献型的人天性就喜欢营造和维持团队的和谐气氛。他们热衷于与人沟通合

你的职业性格是什么？

作，表达自己对他人的支持、服务或拥护，并积极帮助他人实现目标。他们通常积极乐观，在团队中表现积极活跃，以确保所有组员都能被包容和接受。

不管他们选择什么样的职业，最重要的是讲求相互支持与气氛和谐的工作环境，在这样的环境中，员工的努力被重视、认可和鼓励。对他们而言，自己身处环境的气氛和士气，对工作效率会产生极大的影响。他们希望能够公开表达自己，也渴望得到他人正面的反馈。所谓办公室政治和暗箱操作之类的事情无疑会让他们感觉沮丧，并破坏他们的士气。下面是一位贡献型人的心声：

"对我来说，与我共事的人和我从事的工作一样重要，甚至更加重要。我觉得我无法在冲突不断、缺乏信任或钩心斗角的工作环境中工作。"

动员他人合力完成项目

贡献型的人享受快速决策快速反应的工作环境，这是由他们的果断和以工作为重的性格所决定的，尤其热衷于筹划、组织和协调工作。在需要跟进工作的时候，他们往往表现得勤勤恳恳和坚持不懈。他们喜欢凡事井井有条，明确决定和圆满解决问题时是他们感觉最好的时候。虽然他们善于理解和帮助而不是批评，但如果他人不能在限期内完成期望完成的工作，他们也会表现得极不耐烦。

贡献型的人喜欢参加不同类型的社会组织。他们是天生的组织者，喜欢策划大家共同参与、对大家有益的各种活动。他们还是值得信赖和负责任的同事，会尽可能与他人协调合作完成所交付的工作。下面是一个贡献型的人描述她在团队中扮演的角色：

"我尽可能让每个人开心，使团队中每个人朝着同一个方向努力。我花了很多精力去调解冲突，确保所有人都步伐一致地去工作。"

为了获得职业满足感，贡献型的人要千方百计地与他人通力协作。作为贡献型的人，你应该最大限度地投入到自己所扮演的社区志愿者、家庭成员、导师、教师、领导者或学习者的身份中去，培养自己的工作关系，创建一个四通八达的人际关系网。

对于贡献型的人来说，时间管理与工作管理是得心应手的事情。想办法利用自己有条不紊的做事方法来规划自己的职业。规划、协调、组织与安排等工作都可以让你发挥自己的自然倾向。你会发现，如果自己参与的项目需要有人做好组织工作才能达到成果，你就会自然而然地全力以赴。对于贡献型的人来说，自然的方式同时结合了对结果的关注及对人的关怀，这样的组合无懈可击。贡献型的人在竭尽全力地完成任务的同时，总是能够最大限度地激发他人的潜力。

第6章 贡献型的人：沟通与合作

奉献社会

贡献型的人常通过自己的工作和扮演的社会角色来界定自己，即在工作或社会活动中是否符合社会期望来评估自我，不管这个角色是父母、社区成员、工作人员，还是配偶，同时这也是他们评价他人的标准。他们经常积极参与社会服务，下面是一个贡献型的人分享她参与社区环保组织的经历：

"我非常关注环境问题，于是我把自己大部分时间都花在改善城市环境的工作上。有时候，如果我没有通过再次清洁来循环利用某些罐子，或者我不小心使用了一个一次性的杯子，我都会有一种罪恶感。我对自己要求甚高。"

贡献型的人渴望追求理想，忠诚而乐于奉献。他们时刻关注和促进和谐的社交关系，而这有时会让他们不堪重负。例如，有时他们觉得如果自己没有照顾好应该照顾的人或事、参加应该参加的活动、承担额外的责任，甚至没有记住别人的生日，或许会让其他人失望。他们凡事都会首先考虑别人的需要，这无疑会给自己带来很大压力。面对这种完全因为自己的问题造成的困境，他们还是不愿表达自己的不满，目的就是避免伤害任何人的感情。

贡献型的人的自然工作方式

贡献型的人在运用自然工作方式时具有最好的表现。了解你的不同偏好，你就可以更准确地评估什么样的工作方式才会让自己获得满足感。下面归纳和总结了贡献型的人的性格特点和工作偏好，你可以看看哪些描述更适合你。

作为一个贡献型的人，我在下列方面表现最好：

- ☐ 沟通和互动
- ☐ 计划和组织工作
- ☐ 协调不同团队的人
- ☐ 帮助其他人更加有效合作
- ☐ 承担帮助他人的责任
- ☐ 积极参与培育组织与团队
- ☐ 在与自己价值观一致的领域工作
- ☐ 让别人看到自己是负责而可靠的人
- ☐ 收到正面的反馈和鼓励
- ☐ 为社会广大群众的利益而工作
- ☐ 创造一个和谐的工作环境
- ☐ 秉持乐于合作的态度与他人通力协作
- ☐ 建立相互信任
- ☐ 建立人际关系
- ☐ 公开表达自己的感情和价值观
- ☐ 服务、支持、协助和指导他人
- ☐ 自己的努力得到别人的重视
- ☐ 给予他人正面的反馈和鼓励
- ☐ 跟进并完成工作
- ☐ 让团队中的每个个体都可以发挥自己的优势从而大展拳脚

最理想的工作方式

回顾对贡献型的人的工作方式的总结，摘出最能描述你工作方式的要点并填写在下面的空白处，这样有助于明确你自己想要在工作中从事什么样的具体活动，以及什么样的工作方式才是最能与你契合的。当然你也可以将上面没有提及的要点补充在下面。

对我而言，最重要的工作偏好是：
_____
_____

贡献型的人如何缓解工作压力

通过前面的描述，你已经确定了自己的性格类型是如何与自己偏好的工作活动与工作风格联系起来的。考虑一下什么样的工作内容和工作环境会让贡献型的人感到压力或者会觉得不适合自己。每个人都会在某段时间内从事自己并不喜欢的工作，但是如果需要长时间从事自己没有兴趣的工作，就可能造成工作压力或不满情绪。

本部分着重指出对于贡献型的人来说存在哪些工作压力。在阅读的过程中，考虑自己目前的工作是否包含了书中所描述的活动。如果答案是肯定的，你或许需要考虑一下，是否需要通过某种方式来改变自己的某些工作内容，或者采取什么办法来最大限度地缓解自己的压力。了解工作中最可能让自己产生压力的要素，会帮助你明确哪些工作不适合自己，从而在实际抉择的过程中绕开这些工作。

对贡献型的人来说，对于成员所做出的贡献视而不见的工作环境，会让他们感到压力重重。竞争激烈、办公室政治和过度任务导向的环境会让贡献型的人觉得员工不被重视。面对这样的状况，贡献型的人无法发挥自己与人协作和充满人文关怀的工作方式，而不能如鱼得水地工作。贡献型人如果在这种环境中工作，需要想方设法地接触和结交那些同样看重协作的人。但是，如果公司推崇的工作方式与你的核心价值观格格不入，你可能就需要考虑换工作了。

贡献型的人会因为正面的反馈与鼓励而迸发能量。另外，他们对于那些对人的因素漠不关心，而反馈也主要是以批评为主的工作环境有一种与生俱来的抵触情绪。虽然贡献型的人通常可以游刃有余地处理好人际关系，也愿意主动了解形形色色的观点，但面对冲突与对立，他们还是会觉得有些喘不过气来，在还没有找到解决办法的情况下更是如此。在这种情况下，强调相互尊重和双赢的冲突解决过程对于存在异议的谈判很有帮助。

面对改变，贡献型的人想要确认，所有改革都要时刻将相关人员的需要放在心里。如果贡献型的人所在的工作环境在推进组织改革的过程中过分强调财务上的收益和逻辑依据，他们就想反对该项变革。贡献型的人想要听到的是在推进改革的过程中，会如何照顾与满足相关人员的需求。但是，为了保证受到影响的人的需求得到全面维护，他们可能因此很疲惫。有些时候，贡献型的人需要采取更为包容的方式，并且认识到从逻辑出发的决策并不就意味着对人的伤害。

针对贡献型的人的职业和人生发展策略

本部分向贡献型的人展示了一生中应该如何从事业中获得最大收获，不仅描述了有可能改善事业规划的两方面，同时也提供了一些实际的建议，帮助读者更为高效地规划自己的职业。另外，本部分还讨论了第三个更为私人化的方面。从这三个亟待发展的方面综合出发，讨论可用来推动个人事业及生活的发展、个人满足感的一般性策略。

■ 决策时注重逻辑性

贡献型的人所具备的一个优点就是他们在制定决策的过程中会考虑个体的需求与情况。但是，在决策时，还需要从逻辑的角度出发，考量你的决策会带来的影响与产生的结果，这一点对规划自己的职业路径很重要。信心满满地采用带有个人偏好的方式衡量所有的可选方案，在此基础上确定你的决定对自己及自己家人的重要性。在利用这种方式的同时，还要从客观的角度出发，通过进一步的逻辑分析明确决策会带来的影响与后果。

贡献型的人是天生的行动派，总是迫不及待地将工作画上句号。雷厉风行的决策方式可能给他们带来困难，尤其可能单纯地从价值观角度做出决定。如果你在决定事业方向的过程中在照顾自己高涨的热情同时还能够兼顾客观因素，就会做出更好的决定。贡献型的人借助逻辑分析可以避免之后发生后悔的状况。一个贡献型的人讲述了自己的经历：

"我曾经只是因为人际关系上的冲突就义无反顾地辞掉了一份工作，这样的决定只有一个结果，就是实实在在地伤害了自己。如果有机会可以重来，我肯定会以一种截然不同的方式处理这件事情。"

这种在情感与客观考量之间的平衡至关重要，如果要做的决定与情感相关，或者在情感充沛的时刻发生的，这种平衡的意义更加重要。从主观角度出发做出的仓促决定，可能只关注了价值观与个人影响。但是，无论是从短期还是长期来看，所做的决策都可能产生重大的情感、实践和逻辑结果。

关于决策时注重逻辑性的建议

- 决策过程中，要停下脚步认真思考各种备选方案的优劣。将这些详细地罗列出来，然后以客观的眼光逐条审视。
- 仔细思考决策中每种可能的解决方案或备选方案，直到通过逻辑分析得出结论。重视自己的决定会带来的长期与短期影响和后果。
- 保证自己在决策过程中所考虑的备选方案不仅照顾自己的情感，同时合情合理。
- 设想向一个会从逻辑角度处理问题的人解释自己的决定。想象一下对方会提出什么问题，而你又会给出怎样的答案。
- 如果你当时过于情绪化，或者心情沮丧，不妨推迟做出决定。抽出时间从逻辑角度出发，思考和分析自己当下的感受。

■ 满足自己的需要

贡献型的人总是忙于满足每个人的需要，反而忽略自己的需要。帮助别人，被别人所需要，会让他们得到莫大的满足感。但是，这种帮助他人的行为有些时候会让贡献型的人失去平衡，会让他们过度承诺，让自己很累。如果你属于贡献型的人，可能发现自己因为要平衡不同的身份与责任而陷入冲突中。在这种情况下，停下脚步思考自己的需求，思考是否在忙于助人的同时忽略了自己。

贡献型的人是行动派，而不是思想者。如果你是贡献型的人，不管目前处于什么发展阶段，面临的是什么状况，你都会发现，抽出时间沉淀自己积累的经验会让自己受益。在反思的过程中，考虑一下自己的行为是否满足了自己的需要。

贡献型的人通常想要成为模范工作者、模范配偶、模范父母、模范社区成员。在一天结束的时候，几乎没有任何时间来考虑自己的个人需求。一个贡献型的人讲述了在自己的两个孩子已经足够大，可以短时间独自待在家里时，她重回工作岗位的疲惫状态：

"刚开始的时候，我感觉疲惫不堪。我当时还是将在回来工作之前在家承担的所有工作都担在自己身上，与此同时还要兼顾工作。我在家里除了需要做家务之外，还要做饭、指导孩子做作业，还要送儿子去很多安排好的活动，如马球和童子军活动等。另外，我还参与了很多筹集善款和其他志愿活动。我想要扮演好所有角色，觉得自己对每个人都负有责任。"

即使几年之后的现在，如果她的小孩在学校或社会上遇到了麻烦，她还是会觉得自己应该通过更大的努力来帮助小孩。这种多重的使命感与责任感对贡献型的人很常见。一个贡献型的人描述了自己中年之后的发展历程：

"最近，我喜欢上了在家里或在单位说'不'。这会降低我因为分身乏术而在时间和精力上不堪重负的可能性。"

作为贡献型的人，在关注人的因素的同时，也要注重结果。对你来说，放松自己可能并不是一件容易的事情。你喜欢先完成工作、满足他人的需要，再去玩，也许，你需要为自己安排一些娱乐时间。

关于满足自己需要的建议

- 记住，你在答应某件事的同时，你就无可避免地要拒绝另一件事。如果别人要求你参与到某个项目中去，你要停下来认真思考一下，这个项目会对你的其他职责和时间安排产生影响吗？深思熟虑之前不要忙着答应对方。
- 不要过度承诺，放弃一些没有回报的责任。关注真正重要的事情，而不是认为自己有责任满足其他人所有的期待。
- 留出时间照顾自己，实现自己的个人发展。记住，如果你不快乐、不健康、精力不充沛，你就没有能力帮助别人。
- 思考一下自己是否已经将太多的责任都揽到自己身上，是不是负责太多对自己的兴趣、价值观或需要不重要的活动与项目。

■ 接受建设性反馈

贡献型的人常常会觉得，倾听建设性的反馈并且加以采纳是件艰难的事情，因此会错过很多实现个人成长与改善的机会。从某种程度上来讲，这是因为他们无论是在给出反馈还是接受来自别人的反馈时，总会掺杂个人情绪。他们天生就喜欢肯定、支持别人，因此通常会以循循善诱的方式给出建设性的反馈意见，全面地照顾别人的情绪。他们通常会欲抑先扬，首先用积极的反馈进行铺垫，然后再加上有关如何改善的建议。他们总是小心翼翼地避免以偏概全，从而避免伤害别人的情感或自尊。贡献型的人看重反馈中兼顾肯定性与建设性的做法，同时也希望别人按照相同的方式给出反馈。

但是，在给予反馈时，并不是所有人都会和贡献型的人有相同的做法。很多

你的职业性格是什么？

人都喜欢开门见山的表达方式，喜欢一针见血地指出有待提升与改善的方面，同时给出直言不讳的批判性分析。但是当贡献型的人接收这种反馈的时候，就会觉得感情上受到伤害，会觉得对方是对人不对事的人身攻击。他们也会认为，给出反馈意见的人讨厌自己，或者对自己不够尊重。如果他们原本就已经有压力，缺乏信心，就更可能以敏感的态度面对别人给出的反馈。一个贡献型的人这样阐述自己的心声：

"我知道我面对所有事情似乎都会掺杂个人情绪。因为我总是百分之百地投入到工作中去，所以即使别人小心谨慎地指出我的不足之处，我还是会觉得自己没有受到足够的重视和尊重。我总是毫无保留地全力以赴，我需要别人对我的认可。"

贡献型的人可能将开诚布公的建设性反馈解读为对他们工作表现的全面否定。他们在工作中全力以赴，想要在自己的岗位上做到出类拔萃。如果他们觉得其他人对自己的所作所为并不认可或并不满意，他们就会觉得被伤害。不被关心或没有反馈同样会被他们视为负面的信息，他们就是无法从不带任何感情色彩的角度出发看待这个问题。一个贡献型的人这样描述自己对于反馈的渴求：

"我喜欢收到我称为'情书'的东西，也就是一些对我的努力和贡献表示认可和赏识的书信。给予与获得认可对我实现工作满足感至关重要。有些时候，我会觉得自己的个性似乎有些贪得无厌。我花了很长时间才明白，对于外部认可的渴望是我与生俱来的个性组成部分。"

作为贡献型的人，学会有所保留地对待批评反馈是至关重要的。好好考虑一下，如果需要的话适当改变自己的做法。注意不要将批判性的反馈当作针对你本人的攻击与批评。

关于接受建设性反馈的建议

- 不断提醒自己，要将针对你具体行为的建设性反馈与针对你个人的攻击或对你表现的全面否定区别来看。不妨将"人非圣贤，孰能无过"作为自己奉行的新箴言。
- 在开始觉得别人在批评自己的时候，提醒自己并不是所有人的沟通方式都建立在认可与沟通的基础上。不妨坦然接受更为直接和强调逻辑分析的方式，将它们视为个人风格上的差异。面对自己听到的反馈不要总是追根问底，这样可以最大限度地降低自己误会他人的可能性。让给出反馈的人具体说明他们的意思，也可以让对方给出些例子。

第 6 章　贡献型的人：沟通与合作

- 寻求更多的积极反馈。在认可负面反馈的同时，可以询问对方自己是否在有些方面的表现还不错。有些你做得不错的地方，对方可能原本觉得没有什么提起的必要，当在你的要求下坦诚表达的时候，他所给出的积极反馈可能让你惊喜。
- 如果你在某段时间发现自己看待事情时掺杂的个人情绪过于强烈，可能是因为压力太大，或者当下的局面让你觉得有些不对劲。尝试着将造成自己压力的原因孤立出来看待，从而减小压力。或者，也可以隔开一定的距离审视眼前的局面，看看哪些方面发生了变化。

关键行动

对你来说，将逻辑性融入决策过程中，满足自己的需要，接受建设性反馈，这些事情是否具有挑战性？如果你的答案是肯定的，那么本节探讨的哪个策略是有帮助的并值得一试？

_____

_____

贡献型的人的职业平衡

贡献型的人以个人化和主观的决策方式对待周围的事物。凭借主观印象并以价值观为基础做出决定和采取行动，是他们感觉最为自然的方式。但是为了追求更高的效率，他们需要有效地吸收新信息来平衡他们的决断个性。他们收集的信息会保证做出的决定建立在事实基础上。

一般来说，贡献型的人在吸收信息时通常采用两种方式：关注现实细节，展望未来可能的发展模式。在性格类型理论中，这两种方式分别被称为实感（S）和直觉（N）。虽然每个人在接收信息的过程中会时不时地综合采用两种方式，但总会倾向于其中的一种方式。你可以参照本书第 2 章中的描述找出哪种方式是你感到更自然的方式。

语义上的"实感"和"直觉"这两个词有很多含义，并不仅仅与吸收信息有关，所以为了避免歧义，在本书中，我们将通过实感来获取信息的贡献型人称为务实贡献型（ESFJ），而把通过直觉来获取信息的贡献型人称为洞察贡献型（ENFJ）。

你的职业性格是什么？

务实贡献型的人在行动和做决定时会借助对眼前事实、细节和实际应用的充分考量。他们喜欢能够提供机会表达自己价值的工作，以直接和具体的方式与人合作共事。随着时间的推移，通常在他们人生的后半程，务实贡献型的人会融合或结合更多的事实信息，从更为全面的概念角度出发理解某个问题。

而洞察贡献型的人大多数会很自然地用宏观模式和未来可能性去组织和消化信息，并以此来平衡他们的决断风格。在职业生涯早期，他们尤其关注如何寻找途径去策划、改变和制定具有长远影响的管理体系、人员架构及流程。但是随着不断成长，他们更为关注事实，将注意力放在实际应用上。

这两种类型的人关注的重点不同，但两种贡献型的人在决策时都能获得更多信息的补充。在生命的过程中，他们会不断运用和融合这两种方式来获取信息以提升自己的决策能力。随着时间的流逝，他们的决策方式会更加灵活，对于不同信息的包容度和吸收度也会大大增强。同时，这两种方式都会帮助他们提升能力，包括创新理念，对事实和细节的理解，职业生涯规划的科学性等。对于他们来说，验证创意的可行性及确认事实和模式之间的平衡是职业发展的关键步骤。

本章的剩余内容大致分为两部分——第一部分是为 ESFJ 型的人量身定制的，第二部分针对的则是 ENFJ 型的人。你可能发现，先阅读对自己来说最自然的平衡方式很有帮助。之后，你可以阅读另一种平衡方式，这样就知道随着自己不断成长和成熟，未来有什么等着自己。如果你已经人到中年，你可能对两部分都有兴趣，因为在人生的这个阶段，你可能已经有足够的动力来培养自己并不偏好的决策方式。

你如何寻找平衡？

☐ 我更像 ESFJ	☐ 我更像 ENFJ
我是务实贡献型的人。首先我会通过对事实和细节的关注来平衡我的决断风格。当我日趋成熟时，我会学习在做决定时更加关注新信息的宏观模式和未来可能性来进一步平衡。	我是洞察贡献型的人，首先我会通过对理念及未来可能性的关注来平衡我的决断风格。当我日趋成熟时，我会学习在做决定时更加关注细节和事实来进一步平衡。

ESFJ：务实贡献型的人的工作方式

"众人拾柴火焰高。"

第6章 贡献型的人：沟通与合作

研究显示，在美国成年人中，务实贡献型的人（ESFJ）所占比例大约为12.3%。他们是关注当下的一群人，具有准确地观察和评估形势的能力，热衷于及时为他人需要提供帮助。他们尤其喜欢务实而直接地为人服务，能够迅速轻易地与人建立关系。

务实贡献型的人关注细节，甚至会记住别人日常生活中的一些细节：询问朋友孩子的病情，记得朋友的生日，准备适合朋友口味的晚餐邀请其做客，很快发现你刚剪了头发、穿上了新衣服或身材变瘦了等。务实贡献型的人面对各种状况总会从自然而然充满人文关怀同时又讲求实际的角度出发。洞察贡献型的人在步入中年后，也会发现这种对细节的关注正是他们提升和成长的方向。

■ 务实贡献型的人做什么最自然

为他人的成就而高兴

务实贡献型的人对所谓的社会规范、习惯和传统相当重视，这也是他们用来理解世界的依据。基于这种特征，他们的决定常基于已被众人接受的行为和社会责任。对他们来说，恪守规则和传统非常重要。他们尤其喜欢看见别人取得成就，并由衷地为此感到高兴。

下面是一位作为管理人员的务实贡献型的人描述他在近期完成的一个密集培训课程中的感悟：

"在完成日常工作的同时，我完成了我的学习。这次培训课程为期18个月，我付出了很大的努力。有一天，我收到了这次课程的证书，没有任何仪式，也没有公开的庆祝活动。我不喜欢这种无声无息，感到非常沮丧，我希望我的努力得到认可。后来，我的某名员工完成同样的过程，我要求校方把证书寄给我，然后我在开会的时候在众多同事面前把证书颁给他。通过表扬和肯定为别人庆祝对我来说很重要。"

忠诚度和责任感对务实贡献型的人来说也很重要。他们会尽职尽责地努力为公司工作，因此如果公司对他们有不公平的待遇，他们会有一种被出卖的感觉。不确定或者模棱两可的状况所带来的难以准确预测未来可能发生的事情，也会给他们的工作带来一定的压力。另外，公司的快速变革和不近人情的管理风格也会给务实贡献型的人造成一定的困扰。

实际的工作环境也是影响务实贡献型的人的一个因素。他们喜欢舒适和具有吸引力的工作环境。如果想要表达对他们的欣赏和认可，有形的物品或许更为恰当，如感谢卡或小礼物，因为他们可以将这些物品展示出来给其他人看。

服务社会

务实贡献型的人往往担当多个社会角色，活跃于很多社团中。他们喜欢提供及时有用的贡献，经常参与志愿工作，承担社会责任。下面是一位务实贡献型的人的说法：

"我喜欢参与社区工作，因为我觉得奉献是一种义务。同时我在参加这些活动时，也能得到很大的满足感。我喜欢接触社会，也喜欢得到他人的肯定。对一些我认为重要的事情能够做出自己的贡献，那种感觉真是太好了。"

对社会事务的关注使务实贡献型的人被保健、教育等社会服务性工作深深吸引。他们很自然地喜欢那些能在短期内有效为他人提供实际帮助的工作。从事这些工作时，他们精力充沛，用实际具体的行动来使他人受益。

通常，务实贡献型的人渴望从事那些被传统所接受和认可的职业，或者某个社会成功人士作为榜样和示范的领域内的职业。如果对于某个职业发展方向一无所知或觉得这种职业并不是让人们佩服的职业，他们就会表现出犹豫不定的态度。但是让人觉得有些讽刺的是，虽然务实贡献型的人煞费苦心地捍卫广为接受的社会价值观并且在这一过程中身体力行，他们往往对自己的个人价值观体系缺乏足够的认识与坚持。务实贡献型的人必须学会在规划职业的过程中将社会期望和团体规范与自己的个人偏好区分开来。

一旦认识到两者之间的不同，他们就能够更好地接受自己的天性特征并且在此基础上有所发展，而不是按照别人的期望来塑造自我。这样做同时也可以让他们采取更加宽容的态度接受别人，更乐于承担风险。

乐于助人

务实贡献型的人总是处于忙碌的状态，他们将自己的时间安排得满满当当，游走在不同的角色之间，在一周时间内可以解决许多实际问题。务实贡献型的人在工作中通常充满责任心，值得信赖。他们喜欢把事情安排得井井有条，然后按部就班地实践自己的安排。一般来说，务实贡献型的人面对例行制度、结构、时间表反而会觉得很舒服。

务实贡献型的人总是平易近人，让人如沐春风。对于别人的需求，他们总是能够洞察入微，甚至感同身受。他们可能喜欢销售实用产品的工作，希望借此以直接的方式帮助别人排忧解难。他们对于各种事实了如指掌，总是热衷于帮助或取悦自己的顾客，因此可能喜欢客户服务工作。务实贡献型的人非常看重在工作中与他人交谈与互动的机会。

他们有很好的人际关系网络，总是向别人伸出援手。但是，他们越是不遗余力地帮助他人，就越是忽略审视自己，去了解、接受、满足自己的个人需求。如果他们的个人需求与价值观与社会主流价值观不一致，他们就更不能很好地考虑自己的个人需求。学会考虑自己的个人需求，在此基础上兼顾别人的需要，对于务实贡献型的人来说是重要的一课。

制订计划

务实贡献型的人喜欢按部就班的工作方法。严谨的架构和流程能够让他们更有效率地完成工作。他们喜欢处理精确的细节，完成具体任务而不是抽象的工作，擅长观察和了解别人的需要。

务实贡献型的人喜欢稳定和可控的工作环境，而非变幻莫测或充满挑战的工作环境。他们重视和遵守规则及流程，希望工作期望、方向和任务都是清晰的，并列出具体期限。在这些条件都具备的情况下，他们便可达到，甚至超越别人的期望。如果能制定可行的时间表，他们工作便能得心应手，而模棱两可的状况和不清晰的指令只会让他们感到沮丧，因为这些会阻碍他们完成工作的进度。下面是一位务实贡献型的人描述他如何被办公室政治所激怒的情形：

"我不喜欢在组织中说服他人接受我的方案。和实际做事相比，花时间说服别人接受我的想法对我来说就是浪费宝贵时间。"

务实贡献型的人以任务为中心，处事果断。因此，他们喜欢能够提供机会让他们高效完成工作的机构。他们喜欢与勤奋可靠的人一起协作完成工作。对于行政、监督或教练方面的工作具有浓厚的兴趣，因为这些工作能够让他们发挥其自然偏好，也因为这些工作注重条理和结果。

务实贡献型的人的理想工作环境

关注你的个人偏好，你便可以更准确地找到让你感到满足的工作类型。下面归纳和总结了务实贡献型的人的理想工作环境，你可以看看哪些描述更适合你。

作为一个务实贡献型的人，我偏爱下列工作环境：

- ☐ 气氛融洽，大家互相欣赏
- ☐ 有机会用实际的方式帮助他人
- ☐ 积极正面的反馈
- ☐ 团队合作
- ☐ 有与人接触的机会
- ☐ 稳定、架构清晰和可控的工作环境

你的职业性格是什么？

☐ 有机会可以实现立竿见影的结果　　☐ 工作空间让人觉得轻松愉悦
☐ 看重团队需求与价值观

■ 务实贡献型的人感兴趣的工作

以下是务实贡献型的人可能感兴趣的工作。这份清单是参照数据进行归纳的，数据显示，务实贡献型的人从事下述这些行业的概率高于其他行业。

在这份职业清单中，我们使用了 5 个总结性标题，按照 O*NET 网站提供的信息，这些类型的工作对于务实贡献型的人来说充满了吸引力。O*NET 是一个庞大的互动性数据库，专门提供职业相关信息，用于探讨与研究职业选择。O*NET 内部对工作类型进行了划分，划分依据不仅考虑了工作本身的内容，还涉及完成该项工作所需的技能、需要接受的教育或培训。你可以在 O*NET 的网站上浏览所罗列的职业或工作类型。在这个网站上，你会发现关于职业的广泛信息。第六个标题"其他"提供了一些职业的样本，涵盖了 O*NET 网站分类系统所划分出的其他工作类型，这些工作同样可以吸引务实贡献型的人。

解读职业信息的要点

每种职业都借助编号提供了一些信息，帮助你更好地评估这份职业是否适合自己。

🍃=绿色职业　与降低化石燃料的使用、减轻污染、提高能源效率及提升可再生能源的使用息息相关。

✲=前景光明的职业　从经济意义上来看十分重要的行业，这些行业有可能实现长期增长，或正因为技术与创新而发生翻天覆地的变化。

工作区域　数字编码（1~5），总结了想要进入这个行业需要进行的准备（如教育、培训或经验传授）。1~5 代表所需要进行的准备由少到多。

职业趣味性　字母编码（R、I、A、S、E、C 的组合），体现了这一职业的趣味性情况。这些结论是与荷兰的趣味性模型及工作环境一致的。

教育、培训与图书馆

小学教师✲4SAC　　　　　　　　农场与家庭管理顾问🍃5SRE
幼儿园教师✲4SA　　　　　　　中学教师✲4SA
护理教师，高校教师 5SI　　　　高中教师✲4SAE
中学特殊教育教师✲4SA　　　　学前、幼儿园与小学特殊教育

第6章 贡献型的人：沟通与合作

高中特殊教育教师 ✹4SI　　　　　　教师 ✹4SA

医疗保健与技术

脊椎治疗师 ✹5SIR　　　　　　口腔卫生工作者 ✹3SRC
护理工作人员 5SIR　　　　　　眼剂配药师 ✹3ECR
验光师 5SIR　　　　　　　　　发音治疗师 ✹5SIA

医疗支持

牙医助理 ✹3CRS　　　　　　　家庭健康护理 ✹2SR
按摩理疗师 ✹3SR

办公室与行政支持

簿记、会计与审计职员 ✹3CE　　法院书记员 2CER
政府项目资格审查员 3SCE　　　支持性工作者的一线辅导者
医学秘书 ✹2CS　　　　　　　　　或经理 ✹3ECS
办公设备操作员 2RC　　　　　　新开账户办事员 2CES
出纳员 ✹2CE　　　　　　　　　前台与问事员 ✹2CES

个人护理和服务

儿童护理工作人员 ✹2SA　　　　健身教练与健身操讲师 ✹3SRE
空乘人员 ✹2ESC　　　　　　　理发师、发型师与化妆师 3AES
娱乐设施工作人员 ✹4SEA　　　讲解员 ✹3SE
导游 3EC

其他

下面的清单涵盖了可能吸引务实贡献型的人的其他工作类型。

广告与促销经理 ✹4EAC　　　　房地产估价师 ✹4ECR
校车司机 ✹2RC　　　　　　　神职人员 5SEA
教练与指导 5SRE　　　　　　　食品制作与服务人员 ✹1CRE
建筑工人 ✹1RC　　　　　　　惩教人员与狱警 3REC
法院书记官 3CE　　　　　　　餐厅服务人员与酒保助手 ✹1RCS
宗教活动与教育承办人 4ESC　　丧葬承办人 3ESC
餐厅、大堂与咖啡店服务生 ✹1ES　人力资源经理 4ESC
口译与笔译人员 4AS　　　　　法律职员 4CIE

137

你的职业性格是什么？

贷款顾问 4ESC
苗圃与温室管理人员 3ERC
旅行社代理人 3EC

商品陈列人员与橱窗装饰
人员 ※2AER
宗教工作人员 3SEC

务实贡献型的人的技能强项和关注的能力

关注你的个人偏好，你便可以更准确地找到让你感到满足的工作类型。下面归纳和总结了务实贡献型的人的技能强项和关注的能力，你可以看看哪些描述更适合你。

作为一个务实贡献型的人，我具有以下技能强项并关注如下能力的提升：

☐ 沟通能力 ☐ 合作能力
☐ 对细节和事实的观察能力 ☐ 协调能力
☐ 时间和项目管理的能力 ☐ 组织能力
☐ 遵守流程的能力 ☐ 通过合作达到目标的能力
☐ 帮助他人的能力 ☐ 服务他人的能力

■ 作为领导者的务实贡献型

务实贡献型的人在担任领导者时有着独特的优势。他们有着自然的领导方式，但是在做下属时，却喜欢被他人以独特的方式领导。

尊重权威

务实贡献型的人尊重和跟随被传统接纳的层级式的组织结构，热衷于维持现状，尊重权威，同时希望别人也这样。作为领导，他们善于界定和委派工作，会花时间去研究如何知人善用。他们也非常重视完成任务的时间表和期限，并为下属提供清楚具体的指导。他们是以身作则的领导者，不会强迫任何人去做连他们自己也不想做的事情。

营造和保持和谐气氛

和谐对务实贡献型的领导来说极为重要。他们会努力确保每个人做适合自己的工作，并和他们并肩作战。他们的这种努力来自其天性，即了解如何为他人提供帮助，以及维护组织的传统和习惯的能力，如制定奖励机制和举行庆祝活动等。

为他人提供支持

务实贡献型的领导者风格非常个人化，同时尽心尽力为大家提供支持。例如，他们不吝于与别人共享信息，时刻留意项目进度等。他们尤其关注一起共事的人的需要，总是第一个对别人取得的成绩表示认可并由衷为对方高兴的人。但在需要尽快出成果的情况下，他们也会根据既定的标准而不是某个人的需要做出客观的符合全局利益的决定。

而有些务实贡献型的领导者也许不应该只是局限于社会普遍接受的标准，而更应该学习倾听和理解个人真正的需要，尽管这些需要往往有别于一般社会规范。在涉及性别问题的情形下，上述情况尤其明显。务实贡献型的人倾向于根据传统男性和女性所扮演的角色，来做出决定，而并不在意实际的具体情况。然而，当他们一旦接受了某种非传统角色的身份后，他们也会成为优秀的领导者。

认真完成工作

作为领导者，务实贡献型的人通常表现沉稳，富有责任感，感觉非常可靠。他们会尽职尽责地跟进工作，尽力在规定的时间内完成工作。他们理所当然地认为其他人都会和他们一样以工作为重，因此当发现事实并非如此时，他们或许会感到惊讶和失望。为了补救他人的失误或拖延，他们通常会自己接过他人没有完成的工作，虽然这样做会令自己承受巨大压力，但是无论如何他们也不愿将期限推迟。

至于其他人对其下属员工表现的反馈，务实贡献型的人经常会将之归结到自己身上，有时甚至把他人对其下属的批评看作对他的领导能力的一种质疑。对他们，学习如何置身事外进行客观评估有时也是一种挑战。

作为领导者的务实贡献型

关注你的个人偏好，你便可以更准确地找到让你感到满足的工作类型。下面归纳和总结了务实贡献型的人所偏好的领导风格，你可以看看哪些描述更适合你。

作为一个务实贡献型的领导者，我喜欢：

- ☐ 尊重权威
- ☐ 乐于分享信息或数据
- ☐ 密切关注项目进度
- ☐ 为取得的成绩感到由衷的高兴
- ☐ 为下属提供清楚具体的指导
- ☐ 营造和保持和谐气氛
- ☐ 亲力亲为，为他人提供必要支持
- ☐ 以身作则
- ☐ 知人善用
- ☐ 高度关注项目时间表和工作期限
- ☐ 维持现状

■ 作为团队成员的务实贡献型

作为团队的一员，务实贡献型的人希望团队里的每个人都能融入团队，获得良好的团队感觉，因为他们天生就愿意为他人提供鼓励和支持。利用出色的沟通技巧，他们会帮助团队成员和谐共处，赢取共识。他们享受团队中的互动合作。而作为团队成员，他们运用积极的态度和组织能力去协助团队完成工作。他们的存在会为团队带来平衡，因为他们具备任务导向和讲求实际的工作方法，有利于工作的完成。另外，他们还会采取从价值观出发的方法，努力营造一个洋溢着正面气氛的工作环境，肯定所有团队成员做出的努力。具备这两大特点使他们可以得心应手地让团队中的冲突烟消云散，推动团队朝着目标前进。

但是务实贡献型的人在解决冲突的过程中，或许会感觉比较挣扎，尤其是当团队成员有着强烈不同意见的时候，他们总是希望能够尽快平息争端或避免冲突，而不管是否真正解决争端或冲突。

当别人不能达到自己的期望时，务实贡献型的人会感觉沮丧。如果能够学会客观理解和接受他人的价值观、工作方式，对他们来说无疑是大有益处的。例如，有些人只有在接近期限时才能更好地激发创作动力并高质完成工作；另外有些人只是关注眼前，喜欢在工作时不时停下来休息一下。这些人并不是藐视传统的工作模式，而只是他们的自然工作方式，对于他们自己最适用。接受这些个体之间的差异，无疑能够极大地帮助务实贡献型的人学习如何与不同类型的人更有效地合作共事。

作为团队成员的务实贡献型

关注你的个人偏好，你便可以更准确地找出让你感到满足的工作类型。下面归纳和总结了务实贡献型的人所偏爱的团队工作方式，你可以看看哪些描述更适合你。

作为一个务实贡献型的团队成员，我偏爱：

- ☐ 希望每个成员都能融入团队，获得良好的团队感觉
- ☐ 帮助、支持与鼓励他人
- ☐ 协助解决团队成员之间的冲突
- ☐ 尊重积极向上、绩效优秀的团队
- ☐ 组织与调动资源，从而达成结果
- ☐ 协助团队成员和谐共处，赢取共识
- ☐ 享受互动合作的感觉
- ☐ 促使团队朝共同目标迈进

第6章 贡献型的人：沟通与合作

■ **务实贡献型的人的学习风格**

务实贡献型的人在所谓的正规课堂教学的环境中表现良好，但学习的信息必须是有用的。真实的案例、个人经验和来自现实世界的范例都有助于他们对学习内容的理解。他们擅长时间管理和任务管理，能够在期限内达到学习目标。在系统化和稳定的学习环境中能获得很好的成绩。

在学习过程中，对务实贡献型的人提出明确的方向和期望十分重要，支持、鼓励和积极的氛围对他们来说同样重要。他们希望有人监督自己的学习进展。记忆力和对细节的关注是他们在学习中的强项，而他们通常都是努力学习和坚持不懈的好学生。

务实贡献型的人的学习风格

关注你的个人偏好，你便可以更准确地找到让你感到满足的工作类型。下面归纳和总结了务实贡献型的人所偏好的学习风格，你可以看看哪些描述更适合你。

作为一个务实贡献型的人，我偏爱：
- ☐ 喜欢有用的能够实际运用的知识
- ☐ 借助个人经验和真实案例的辅助
- ☐ 善于管理好学习时间和学习任务
- ☐ 系统化和稳定的学习环境
- ☐ 发挥记忆力和关注细节的能力
- ☐ 需要明确的方向和期望
- ☐ 在相互支持和鼓励的积极气氛里具有很好的表现
- ☐ 在设定的期限内完成设定的学习目标

性格偏好与与生俱来的倾向可以作为自我评估的出发点。在阅读这一部分的过程中，一些陈述你可能认同，而另一些陈述你可能不认同。这样的反应是常见的，因为每个人表达自己性格特征的方式都不同。阅读总体信息可以作为决定事业发展方向的出发点。现在，你需要进一步进行自我评估，具体方法就是将这些总体性陈述和自己的个人生活结合起来。下面这些问题可以帮助你将这一部分的内容和自己的具体情况联系起来。在回顾本章内容的过程中不要忘了比照这些问题：

- 这种性格的所有特征是否符合我的真实情况？哪些部分符合？哪些部分不符合？
- 是不是有哪个部分的描述对我来说尤为重要或关键？
- 我可以将哪些信息用于具体实践，从而决定自己的事业发展方向？
- 我应该如何调整自己的事业发展方向？哪些方面应该强化？又有哪些方面应该弱化？

你的职业性格是什么？

- 在未来工作中，我想将重心放在哪个方面？

在这一过程中，你可能想用各种标注方法着重突出一些部分，或者想在书页的空白部分写些笔记，或者制作一系列索引卡，或者在笔记本上认真做笔记。不管你采取什么方式完成这项工作，问题的关键在于一定要保证记录的信息可以真实地描述你目前的情况。设想自己的理想工作应该是怎样的，有哪些具体的工作内容，有什么样的工作环境，你在工作中会应用哪些技能，你期盼以怎样的方式领导他人或被他人领导，你希望为团队做出什么样的贡献，你想要以什么样的方式不断学习与成长。

同时也思考一下自己目前处于怎样的发展阶段。你现在利用哪些方法来平衡自己的自然工作方式？你是否正在过渡到新的平衡方式中去？一定要记住，每个人的情况都是独一无二的。以果断型和分析型的人为例，这两种类型的人在沟通的时候喜欢就事论事。但是，他们还是会或多或少地通过移情作用和他人建立联系。这两种人如果愿意花费时间和精力，通过学习最终从事人事服务工作，就有可能与在技术领域独立工作的同种类型的人做事方式截然不同。

关键行动

现在，你已经做好准备，将自己的自然偏好和具体情况结合起来了。

描述你最想从工作中得到什么。不要单纯地罗列一系列工作，而要将重点放在说明自己的个人偏好上。

_____

_____

现在，你已经认识到了自己的工作偏好，你可以选择直接阅读对 ENFJ 性格类型的介绍。如果你对整合、探索新想法和可能性有兴趣，更应如此。如果你已经准备好通过评估自己的价值观、生活方式和局限来继续完成职业规划的过程，可以直接跳到第 11 章。

ENFJ：洞察贡献型的人的工作方式

"三个臭皮匠，赛过诸葛亮。"

研究显示，在美国成年人中，洞察贡献型的人（ENFJ）所占比例大约 2.5%。

他们通过为他人设计各种可能性来平衡和巩固他们的贡献型特质。他们善于捕捉他人成长和发展的潜力，并因此扮演导师的角色。这种特质让他们不再急于很快做出决定，从而让他们有机会为自我及其他人去发掘各种个人成长的机会和可能性，因此他们往往扮演诸如坚决的拥护者或老师之类的角色。

因为在决策时的想象力和对长远规划的展望能力，他们最初表现出来的贡献型工作方式，与务实贡献型的人有着很大的不同，然而，务实贡献型的人在步入中年后，也会发现这种基于愿景的决策方式恰好映照了他们提升和成长的方向。

■ 洞察贡献型的人做什么最自然

支持他人的成长和发展

洞察贡献型的人天生喜欢协助他人成长的工作。利用热情和远见，他们善于协助别人去探究事情的各种可能性，帮助他人做出决定从而改善并丰富自己的人生。基于此，他们多从事教育、辅导、宗教和精神领域的工作。

洞察贡献型的人特别适合教导他人的工作，皆因他们擅长建立和谐的人际关系，发掘他人潜力并跟进工作进度。所有这些特点的组合，使他们具有非凡的挖掘他人潜能的能力。不仅如此，他们还善于采用积极、鼓舞人心和以工作任务为重心的风格去教育和引导别人。下面是一位洞察贡献型的人所描述的：

"我喜欢主动为别人提供支援，确保我给予他们有益的指导，然后我会主动退后，给予别人足够空间，好让他们做出自己的决定。"

发掘可能性

很多洞察贡献型的人具有创造天赋，头脑里充满各种想法和可能性，并借助不同的方式表达出来。他们中的有些人成为作家、演员或设计师；而另外一些人则从事辅导或教导的工作为他人发掘各种选择和可能性；还有一些人则成为教师，发挥他们的创造力，下面是一位教师描述的他在工作中最喜欢的活动：

"我喜欢创造新颖的东西，或者构思新想法来吸引孩子们学习的热情。我会不时对我的课程和活动做出变化，寻找不同方法来满足所有学生的需要。"

建立和谐的人际关系

对洞察贡献型的人来说，建立人际关系是一个重要的课题。他们富有同情心，宽容待人，善于欣赏和理解他人的观点和个性的差异。他们具有出众的沟通技巧，善于维系亲密的人际关系，而工作环境中不愉快的工作关系则会对他们产生负面影响。在考虑工作是否令他们满意时，他们会认为气氛和士气是非常重要的衡量指标。

洞察贡献型的人时刻留意寻找和接受变革，总是希望能在别人面对不确定情况的时候为他人提供必要的帮助。由于不断构思新的选择和可能性，所以无论干什么，他们都不安分。对他们来说，变革无疑是件大好事，因为变革能带来发展和成长，这也是帮助人发挥潜能的关键过程。

人员和项目的组织

洞察贡献型的人经常积极主动地参与到不同的项目中去，与他人保持密切的沟通。能够发挥自己的策划和组织能力对他们来说颇为重要。他们的天性使他们具有做出决定并执行决定的特质。比起务实贡献型的人，在某种程度上他们处事更为灵活和随意，下面是一位洞察贡献型的人的解释：

"在不得已的情况下，我可以毫无计划地现场组织工作，但我还是喜欢提早安排和组织。幸好我的人际关系网络比较广，往往能够让我最终顺利完成任务。"

洞察贡献型的人通常认为规则和流程是一种限制，所以他们喜欢在只是提供整体方向而不是具体执行细节的组织或环境中工作，不喜欢被具体规则和流程制约。相比那些过于正式的或规矩很多的环境，他们在需要个人进行判断的工作环境中感到更舒适自在。他们喜欢应对复杂多变的状况，在面对这些状况时往往表现得胸有成竹。如果他们所在的工作环境允许他们以一种井井有条并且富有成效的方式来安排任务，他们就会呈现出最佳状态。

洞察贡献型的人通常富有创意，能创新有效地解决问题。他们的强项之一是组织项目，以及动员他人完成任务。如果所在的工作团队成员能够相互尊重，且所有成员都致力于维护积极友好的环境，他们的优势就能很好地发挥出来。不管在什么环境中，他们最关注的还是他人的潜力。如果某个项目为其成员带来冲突、压力或者限制，他们在项目的执行过程中就会觉得无所适从。当这种情况发生的时候，他们首先处理的必然是人的情绪问题及人与人之间的冲突。

独立面对和处理所有事情

也许洞察贡献型的人经常会有这样的感觉：许多项目和可能性都十分有趣，而新的想法也会对他们产生刺激作用，这样的结果就是他们经常发现自己一不小心就同时身陷太多项目而不堪重负。他们是不折不扣的理想主义者，有时会对自己和别人产生一些不切实际的期望，加上他们尽职尽责的态度及满足他人需要的

第6章 贡献型的人：沟通与合作

渴望，常常给自己和身边的人带来巨大的压力和负担。

对于这一点，如果洞察贡献型的人能学会以更务实的方式来平衡他们的贡献型特质，对他们会有一些帮助。下面是一位洞察贡献型的人的心得：

"我已经五十多岁了，现在才开始意识到我也是有需要的。我一直忙于满足别人的需要，帮助他人成长，却从没有停下来思考过自己的需要。"

洞察贡献型的人的理想工作环境

关注你的个人偏好，你便可以更准确地找到让你感到满足的工作类型。下面归纳和总结了洞察贡献型的人的理想工作环境，你可以看看哪些描述更适合你。

作为一个洞察贡献型的人，我偏爱下列工作环境：

- ☐ 彼此支持和欣赏
- ☐ 有机会协助他人学习与发展
- ☐ 进行人事组织与管理的机会
- ☐ 有机会通过通力协作来达成目标
- ☐ 关注人的潜力与发展
- ☐ 关注多个项目和可能性
- ☐ 发挥创意的机会
- ☐ 关注未来可能性和潜力
- ☐ 建立齐心协力的氛围，使团队成员达成共识

■ 洞察贡献型的人感兴趣的工作

以下是洞察贡献型的人可能感兴趣的工作。这份清单是参照数据进行归纳的，数据显示，洞察贡献型的人从事下述这些行业的概率高于其他行业。

在这份职业清单中，我们使用了5个总结性标题，按照O*NET网站提供的信息，这些类型的工作对洞察贡献型的人来说充满了吸引力。O*NET是一个庞大的互动性数据库，专门提供职业相关信息，用于探讨与研究职业选择。O*NET内部对工作类型进行了划分，划分依据不仅考虑了工作本身的内容，还涉及完成该项工作所需的技能、需要接受的教育或培训。你可以在O*NET的网站上浏览所罗列的职业或工作类型。在这个网站上，你会发现关于职业的广泛信息。第六个标题"其他"提供了一些职业的样本，涵盖了O*NET网站分类系统所划分出的其他工作类型，这些工作同样可以吸引洞察贡献型的人。

解读职业信息的要点

每种职业都借助编号提供了一些信息，帮助你更好地评估这份职业是否适合自己。

你的职业性格是什么？

> ✿=绿色职业　与降低化石燃料的使用、减轻污染、提高能源效率及提升可再生能源的使用息息相关。
>
> ✺=前景光明的职业　从经济意义上来看十分重要的行业，这些行业有可能实现长期增长，或正因为技术与创新而发生翻天覆地的变化。
>
> **工作区域**　数字编码（1~5），总结了想要进入这个行业需要进行的准备（如教育、培训或经验传授）。1~5代表所需要进行的准备由少到多。
>
> **职业趣味性**　字母编码（R、I、A、S、E、C 的组合），体现了这一职业的趣味性情况。这些结论是与荷兰的趣味性模型及工作环境一致的。

艺术、设计、娱乐、体育与媒体

时装设计师 3AER
插花艺术家 2AER
室内设计师 ✺4AE
多媒体艺术家与动画师 ✺4AI
音乐家与歌手 3AE
公关专家 ✿✺4EAS
记者与通讯员 ✿4AEI
人才主管 4EA

艺术家 3AR
平面设计师 ✺4ARE
口译与笔译人员 4AS
作曲家与编曲家 3AE
制作人与导演 4EA
广播与电视播音员 3AES
布景与展览设计师 4AR
作家 4AI

社区与社会服务

儿童、家庭与学校社会工作者 ✿✺4SE
宗教活动与教育主管 4ESC
健康教育工作者 ✺4SE
心理健康与滥用药物社会工作者 ✺5SIA

神职人员 5SEA
教育、职业、学校顾问 ✺5S
医疗与公共健康社会工作者 ✺5SI
缓刑犯监督官与矫正治疗专家 4SEC
社会与人力服务助理 ✺3CSE
康复咨询师 ✺4SI

教育、培训与图书馆

成人艺术教师 ✺4SAE
小学教师 ✺4SAC
健康专业教师 5SI
幼儿园教师 ✺4SA
中学教师 ✺4SA

艺术、戏剧与音乐教师 5SA
农场和房屋管理顾问 ✿5SRE
辅导员 ✺5SIE
图书管理员 ✺5CSE
学前班教师 ✺3SA

高中教师 ✱4SAE　　自我进修教育教师 ✱3SAE
社会学教师 5SIA　　特殊教育教师 ✱4SA
教师助理 ✱3SC　　职业教育教师 4S

医疗保健与技术

脊椎治疗师 ✱5SIR　　口腔卫生工作者 ✱3SRC
牙医 ✱5IRS　　营养学家与饮食专家 ✱5IS
家庭医生与一般医生 ✱5IS　　内科医生 ✱5ISR
注册实习护士与注册专业　　医疗与临床实验室技师 ✱3RIC
　护士 ✱3SR　　护理从业人员 5SIR
自然疗法外科医生 5IS　　职业理疗师 ✱5SI
妇产科医生 ✱5ISR　　非专科儿科医生 ✱5IS
验光师 ✱5ISR　　物理理疗师 ✱5SIR
药剂师 ✱5ICS　　放射科技术人员 ✱3RS
心理医生 ✱5ISA　　发音治疗师 ✱5SIA
注册护士 ✱3SIC　　兽医 ✱5IR
外科医生 ✱5IRS　　兽医技术专家与技师 ✱3RI

生命、自然与社会科学

人类学家，考古学家 5IA　　生物技术人员 ✱4RIC
临床心理学家 ✱5ISA　　咨询心理学家 ✱5SIA
历史学家 5I　　行业组织心理学家 5IEA
医学家 ✱5IRA　　政治学家 5IAS
学校心理咨询师 ✱5IS　　社会学家 5IAS
城市与区域规划师 🍃✱5IEA

其他

　　洞察贡献型的人会对各种管理职位感兴趣，包括行政服务，广告与宣传，教育管理，餐饮服务，人力资源，市场营销，医疗保健服务，物业、房地产与社区协会，公共关系，销售，社会与社区服务，培训与发展，交通领域的管理岗位。洞察贡献型的人同时也会热衷于一线监督人员或经理的工作。受个人经历与兴趣的影响，你可能对某领域的一线监督人员或经理岗位感兴趣。想要找到关于这些职业的说明，你可以首先确定自己感兴趣的一个工作类型，然后在 O*NET 上寻

你的职业性格是什么？

找"一线监督人员/经理"的门类具体包含哪些职业。

洞察贡献型的人同样会对销售工作感兴趣，如广告销售代理、柜员与出租办事员、示范人员与产品推广人员、保险销售经纪人、零配件销售人员、房地产销售经纪人、零售人员、销售专家、批发与制造、技术和科学产品销售；证券或金融服务销售经纪人、旅行社经纪人。

对于洞察贡献型的人来说，办事员与提供支持服务的相关工作也相当具有吸引力，这些工作包括：行政秘书与行政助理，文档管理员，酒店、汽车旅馆与度假场所的柜台人员，人力资源助理，保险政策处理职员，法律秘书，办公室职员，采购员，前台或信息员，秘书，接线员，话务员。

下面的清单涵盖了可能吸引洞察贡献型的人的其他工作类型。

演员 2AE
预算分析师※4CEI
儿童看护工作者※2SA
文案人员 4EA
牙医助理※3CRS
编辑 4AEC
家庭健康护理※2SR
法官、治安法官、地方行政长官 5ES
律师※5EI
医疗助理※3SCR
律师助理与法律助理※3CIE
猎头※4ECS
导游与解说员※3SE
服务生※1SEC

建筑师🍃※5AI
厨师或厨师长※3ERA
合规官员※4CIR
舞蹈演员 3AR
排版制图人员 3AIC
理发师、发型师与化妆师 3AES
行业安全与健康工程师🍃4ICR
景观建筑师🍃4AIR
救生员，滑雪救护队成员及其他娱乐设施保护人员※1RS
会议规划师※4ECS
个人财务顾问🍃※4ECS
娱乐工作者※4SEA
培训与发展专家🍃※4SAC

洞察贡献型的人的技能强项和关注的能力

关注你的个人偏好，你便可以更准确地找到让你感到满足的工作类型。下面归纳和总结了洞察贡献型的人的技能强项和关注的能力，你可以看看哪些描述更适合你。

作为一个洞察贡献型的人，我具有以下技能强项并关注如下能力的提升：

☐ 沟通　　　　　　　　　　☐ 提出创意
☐ 组织　　　　　　　　　　☐ 引导
☐ 时间管理和任务管理　　　☐ 协作

第6章 贡献型的人：沟通与合作

- ☐ 达成共识
- ☐ 计划
- ☐ 教练
- ☐ 建立和谐关系

■ 作为领导者的洞察贡献型

洞察贡献型的人在担任领导角色时有着其独特的优势。他们有着自然的领导方式，但是在担当下属时，却喜欢被他人以独特的方式领导。

良师益友

洞察贡献型的人喜欢做领导者的感觉。作为管理者，他们会充分发挥其远见、战略性规划、以任务为重及与别人沟通交往的技巧。他们对自己领导角色的定位亦是良师或教练，引导别人发挥潜能。作为领导者，他们非常人性化，以合作的态度领导他人，即使在做计划和决定的时候，也希望其他人都能参与其中，并有所贡献。他们是员工自我发展的提倡者，而帮助他人发挥潜能也是他们的工作动力之一。

发挥潜能

洞察贡献型的人以改变和发展为中心，不断寻求方法来发挥潜能。在工作中，他们果断并以任务为重，注重寻找方法完成任务和达到目标。注重任务和关注个人的混合风格，对于领导者来说无疑是一种非常有效的领导方式，这是因为无论偏重哪个方面都会为团队带来冲突和误解。当然如何平衡两种有时甚至是互相抵触的风格，正是他们面临的重大挑战。

倡导

洞察贡献型的人善于倾听他人的意见，对团队的氛围和士气具有很高的敏感度。在组织中，他们是以人为本理念的坚决倡导者和拥护者，会努力促使组织制度更加灵活，包容每个人不同的需要。

达成目标

与其他决断的人一样，洞察贡献型的人以任务为重，喜欢运用自己的组织和协调能力，促使团队向目标迈进。但与其他决断的人略有不同，他们会花时间确保从员工士气的角度判断自己选择的方法的合理性。他们通过合作来完成任务，对其他策略，如滥用职权、批评或威胁深恶痛绝，亦对卷入任何办公室政治或权力斗争没有任何兴趣，因为这些会给他们带来巨大压力。

作为领导者的洞察贡献型

关注你的个人偏好，你便可以更准确地找到让你感到满足的工作类型。下面归纳和总结了洞察贡献型的人偏爱的领导风格，你可以看看哪些描述更适合你。

作为一个洞察贡献型的领导者，我喜欢：

- ☐ 亲力亲为，精诚合作
- ☐ 提倡员工自身的成长发展
- ☐ 帮助他人最大限度地发挥自己的潜能
- ☐ 通过团队合作来达成目标
- ☐ 在定义职责范围与分配工作的过程中充分考虑别人的需求
- ☐ 不吝于给予支持、鼓励和积极反馈
- ☐ 组织和协调资源以达到目标
- ☐ 密切留意员工的积极性和士气
- ☐ 对团队的氛围和士气具有很高的敏感度
- ☐ 指导与教练
- ☐ 认为改变可以带来发展

■ 作为团队成员的洞察贡献型

洞察贡献型的人是积极热心的团队成员，运用他们的组织能力和辅导他人的能力来帮助团队不断取得进步。他们是新颖想法的构思者，尤其是那些能够提升人员能力及管理效率的想法。协助团队成员在创新理念和采取行动之间取得平衡，是他们为团队做出的最大贡献。

在团队中，积极的互动、合作与和谐的关系对洞察贡献型的人来说非常重要。他们通常会主动地用语言和行动来表示对他人的支持，并擅长发掘团队成员的潜质，鼓励他人发挥潜能做到最好。他们也会努力确保每个人都有机会做出自己的贡献，发挥个人所长。他们也重视和希望获得来自团队成员同样的支持。

洞察贡献型的人会留意和了解团队中发生的任何人际冲突。由于在注重个人价值和表达自身需要的和谐环境中具有很高的工作效率，所以他们把探讨和了解人际冲突看成有用的团队建设方式。然而，在具有其他工作方式特质的人看来，关注人际关系和营造和谐环境的行为似乎毫无必要，甚至是明目张胆地干涉别人的工作生活。

作为团队成员的洞察贡献型

关注你的个人偏好，你便可以更准确地找到让你感到满足的工作类型。下面归纳和总结了洞察贡献型的人偏爱的团队工作方式，你可以看看哪些描述更适合你。

作为一个洞察贡献型的团队成员，我偏爱：

第6章 贡献型的人：沟通与合作

- ☐ 积极热心
- ☐ 协助团队不断进步
- ☐ 喜欢发挥组织能力，指导他人
- ☐ 构思新颖想法
- ☐ 热衷于帮助他人成长，实现系统改善
- ☐ 重视积极互动、团队合作与和谐共处
- ☐ 主动为其他团队成员提供无私支持
- ☐ 喜欢与他人进行互动，给予对方认可

■ 洞察贡献型的人的学习风格

洞察贡献型的人喜欢正规课堂学习环境中的人际交流部分，他们会寻求一切可能的机会与同学讨论，并与同学保持密切联系。他们喜欢学习理论方面的知识，尤其是涉及人文科学和社会科学领域的。

洞察贡献型的人对老师的教学方式和观点特别敏感。对于价值观不同或者与他们持不同观点的老师，他们往往抱有很大的成见。他们不但善于向老师学习，也善于从同学身上学习。

一位洞察贡献型的人的工作是成人教育辅导老师，下面是他的心声：

"在上成人教育课时，我觉得我所学到的和学员一样多。我主要学习别人是怎样处事的，了解什么对他们是最重要的。这种学习的机会是我继续从事这种类型工作的重要原因之一。"

洞察贡献型的人擅长时间管理和任务管理，讨厌杂乱无章的学习环境，他们通常都是努力学习、坚持不懈的好学生。

洞察贡献型的人的学习风格

关注你的个人偏好，你便可以更准确地找到让你感到满足的工作类型。下面归纳和总结了洞察贡献型的人偏爱的学习方式，你可以看看哪些描述更适合你。

作为一个洞察贡献型的学习者，我偏爱：

- ☐ 喜欢正规课堂学习环境中人际交流的部分
- ☐ 对那些价值观不同或观点不同的老师抱有成见
- ☐ 组织与整理想法
- ☐ 对老师的教学方式和观点特别敏感
- ☐ 喜欢与人相关的概念和理论
- ☐ 与形形色色的人交往
- ☐ 讨厌杂乱无章的学习环境
- ☐ 向老师和同学学习

性格偏好与与生俱来的倾向可以作为自我评估的出发点。在阅读这一部分的过程中，一些陈述你可能认同，而另一些陈述你可能不认同。这样的反应是常见的，因为每个人表达自己性格特征的方式都不同。阅读总体信息可以作为决定事

你的职业性格是什么？

业发展方向的出发点。现在，你需要进一步进行自我评估，具体方法就是将这些总体性陈述与自己的个人生活结合起来。下面这些问题可以帮助你将这一部分的内容和自己的具体情况联系起来。在回顾本章内容的过程中不要忘了比照这些问题：

- 这种性格的所有特征是否符合我的真实情况？哪些部分符合？哪些部分不符合？
- 是不是有哪个部分的描述对我来说尤为重要或关键？
- 我可以将哪些信息用于具体实践，从而决定自己的事业发展方向？
- 我应该如何调整自己的事业发展方向？哪些方面应该强化？又有哪些方面应该弱化？
- 在未来工作中，我想将重心放在哪个方面？

在这一过程中，你可能想用各种标注方法着重突出一些部分，或者想在书页的空白部分写些笔记，或者制作一系列的索引卡，或者在笔记本上认真做笔记。不管采取什么方式完成这项工作，问题的关键在于一定要保证记录的信息可以真实地描述你目前的情况。设想自己的理想工作应该是怎样的，有哪些具体的工作内容，有什么样的工作环境，你在工作中会应用哪些技能，你期盼以怎样的方式领导他人或者被他人领导，你希望为团队做出什么样的贡献，你想以什么样的方式不断学习与成长。

同时也思考一下自己目前处于怎样的发展阶段。你现在利用哪些方法来平衡自己的自然工作方式？你是否正在过渡到新的平衡方式中去？一定要记住，每个人的情况都是独一无二的。以果断型和分析型的人来说，这些类型的人在沟通的时候喜欢就事论事。但是，他们还是会或多或少地通过移情作用和他人建立联系。这两种人如果愿意花费时间和精力，通过学习最终从事人事服务工作，就有可能与在技术领域独立工作的同种类型的人做事方式截然不同。

关键行动

现在，你已经做好准备，将自己的自然偏好和具体情况结合起来了。

描述一下你最想从工作中得到什么。不要单纯地罗列一系列工作，而要将重点放在说明自己的个人偏好上。

_____

_____

第 6 章 贡献型的人：沟通与合作

现在，你已经了解了自己的工作偏好，你可以直接阅读对 ESFJ 性格类型的介绍。如果你对以实际的方式帮助他人实现即时需要感兴趣，更应如此。如果你已经准备好通过评估自己的价值观、生活方式和局限继续完成职业规划的过程，可以直接跳到第 11 章。

第 7 章
缜密型的人：专注与稳定

性格类型：ISFJ 和 ISTJ

> 我做过的工作都与帮助别人解决问题有关。最初，我是一名护士，后来成为急诊室里的医务人员。我喜欢应对紧急状况时迅速产生的结果，以及由此而来的满足感。在过去的 20 年里，我则从事警察工作，调查工作是我最喜欢的工作内容之一，我喜欢领导团队抽丝剥茧地分析一切线索，侦破案件。
>
> ——一个缜密型的人

最新研究显示，在美国成年人中，缜密型的人所占比例为 25.4%，他们是一群处事非常决断的人，对调动所有人力并组织各种资源去完成项目的工作具有浓厚的兴趣。初看上去，ISFJ 类型的人和务实贡献型的人非常类似，而 ISTJ 则与务实果断型的人非常接近。但是只要经过仔细分析和比较，你就会了解缜密型的人对于收集和组织信息，并将它们与过去的经验联系起来的内在鲜明特征。这种对内在的关注是 ISFJ 和 ISTJ 类型的人的首要特征。在朝目标迈进的过程中，他们会不断地关注过往的成功经验，并被这些经验所引领。这种对实用性的内在关注和留意以往经验的习惯就是他们的自然工作方式。

缜密型的人对实用性和细节的关注似乎是与生俱来的。这既是他们理解新信息的方式，也能够让他们在做出判断后因势利导，对自己的行为做出调整。但他们未必会把在内心积累的丰富经验表现出来，或充分解释他们决策时所依据的案例和信息，因此他们通常看上去都是镇定、安静和严肃的，乐于运用他们积累的知识和经验作为指引来理解当前所发生的事情。由于对内心世界的关注，周围的人未必能够清晰了解导致他采取行动的所有信息，所以常常会对他们的行为感到吃惊。

第7章 缜密型的人：专注与稳定

缜密型的人的工作方式

■ 缜密型的人做什么最自然

积累信息

通过吸收和积累信息、记忆事实细节，来理解周围所发生的事情，是缜密型的人的天性。他们理解和解释世界往往基于过去的经验，因此对过去的经验表示出极大的关注，因此他们成为自己所从事的领域的专家。缜密型的人常常能记起很多细节，如数字、名字或者日期等。他们竭尽所能去了解周围世界的重要事情。下面是一位缜密型的人在解释他的学习方法时，描述他对细节的关注：

"在课堂学习中，我一直有着非常出色的表现。我会做大量的笔记，抄下老师在黑板上所写下的任何东西，然后自己想办法去补充更多信息。我非常刻苦，努力去记住尽可能多的事实和细节，但不失灵活性。我尤其喜欢听讲座，因为这能在短时间内有效获取大量信息。"

在众多类型的人的不同工作方式中，各种缜密型的人的工作方式看上去区别最大，这是因为每位缜密型的人都以非常独特和自我的方式去收集资料和积累经验。他们只会留意那些他们认为与自己所处境况有关的东西，因此他们或许只会就某个主题拥有大量信息，而对其他事情却知之甚少。缜密型的人过滤信息的标准是信息对他们是否重要，这无疑让其他类型的人感到颇为惊讶。

下面是一位缜密型的人描述她的工作经历时所提到的：

"我从事有关文化事务的工作已经很多年。我曾经管理和协调许多项目，包括研究、筹款、推广多元文化、培训、辅导和策划等。我有员工管理、制定政策、执行程序、谈判和培训等很多领域的工作经验。我对这些工作的兴趣，以及我所积累的关于文化的信息，成为这项工作的关键。"

从她的身上我们不难发现，无论她在专业领域中参与什么具体工作，过去的经验和工作经历为她提供了丰富的信息。缜密型的人往往对所从事的领域具有浓厚兴趣并且具有专长。如果这是你的自然工作方式，你也许想问问自己："我的专长是什么？我积累了哪方面的经验？"下面是一位缜密型的人所概括的他的职业关注点：

"我的人生中，有很多路可以走。相较而言，其中的一些让我更加喜欢。我会运用我的经验和阅历来做出正确的选择。"

关注和组织细节

缜密型的人不仅具有很强的记忆细节的能力，还擅长组织和跟进不同的工作或项目并兼顾其中所有的细节。他们通常给人苛刻的印象，因为他们需要确保所有信息与资料得到准确高效的处理。下面是一位缜密型的人的说法：

"我喜欢隔一段时间就换一间办公室，因为这样我就可以趁机看看有没有什么东西需要重新组织和整理。"

缜密型的人在选择行动前总是希望考虑到每个细节和事实。在开始行动前，他们往往需要对手头所有的信息有一个充分理解和重新组织的过程。对周围状况或问题进行评估时，他们会从过去的经验中检索相关的资料。或许有些人会觉得他们太小心翼翼、追求精确和条理性。但如果你想找一个人为你审阅合同、做预算，或者处理其他重要文件，他们绝对是不二人选。他们对于信息的处理有一种与生俱来的小心谨慎，不会放过任何不合理的地方或细节。但是，你不要期望他们只是简单地浏览而不是进行详细的审阅，因为缜密型的人如果决定做一件事，他们绝对会一丝不苟。

作为缜密型的人，随着时间的推移，你所积累的丰富知识与实用经验可能让你成为某方面的专家。你可能根本就没有意识到，自己丰富的信息储备有多么广，可能根本就没有当一回事。这种对于细节积累与记忆的专注，是值得鼓励的，是应该继续坚持下去的。如果有人对你所擅长的领域感兴趣，不妨和他们分享自己积累的实用知识。在规划职业的过程中，首先要明确自己总是在不知不觉中搜寻哪方面的信息，总会关注哪个方向。在此基础上再思考如何在找工作或创业的过程中结合自己的关注点。

缜密型的人总是小心谨慎，能够在很长的时间内处于专注的状态。这些特征让他们能够得心应手地完成各种专业工作。例如，他们可能觉得，像书面材料的查漏纠错、系统分析与评估、问题诊断或人事与系统管理这样的工作会让他们觉得干劲十足。所有这些活动，还有很多其他活动，都需要密切关注细节，这种事无巨细的工作方式是他们的标志性风格。

只相信自己所了解的

长久以来形成的吸收和整理信息的习惯，让缜密型的人有强烈的先后次序感。他们只相信从经验中获得的已经证实的事实。他们会仔细认真、持续不断地组织和积累自己的知识库。一个富有经验的缜密型的人通常会告诉你，在自己的专业领域里，什么是可行的，什么是不可行的，并找到很多实际的案例和你分享。他们喜欢遵循他们尝试过并且经过验证是正确的做事方法。因为这种偏好，他们往往被其他人认为不够灵活，但是却认真可靠。下面是一位缜密型的人所描述的：

"我不喜欢改变已有的东西，我喜欢使用现有的方法，去完成我想要完成的事情。"

出于对所积累的经验的信赖，缜密型的人会在行动之前，花上一点时间对现在和过去的状况进行比较，并且在做出最终决定之前衡量所有相关的事实和细节。他们做决定时颇为小心，但一旦做出决定便会坚持到底，别人很难说服他们放弃或改变自己的决定。无论对人还是对组织，他们都表现出很高的忠诚度，而且这种忠诚一旦建立，他们就不会轻易背离组织去寻找另外一份工作，即使这份工作并不能满足自己的个人需要。他们一旦做出承诺，就会变得坚定、富有献身精神并有所承担。他们是恪守承诺、履行诺言、坚持不懈的一群人。

循规蹈矩

缜密型的人做事有系统性，愿意遵循程序，小心仔细地完成每个步骤。他们尊重并遵从所谓的标准操作流程、条例和规章，并经常主动承担起确保其他人也遵守这些标准的责任，因此很多缜密型的人担当管理者和监督者的角色。

他们对走捷径的工作方式并不感兴趣，即使别人这么做他们也会持保留意见。他们认为标准流程是经过了验证并证实是可行的，因此所有人都应该严格遵守。在这方面，他们尤其强调精确性和对细节的关注，表现出来就是做事非常负责任、认真和表现稳定。对于他们来说，稳定运行的体系和制度及工作按计划顺利进行，是他们感到最满意的时候。

缜密型的人工作态度非常认真，在工作任务目标清晰、渐进有序时，他们感觉最为自如。他们喜欢在开始工作前就做好计划，而不是边做边计划。基于这个原因，当他们看不到、想象不到或者不能定义最后的结果时，他们经常会犹豫不决是否要开始。他们需要坐下来，透彻思考整个项目，而不是仓促地开始。一个缜密型的人如是说：

"我做事时从来没有过摇摆不定的状态。犹豫不定的事情，我一开始就不会动手去做。"

缜密型的人渴望稳定有序的，而不是杂乱无章的工作环境，在能够提供清晰明确的方向和目标的工作环境里工作表现最好，在要求遵守明确的规则、流程的情况中最为得心应手。他们了解并喜欢权力等级分明的组织，而惯例和传统则会带给他们长久的安全感和稳定感。他们会竭尽全力地维持系统的存在与稳定，如果事事都可以按部就班有条不紊地推进，他们就会觉得心满意足。

竭尽全力完成工作

缜密型的人以工作为重，值得信赖。你绝对可以放心地让他们去跟进和完成工作。他们工作也非常勤奋，能够按部就班地在规定的期限内完成工作，甚至不放过任何一个微小的细节。通常他们对工作要求的标准也相当高，往往让其他人觉得难以达到。他们具有非常强烈的责任感，觉得完成任务和承担应尽的责任是义不容辞的义务。

如果你属于缜密型的人，应该寻找可以完成任务或者提供实际服务的工作机会。关注细节并且尽职尽责地落实跟进工作，直至目标圆满完成，是你与生俱来的特质，所以不妨最大限度地发挥自己在这方面的优势。找机会去组织与管理项目或维持系统的运行。

也许就是因为承担了太多责任，结果却让他们难以达到自己设定的标准。同时由于他们渴望周到细致地完成每项任务，这让他们承受着很大的压力。他们应该在接受任务前仔细考量随之而来的责任对他们的影响，这一点至关重要。然而，即使能够了解这些额外的工作会让他们承受巨大的压力，他们还是会尽职尽责地去承担。学会如何说"不"，根据自己的承受能力接受工作任务对缜密型的人来说是一个巨大的挑战。

更有甚者，缜密型的人也许会积极承担整个项目的责任，而不是只承担自己职位的责任。他们的责任感有时甚至会让他们替那些没有完成工作的人干活，结果往往是他们所完成的工作远远超过自己应该完成的，从而让他们长时间处于巨大的压力中，只是为了确保能在规定限期前完成所有的任务。即使面对如此巨大的压力，他们也只会在难以忍受和极端困扰的情况下才会主动去告诉别人这种情况。

作为缜密型的人，你会以任务为导向，总是有条不紊地处理每件事情。你可能热衷于人事、项目与资源的管理工作，如果这份管理工作还涵盖负责细节处理的内容，就会更加吸引你。这种从任务出发并且关注实际细节的方式会让你在资源管理、推进项目进程并且最终完成工作的过程中得心应手。

第7章 缜密型的人：专注与稳定

注重实效

缜密型的人非常注重实效。他们喜欢简单清晰的信息呈现方式，亦善于组织人力物力来达成目标。这种资源组织的能力，与他们强烈的责任感和以工作为重的特质密不可分，两者的完美结合决定了他们是确保任务完成的不二人选。他们会用相当务实的方式去进行资源配置，妥善组织人力物力高效地完成工作。

对缜密型的人来说，工作有具体目标，或工作产出为有形产品或服务时，他们会感到满足。下面是一位缜密型的人描述他这种职业满足感：

"我喜欢从事电子电器方面的工作。当工作完成时，你只需要按一下开关就能马上看到结果。我也喜欢解决问题，这意味着必须从头到尾仔细沿着电路设计图检查，以确定究竟是哪里出了问题。"

一位缜密型的物理课老师就是另外一个典型注重实效的例子。所讲授的每个原理，他都会提供具体实际的例子，或者课堂示范。他通过放映过山车的画面并使用蹦极的例子来展示生活中的物理原理。他擅长将抽象的原理通过实际的生活场景展现出来。

缜密型的人的自然工作方式

了解你的不同偏好，你就可以更准确地评估自己的工作方式。下面总结归纳了缜密型的人的性格特点和工作偏好，你可以看看哪些描述更适合你。

作为一个缜密型的人，我在下列方面表现最好：

- ☐ 组织人力物力完成工作
- ☐ 系统化地处理任务
- ☐ 依循有序的工作方法
- ☐ 稳定运行的体系和制度
- ☐ 采用实用的方法，强调对细节的关注
- ☐ 成为某个领域的专家
- ☐ 遵循清晰的规定、程序与规则
- ☐ 寻求长久的安全感和稳定性
- ☐ 在相对可预测的环境中工作
- ☐ 跟进事情直至完成为止
- ☐ 按部就班地工作
- ☐ 遵循工作流程，完成工作
- ☐ 收集和组织信息，并建立信息与过去经验的关联
- ☐ 关注过去的可行案例，并指引现在
- ☐ 完成指令清晰、安排有序的工作
- ☐ 在开始行动前制订计划
- ☐ 接受清晰明确的指示和期望
- ☐ 追求精确度
- ☐ 沿用经检验正确的方法
- ☐ 小心翼翼做决策

你的职业性格是什么？

> ### 最理想的工作方式
>
> 回顾对缜密型的人的工作方式的总结，摘出最能描述你工作方式的要点并填写在下面的空白处，这样有助于明确你自己想要在工作中从事什么样的具体活动，以及什么样的工作方式才是最能与你契合的。当然你也可以将上面没有提及的要点补充在下面。
>
> 对我而言，最重要的工作偏好是：
> _____
> _____

缜密型的人如何缓解工作压力

通过前面的描述，你已经确定了自己的性格类型是如何与自己偏好的工作活动及工作风格联系起来的。考虑什么样的工作内容和工作环境会让贡献型的人感到有压力或觉得不适合自己，这也很有必要。每个人都会在某段时间内从事自己并不喜欢的工作，但是如果需要长时间从事自己没有兴趣的方向，就会造成工作压力或不满情绪。

本部分会着重指出对缜密型的人来说有哪些工作压力。在阅读的过程中，考虑一下自己目前的工作是否包含了书中所描述的活动。如果答案是肯定的，你或许需要考虑一下，是否需要通过某种方式改变自己的某些工作内容，或者采取什么办法来最大限度地缓解压力。了解工作中最让自己产生压力的要素，可能帮助你明确哪些工作选择不适合自己，从而在实际抉择的过程中绕开这些工作。

对于缜密型的人来说，充斥着含混不清或毫无头绪的工作环境让他们讨厌，因为身处这样的环境中，他们对于什么工作需要完成，如何完成，以及要达到的标准一无所知，这一点让他们不安。虽然缜密型的人总是迫不及待地想要完成目标，并愿意为此而努力，但是在这样的工作环境中，他们会感到无从下手，在抓重点的时候也会觉得茫然若失。如果你属于缜密型的人，在面对这种工作环境时，可以询问一下其他人，看看是否有什么操作流程或指导意见，可以用来更好地定义自己的职责范围并区分轻重缓急。如果答案是否定的，你可以创建自己的体系，将所有需要实现的结果、流程或需要优先处理的问题一一罗列出来。完成这些准备工作后，可以交给自己的主管进行审阅，从而确保自己的预想及筛选出的优先事项是正确的。

缜密型的人所在的工作环境中，如果其他人对重要事实与现实情况不管不顾，他们就会觉得喘不过气来。如果他们按照自己过往的经验判断，现在采取的方法不可行，他们就会觉得完成别人交代的任务非常困难。如果他们主动分享的经验被别人置之不理，他们就会深受打击。对缜密型的人来说，面对总是不切实际的幻想或者畅想未来的人，直截了当地推翻他们的想法并不是最好的解决办法，你需要小心谨慎地通过恰到好处的提问来帮助他们了解目前的现实情况。

在缜密型的人看来，改变就是压力的导火索。如果这种改变是不期而至的，或者别人在他们深思熟虑之前强加给他们的，他们就更可能因此而备受压力。一些缜密型的人反映，他们会尝试着接受改变原本现实生活中的必经之路，或者试图通过有条不紊的安排和井井有条的流程使自己以更为有效的方式来应对改变。在下面的部分，我们会探讨更多应对改变的策略。

针对缜密型的人的职业和人生发展策略

本部分向缜密型的人展示了在一生中应该如何从事业中获得最大收获，不仅描述了有可能改善事业发展方向的两方面，还提供了一些实际的建议，帮助读者更为高效地规划自己的职业发展方向。另外，本部分还讨论了第三个更为私人化的方面。从这三个亟待发展的方面综合出发，讨论可用来推动自己职业发展并实现个人成长及收获个人满足感的一般性策略。

■ 从容面对变化与不确定性

缜密型的人在稳定和结构化的环境中感觉舒服，他们也热衷于保持现状。过去的经历会让他们记忆犹新，而对于目前的情况，他们也同样会了如指掌。在稳定的环境中，这种对过去经历和当前情况的掌握很有帮助，但在变革环境下，小心谨慎的方式就显示出其弊端。下面是一位缜密型的人的心声：

"对我来说，最大的挑战就是在信息缺失的情况下开始着手新的项目。过去，我面对这种情况会畏首畏尾，裹足不前。现在，我正学着如何在没有掌握全面信息的情况下采取行动，并让事情得以完成。"

缜密型的人在充满可预见性和条理性的工作环境中会觉得如鱼得水。对于他们来说，应对改变可能并非易事。面对变化的环境，他们会试图掌握并了解所有可能产生的影响。有些时候，相对于其他性格类型的群体，他们面对改变的反应

你的职业性格是什么？

可能有些迟钝。如果改变是在别人没有多加解释的情况下强加在他们身上的，他们更是会三思而后行。缜密型的人认为，冒险没有必要性与建设性。除非有足够的证据显示，他们正在进行的努力会转变成切实的成果，否则，他们基本上不会想要站在时代的前端。

但是，世界永远是变化的。缜密型的人如果能培养自己的适应性与灵活性，从而更好地应对改变，就会受益匪浅。现状不会一成不变，有些时候，如果缜密型的人愿意承担风险，或者尝试新颖的做事方法，可能因此而受益。目前，很多机构都在整合组织结构，并且调整开展业务的方式。环环相扣的管理系统不再像从前一样条理分明，而在变化层出不穷之际，标准化的操作流程也不再是解决所有问题的灵丹妙药。

如果你是缜密型的人，可能觉得循序渐进、积少成多的提升与改善要比一下子改成新方式更有价值。其他人可能将你维持现状或逐步改变现状的方式看作事业成功的障碍。他们可能觉得你顽固，对于改变自己的工作方式充满抵触，但是实际上，你可能只想利用现有的一切，并在此基础上进行改善，而不是一切都从头开始。

要记住，现状总会发生改变。不要被动地面对未来。思考一下未来会发生什么变化，然后在这些变化发生之前未雨绸缪。坦然地接受变化，将其视为生活的一部分，然后调整自己适应变化。在这一过程中，你需要跳出你偏好的循序渐进的方式，承担巨大的飞跃和风险，使自己为应对未来做好准备。

在职业转轨的阶段，可以将自己具备的技能和积累的经验列出来。这样的起点会让你更为得心应手地应对职业生涯中的转变。给自己布置这样的任务，就是思考如何通过充满创意的方式来应用自己的技能。可以将自己的职业技能转化到新的方向上去，这样就可以有更多的职业选择。你可以向朋友或职业顾问寻求帮助，在与他们交流过程中采用头脑风暴的方式提出一系列职业与事业选择方案，然后再从可行性出发进行筛选。在规划职业路径的过程中，你需要暂时将自己的经验抛在脑后，这样才能轻装上阵、阔步向前。面对不确定性，你不应该采取回避的态度，而是应该一往直前地应对自己不了解不熟悉的事物。

关于从容面对变化与不确定性的建议

- 面对正在经历的变革，思考背后的实际原因。考虑这一变革是否会降低工作难度或提高工作效率。寻找这一变革会带来改善与提升的证据。另外，可以寻找其他公司推行类似变革的先例。
- 尽可能提前掌握信息。别人开始讨论变革的时候就应该加以留意，即使他

第7章 缜密型的人：专注与稳定

们的想法看起来有些不可能。通过提问的方式让自己了解这一变化涉及的范围和时间安排。尽可能多地挖掘一些细节，从而对变革的推进方式掌握更多信息。

- 收集关于新颖想法和未来可能性的信息。留心与自己的专业领域相关的动向与趋势同时思考："如果这一趋势成为现实，会产生怎样的影响？"在变化成为事实之前就应该预见到，并且做好相应的准备工作，而不是被动地应对。
- 弄清楚公司的长远规划。确保自己所进行的努力和公司前进的方向是一致的。如果你现在还没有进入职场，可以留心观察基本趋势与一般性变化，从而让自己为未来做好准备。

■ 处理理论、想法与模棱两可的状况

作为缜密型的人，你会倾向于将重点放在看得见摸得着且与自己息息相关的东西上。如果你所在的工作环境充斥着过多概念性、抽象性或不确定的东西，你就会觉得无所适从。在很多职业领域，你需要在细节和事实构成的世界及抽象想法与可能性组成的范畴之间反复穿梭。例如，头脑风暴、战略规划、项目开发及项目规划这样的工作通常都要求将重点放在大胆设想上，而不是拘泥于眼前的现状。你还需要学习与自己的专业技能相关的理论知识，同时你会发现，理论信息通常会以非线性、全局的方式呈现，而不是按顺序从实践性的角度解释。

缜密型的人会发现，如果能够利用已知的框架来理解某个理论，会让他们如释重负。一个缜密型的人这样解释自己学习有关地理信息系统中的理论信息时所采取的策略：

"在地理信息系统的理论框架中解释数据检测的理论让我觉得一头雾水，直到后来，我终于认识到这一理论和我有怎样的关系，以及这一理论有什么实际用途，我才终于抓到了头绪。在我学习某一事物之前，我需要首先了解从头至尾的整个过程与程序。一旦清楚了地理信息系统可以如何应用，我就可以将重点放在数据检测如何糅合到这一流程中去，从而掌握了相关理论。"

缜密型的人可能发现，制定规划来处理更为概念化的信息，或者在前景不清晰，并且在如何解决问题毫无头绪的情况下制定策略，会让自己受益。你可能在尚未掌握所有事实信息的时候就要做出决定，也可能在最佳行动方案不甚明朗之前就要采取行动。在这种情形下，一定要小心，不要因为没有周详的规划就踌躇不前。

你的职业性格是什么?

关于处理理论、想法与模棱两可的状况的建议

- 将理论与实际应用及事实信息联系在一起。很多缜密型的人发现，如果他们已经掌握了针对某个话题的详细信息，想要理解或建立某个理论，难度就大大降低了。面对抽象事物，你可以将自己已知事物进行组织与分类，从而构建一个更为广泛和复杂的模型。
- 争取时间，在参与头脑风暴或战略规划之前做好计划。从自己已知的事物入手，然后逐步朝着更为长期和抽象的应用方式与理念前进。
- 一个问题的答案不一定是唯一的，同样的道理，认知某个状况的方式也不是唯一的。可以预想一下其他人会如何解读某个环境，思考一下如果从一个截然不同的视角出发，会如何回答某个问题。这样的做法有助于发掘不同的思考方式。
- 一定要注意，不要因为没有找到足够的事实依据就轻易否定某个理念、观点或视角。尝试着弄清楚这些想法是否可以与目前的状况联系在一起。如果你愿意这样做，就能帮助他人找到将想法转变为事实的答案。

■ 把握此时此刻

缜密型的人尽职尽责，总是将工作放在娱乐的前面。如果什么事情还没有做完，他们就会坐立不安。缜密型的人经常会承担很多职责，每天都工作很长时间，不遗余力地朝着某个目标努力。他们对自己的要求可能非常严格。他们的责任感有些时候可能让他们忽略体能上的极限，进而影响自己的身体状况。他们需要通过努力才能在生活中实现平衡，否则，他们就会觉得疲惫不堪。

有些时候，隔开一段距离审视自己的职责，停下脚步来享受此时此刻对于缜密型的人来说至关重要。你要通过各种方式尝试着暂时将自己的责任感抛之脑后，享受此刻的快乐。你或许需要安排一些娱乐活动。一个缜密型的人就是通过下面这种方式平衡自己的责任感的：

"我发现在家里干点儿事儿会让我心情放松。最近，我建了一个壁炉。家务事会让我静下心来思考问题解决方案，另外也可以让我暂时从工作中挣脱出来。"

另一位缜密型的人采取了相似的方法。她担任了一个田径队的教练，让自己可以从其他职责中抽离出来：

"我想，从某种意义上来讲，教练也是一种工作，但是我觉得和朝气蓬勃的田径选手在一起是一件非常愉悦的事情。我的工作目的并不是让他们脱颖而出，

第 7 章　缜密型的人：专注与稳定

我只是喜欢他们所表现出的豪气，我要做的也只是鼓励他们，让他们呈现出最佳状态。对我来说，这种活动很有意义。"

两种类型的缜密型的人，承担不同职责的方式有所不同。ISTJ 型的人经常反映，他们面对铺天盖地的工作职责会觉得压力很大，不堪重负；ISFJ 型的人似乎会因为生活中的职责而面临重重压力，包括平衡自己要在工作与生活中所扮演的角色。ISFJ 型的人要注意不能榨干自己，要留一些自由的时间与额外的经历来享受此时此刻，这一点是至关重要的。

关于把握此时此刻的建议

- 利用自己敏锐的观察力和对于细节的关注来专注于此时此刻。抽出时间利用自己的感官感受来享受此刻的愉悦，可以用心欣赏一幅画作，可以感受一朵花沁人心脾的芬芳，或者有滋有味地享用眼前的美食。
- 时不时抽出时间让自己沉浸在某个爱好、某项运动或某个娱乐活动之中。考虑学习一个新的话题或培养一项新技能。
- 注意休息。如果总是记不得休息的话，不妨将这一项写到计划中去。抽出时间来关注自己的个人需求。对于此刻的你来说，什么东西最能让你兴致盎然？什么东西能够让你干劲十足？
- 注意照顾好自己的身体。锻炼身体，好好吃饭，时不时地多加休息。这些习惯能够改善你的健康状况，帮助你更好地享受生活。

关键行动

对你来说，将从容面对变化与不确定，应对理论、想法与模棱两可的状况，把握此时此刻，这些事情是否具有挑战性？如果你的答案是肯定的，那么本节探讨的哪个策略是有帮助的并值得一试？

缜密型的人的职业平衡

缜密型的人生活的能量来源于内心世界的反思及对过去经历的整理。他们不断地吸收和消化信息，久而久之，在他们的脑海里就形成了一个丰富的资料库。

你的职业性格是什么？

鉴于此，他们必须透过对外在世界的关注和采取实际行动来平衡他们内在关注的特质。平衡的决策方式有助于他们的观察可以围绕某个重点，同时也可以帮助他们找到行动的目的与方向。

一般来说，人们在吸收信息时通常采用两种方式：从价值观出发和从逻辑分析出发。在性格类型理论中，这两种方式分别被称为实感（F）和直觉（T）。虽然所有人在评估信息或制定决策的过程中都会时不时地综合使用两种模式，但一定会更倾向于其中一种。你可以参照本书第 2 章中的描述找出在这两种方式中，哪种方式是你感到更自然的方式。

语义上的实感和直觉这两个词有很多含义，并不仅仅与如何吸收信息有关，所以为了避免歧义，在本书中我们将感性做决定的人称为感性缜密型（ISFJ）；而把理性做决定的人称为逻辑缜密型（ISTJ）。

这两种方式有着不同的关注重点，但都集中了缜密型的人善于做出选择和采取行动的特质。在生命的过程中，他们会不断运用和融合这两种方式来帮助他们做出决定和选择行动。久而久之，这种自然的发展历程将令缜密型的人在决策时更加灵活。

感性缜密型的人在对信息进行评估时会很自然地以个人的价值观为基础。他们的行动方式与务实贡献型的人有些类似，关心他人的即时需要，同样处事亲力亲为，关心他人，甚至所从事的工作或所喜欢做的事情也往往比较接近。但是请记住，对缜密型的人来说，帮助和理解他人的情况只是次要的，最重要的是对周围世界的关注和了解。

随着时间的推移，通常在生命的后半段，感性缜密型的人会学着在制定决策的过程中更多地糅合逻辑性因素，在从人性化角度出发来评估自己的选择与行动的同时，也会综合考虑客观因素，同时也会更为密切地关注自己的行为所带来的逻辑结果。

逻辑缜密型的人在对信息进行评估时会自然地使用逻辑分析的方法。他们的行动方式与务实果断型的人有些类似，有效地朝预定的实际目标进发，凡事以任务为中心，甚至所从事的工作或所喜欢做的事情也往往比较近似。但是请记住对逻辑缜密型的人来说，对逻辑分析的关注是次要的，最重要的是对事实和细节的吸收消化。

随着在生活中不断成长，逻辑缜密型的人会学着在制定决策的过程中更多地关注现实情况及涉及的相关人员。他们在建立和谐人际关系并且了解对方的过程中，会更注重谈判与妥协之外的东西，因为他们看待这个世界的视角融入了更为柔和的人性化因素。

本章的其余段落大致分为两个部分——第一部分是为 ISFJ 型的人量身定制的，第二部分针对的则是 ISTJ 型的人。你可能发现，首先阅读对自己来说最自然的平衡方式很有帮助。之后，你可以阅读另一种平衡方式，这样就知道随着自己不断成长和成熟，未来有什么等着自己。如果你已经人到中年，你可能对两部分都有兴趣，因为在人生的这个阶段，你可能已经有足够的动力来培养自己并不偏好的决策方式。

你如何寻找平衡？

☐ 我更像 ISFJ	☐ 我更像 ISTJ
我是感性缜密型的人。首先我会以基于价值观的决策方式来平衡我对现实事务的内在关注的特征。当我日趋成熟时，我会学习在做决定时更加关注逻辑分析来进一步平衡。	我是逻辑缜密型的人，首先我会以逻辑决策方式来平衡我对现实事务的内在关注的特征。当我日趋成熟时，我会学习在做决定时更加关注价值观与人性化考量来进一步平衡。

ISFJ：感性缜密型的人的工作方式

"不要惹是生非！"

最新研究显示，在美国成年人中，感性缜密型的人（ISFJ）所占比例为 13.8%。感性缜密型的人以对人的价值观的关注来平衡他们对现实事务的内在关注特征，与贡献型的人很像，他们喜欢与团队或小组一起努力朝他们认为有意义的目标努力，并在不同情况下，为成员提供协调、组织和帮助。感性缜密型的人喜欢寻找一切机会帮助他人，热衷于创造积极、互相支持、和谐的环境，并乐在其中。下面是一位感性缜密型的人的说法：

"团队必须经常沟通才能顺利完成工作。团队成员需要互相鼓励，得到团队领导的大力支持才能有效地完成工作。"

感性缜密型的人通过对人性化及价值观的关注来平衡自己对细节的重视，他们最初表现出来的缜密型工作方式与逻辑缜密型的人有着很大的不同。然而，逻辑缜密型的人在步入中年后，会发现这种对细节的关注反映了他们提升和成长的方向。

你的职业性格是什么？

■ **感性缜密型的人做什么最自然**

帮助他人

感性缜密型的人通过对他人需要的关注来平衡自己对经验的积累和敏锐的观察能力。他们适合能为他人提供实际帮助的工作，如医生或护士。他们会仔细而全面地评估病人的症状，十分体贴和关心病人。又或者选择医疗保健方面的工作，如牙医、外科医生、呼吸系统和放射科专家、语言病理学家或治疗师。

感性缜密型的人喜欢为满足他人的日常需要提供及时实际的帮助，因此他们也许会成为出色的儿童护理工作者、理发师、出纳，又或者可以向他人提供帮助的社会工作者、辅导员、教师等。下面是一位感性缜密型的人描述她是如何对待他人的：

"我喜欢和别人打交道，尊重别人。把每个人都当成独特的个体对我来说很重要，而每个人为这个社会做出的贡献都应该获得认同和赞赏。"

确保事情进展顺利

感性缜密型的人特别喜欢一对一的工作，为他人提供个人化的服务。他们经常充当支持者的角色，如助理或副手等。他们亦擅长组织和管理细节，能够妥善安排事情，处理大量细节。他们常在幕后工作，以确保事情和项目的顺利进行。下面是一个感性缜密型的人描述她做仲裁助理时的工作情形：

"在仲裁过程中，我会坐在一旁认真倾听。我具有很好的记忆力，能够逐字逐句地回忆当事人所说的话。这样我就能为仲裁官提供和分享所有的信息，确保没有遗漏掉重要信息。我也喜欢准备、收集和组织仲裁所必需的信息。在需要的时候，我能很快地找出相关资料，并与仲裁官分享。但是我并不想做最前线的仲裁角色。对我来说，在幕后倾听和收集信息，为整个仲裁过程提供必要支持让我感到满足。"

支持他人

对感性缜密型的人来说，给予和得到正面反馈都是十分重要的。他们寻找机会支持他人，也希望别人和他们一样能这样做。他们甘居幕后，倾听的时间往往多于说话的时间，通常不会提及太多自己的事情。因此如果自己的努力没有得到足够赏识，他们也会觉得别人将自己的付出当成了想当然的事情。也许他们需要更加积极主动地去和别人分享成果，从而让自己的成就得到他人的了解和认可。

感性缜密型的人喜欢被需要的感觉，会设法帮助他人解决困难或走出困局，他们是团队中忠实的参与者，但是过于在意或太过依靠别人的反馈。他们具有强烈的责任感，这让他们在做决定时更多依据别人的需要而不是自己的需要。学会表达自己的个人需求，同时注意不要让过多的工作与生活角色拖垮自己，对于感性缜密型的人来说是个挑战。

管理细节

感性缜密型的人做事时喜欢遵循流程和关注细节，享受不同类型的技术或管理职位的工作。他们希望所有的流程都公平公正、易于执行。一位在政府部门工作，从事行政文书处理工作的感性缜密型的人觉得在工作中帮助他人是一件非常有意义的事情：

"我喜欢帮助客户处理继续学习所需的文件，我喜欢尽量使他们的申请过程变得清晰简单。"

感性缜密型的人的理想工作环境

关注你的个人偏好，你便可以更准确地找到让你感到满足的工作类型。下面归纳和总结了感性缜密型的人的理想工作环境，你可以看看哪些描述更适合你。

作为一个感性缜密型的人，我偏爱下列工作环境：
- ☐ 系统化和结构化
- ☐ 气氛和谐，成员之间相互支持
- ☐ 有机会为他人提供帮助和支持
- ☐ 使流程更加实用，让使用者觉得更为便捷
- ☐ 明确的工作流程和期望
- ☐ 有机会管理和处理细节
- ☐ 尊重并认可他人的价值观
- ☐ 看重别人的知识与贡献
- ☐ 尊重和善地对待他人

■ 感性缜密型的人感兴趣的工作

以下是感性缜密型的人可能感兴趣的工作。这份清单是参照数据进行归纳的，数据显示，感性缜密型的人从事下述这些行业的概率高于其他行业。

在这份职业清单中，我们使用了 5 个总结性标题，按照 O*NET 网站提供的信息，这些类型的工作对感性缜密型的人来说充满了吸引力。O*NET 是一个庞大的互动性数据库，专门提供职业相关信息，用于探讨与研究职业选择。O*NET 内部对工作类型进行了划分，划分依据不仅考虑了工作本身的内容，还涉及完成该项工作所需的技能、需要接受的教育或培训。你可以在 O*NET 的网站上浏览所罗列的职业或工作类型。在这个网站上，你会发现关于职业的广泛信息。第六

你的职业性格是什么？

个标题"其他"提供了一些职业的样本，涵盖了 O*NET 网站分类系统所划分出的其他工作类型，这些工作同样可以吸引感性缜密型的人。

解读职业信息的要点

每种职业都借助编号提供了一些信息，帮助你更好地评估这份职业是否适合自己。

🍃=绿色职业　与降低化石燃料的使用、减轻污染、提高能源效率及提升可再生能源的使用息息相关。

✺=前景光明的职业　从经济意义上来看十分重要的行业，这些行业有可能实现长期增长，或正因为技术与创新而发生翻天覆地的变化。

工作区域　数字编码（1～5），总结了想要进入这个行业需要进行的准备（如教育、培训或经验传授）。1～5代表所需要进行的准备由少到多。

职业趣味性　字母编码（R、I、A、S、E、C 的组合），体现了这一职业的趣味性情况。这些结论是与荷兰的趣味性模型及工作环境一致的。

社区与社会服务

神职人员 5SEA　　　　　　　　主管，宗教活动与教育业 4ESC
健康教育工作者✺4SE　　　　　医疗与公共健康社会工作者✺5SI

教育、培训与图书馆

档案管理员 4CI　　　　　　　　博物馆长 4EC
小学教师✺4SAC　　　　　　　　中学教师✺4SA
护理讲师与教师 5SI　　　　　　高中教师✺4SAE
教师助理✺3SC

医疗保健与技术

运动员教练 5SRI　　　　　　　重症护理✺3SIR
口腔卫生工作者✺3SRC　　　　　家庭医生与一般医生✺5IS
健康技术专家与技师 4RI　　　　注册实习护士与注册专业
医疗记录与健康信息技师✺2CE　　　护士✺3SR
职业理疗师✺5SI　　　　　　　　护理从业人员 5SIR
牙齿校正医师 5IRS　　　　　　 验光师✺3ECR
发音治疗师✺5SIA　　　　　　　放射科技术人员✺3RCS

第7章 缜密型的人：专注与稳定

外科技师✺3RSC

医疗支持

家庭健康护理✺2SR

护理助理、护理员与服务员✺2SRC

按摩治疗师✺3SR

办公室与行政支持

簿记、会计与审计职员✺3CE

图书馆助理✺3CRS

文书处理员与打字员 2CE

支持工作者的一线总监或
　经理✺3ECS

工资结算员与计时员✺2CE

其他

下面的清单涵盖了可能吸引感性缜密型的人的其他工作类型。

房地产评估员与评定员✺3CEI

校车司机✺2RC

惩教人员与狱警 3REC

电工🍃✺3RIC

艺术家 2AR

食物准备工作人员✺1RC

历史学家 5I

珠宝商 3RA

佣人与房屋清扫人员✺1RC

乐器演奏家 3AE

警察身份证明和记录员✺3CRI

官衔审查、摘录员、搜查员 3CER

房地产评估员✺4ECR

临床护理专家✺5ESC

牙科实验室技师✺2RIC

农民与农场主🍃3REC

渔业与狩猎监督官🍃4RI

丧葬承办人 3ESC

医疗信息学护士✺4SI

贷款顾问 4ESC

音乐家与歌手 3AE

苗圃与温室管理人员 3ERC

安保人员✺2RCE

感性缜密型的人的技能强项和关注的能力

关注你的个人偏好，你便可以更准确地找到让你感到满足的工作类型。下面归纳和总结了感性缜密型的人的技能强项和关注的能力，你可以看看哪些描述更适合你。

作为一个感性缜密型的人，我具有以下技能强项并关注如下能力的提升：

☐ 行政管理　　　　　　　　　☐ 完成任务
☐ 关注细节　　　　　　　　　☐ 组织能力
☐ 沟通能力，特别是倾听　　　☐ 时间管理和项目管理能力

你的职业性格是什么？

☐ 协助他人　　　　　　　☐ 协调
☐ 支持他人　　　　　　　☐ 合作

■ 作为领导者的感性缜密型

感性缜密型的人在担任领导者时有着独特的优势，他们有着自然独特的领导方式，作为下属也呈现出独特的个性。

支持和协助

作为领导者，感性缜密型的人事事关心，没有一点架子。他们会致力于营造一个相互支持的环境，让每个人在和谐的环境中完成属于自己的任务。对于他们来说，需要完成的任务和团队中每个人的需要同样重要。

甘居幕后，为他人提供支持和协助是感性缜密型的人所欣赏的领导方式，提供必要的信息和支持而不只是命令是他们典型的领导风格。他们会努力确保每个人都得到必要的资源和支持去完成自己的工作。但是他们往往会基于过去的经验判断别人需要什么，而不是直接询问当事人。也正因为如此，他们也许会误解别人的需要，直接询问别人的需要对他们来说是需要得到重视的方法。

作为领导者，感性缜密型的人往往能够记住一些特别的场景。他们不吝于赞扬他人，会致力于维护组织里的传统，尤其是那些对人表示肯定和赞美的好的做法。他们希望能够在组织中通过这些活动巩固相互之间的联系，提升归属感。

遵守规则

感性缜密型的人通常具有强烈的职业操守，遵守规则，同时亦希望其他人也和他们一样。他们具有高度的责任感，工作认真负责，竭尽全力在规定的时间内完成工作。如果下属没有认真工作，缺乏承担，不遵守规则，他们便会归咎于自己。为了确保完成工作，他们或许会承担额外的责任，从而避免和他人发生冲突。

逃避冲突

感性缜密型的人往往不愿意直接与他人发生冲突，因此不会直接表达自己对他人的失望等情绪，但是过了一段时间以后，他们又会为下属的过差表现而感到沮丧，可能过度地指责或批判表现差的人。讽刺的是，他们也了解对下属的这种反馈方式无助于解决问题。

面对冲突和不和谐的情况，感性缜密型的人常感到灰心。直面冲突，处理意见不合的状况，对于他们来说是一件很难的事情。如何给下属直接和及时的反馈是他们需要改善的领域，因为他们并不了解直接和果断处理冲突的方式能够为工作关系带来积极的影响。

作为领导者的感性缜密型

关注你的个人偏好，你便可以更准确地找到让你感到满足的工作类型。下面归纳和总结了感性缜密型的人所偏好的领导风格，你可以看看哪些描述更适合你。

作为一个感性缜密型的领导者，我喜欢：
- ☐ 致力于营造互相支持的环境
- ☐ 不吝于赞美他人，极力维护组织的传统
- ☐ 加强团队成员之间的联系，提升归属感
- ☐ 为他人提供支持和协助
- ☐ 提供支持而不是发出命令
- ☐ 关注下属的需要
- ☐ 甘居幕后
- ☐ 遵守规则
- ☐ 在规定的时间内完成工作
- ☐ 确保每个人都得到完成工作必需的资源和支持
- ☐ 避免冲突

■ 作为团队成员的感性缜密型

感性缜密型的人非常重视友谊，喜欢与他人共同合作完成任务。作为团队成员，他们非常忠诚和可靠，能够在规定的时间内认真仔细地完成分配给他们的任务。

感性缜密型的人很容易被团队中的不和谐气氛所影响，并不喜欢在充满竞争的环境中工作。作为团队中的一员，他们注重团队目标的达成，而不是关注个人成就。对他们来说，合作是团队工作的一个重要元素。他们喜欢在幕后为他人提供支持和协助，而不是领导他人。

给予和接受正面反馈、支持对感性缜密型的人来说非常重要。他们天生喜欢在幕后支持他人，但如果自己的成绩没有被认可，他们会觉得自己所有的努力与奉献都被别人当成理所当然。不一定每次都要对他们单独赞扬，只要团队的努力得到认可他们就觉得很满足了。但如果所支持的人偶尔对他们的工作给予一些正面反馈，他们会非常感激。

作为团队成员的感性缜密型

关注你的个人偏好，你便可以更准确地找出让你感到满足的工作类型。下面归纳和总结了感性缜密型的人所偏爱的团队工作方式，你可以看看哪些描述更适合你。

作为一个感性缜密型的团队成员，我偏爱：

你的职业性格是什么？

- ☐ 重视团队成员之间的友谊
- ☐ 为共同的目标通力合作
- ☐ 喜欢提供支持和协助
- ☐ 给予积极正面的反馈和支持
- ☐ 会因为收到的积极反馈而深表感激
- ☐ 不喜欢充满竞争的工作环境，不喜欢不和谐的氛围
- ☐ 甘居幕后
- ☐ 认真仔细，完成所交付的任务

■ 感性缜密型的人的学习风格

感性缜密型不喜欢过于理论化、太过抽象或杂乱无章的知识，认为那些能在实际生活中应用的务实的知识非常有用。他们会不时反思自己的经历，需要把眼下的信息与过去的经验联系起来。在这方面，个人经验和实际的案例无疑对他们特别有帮助。

他们希望知识或信息能够清晰和循序渐进地展开，没有遗漏重要的事实和细节，尤其是在某个条理清楚的框架下展现出来的事实和细节。他们偏爱系统化的学习环境，清晰的学习目标和指令对他们是非常重要的，因为这有助于他们设定自己的目标及时间和进程管理计划，这是他们最擅长的工作。

在学习过程中，感性缜密型的人渴望来自他人的支持和鼓励。对他们来说，学习中很重要的一件事是，导师或辅导员对他们关心，并经常给予正面反馈。他们期待自己在学习上所付出的努力都被别人看在眼里，成为别人赞扬的对象，尤其是一对一的赞扬，能够让他们感受到个人关怀的表扬方式，会让他们更喜欢。

感性缜密型的人的学习风格

关注你的个人偏好，你便可以更准确地找到让你感到满足的工作类型。下面归纳和总结了感性缜密型的人偏爱的学习方式，你可以看看哪些描述更适合你。

作为一个感性缜密型的人，我偏爱：

- ☐ 不喜欢太理论、抽象和杂乱的知识
- ☐ 喜欢能在现实中应用的实用知识
- ☐ 建立知识与过去经验的联系
- ☐ 个人经历和实际案例的辅助
- ☐ 喜欢清晰和循序渐进展开的知识
- ☐ 喜欢系统化，相互帮助的学习环境
- ☐ 希望获得清晰的学习目标和指令
- ☐ 渴望支持和鼓励，努力得到认同

性格偏好与与生俱来的倾向可以作为自我评估的出发点。在阅读这一部分的过程中，一些陈述你可能认可，而另一些陈述你可能不认可。这样的反应是常见的，因为每个人表达自己性格特征的方式都不同。阅读总体信息可以作为决定事

业发展方向的出发点。现在，你需要进一步进行自我评估，具体方法就是将这些总体性陈述和自己的个人生活结合起来。下面这些问题可以帮助你将这一部分的内容和自己的具体情况联系起来。在回顾本章内容的过程中不要忘了比照这些问题：

- 这种性格的所有特征是否符合我的真实情况？哪些部分符合？哪些部分不符合？
- 是不是有哪个部分的描述对我来说尤为重要或关键？
- 我可以将哪些信息用于具体实践，从而决定自己的事业发展方向？
- 我应该如何调整自己的事业发展方向？哪些方面应该强化？又有哪些方面应该弱化？
- 在未来工作中，我想将重心放在哪个方面？

在这一过程中，你可能想用各种标注方法着重突出一些部分，或者想在书页的空白部分写些笔记，或者制作一系列索引卡，或者在笔记本上认真做笔记。不管采取什么方式完成这项工作，问题的关键在于一定要保证记录的信息可以真实地描述你目前的情况。设想自己的理想工作应该是怎样的，有哪些具体的工作内容，有什么样的工作环境，你在工作中会应用哪些技能，你期盼以怎样的方式领导他人或被他人领导，你希望为团队做出什么样的贡献，你想要以什么样的方式不断学习与成长。

同时也思考一下自己目前处于怎样的发展阶段。你现在利用哪些方法来平衡自己的自然工作方式？你是否正在过渡到新的平衡方式中去？一定要记住，每个人的情况都是独一无二的。以果断型和分析型的人为例，这两种类型的人在沟通的时候喜欢就事论事。但是，他们还是会或多或少地通过移情作用和他人建立联系。这两种人如果愿意花费时间和精力，通过学习最终从事人事服务工作，就有可能与在技术领域独立工作的同种类型的人做事方式截然不同。

关键行动

现在，你已经做好准备，将自己的自然偏好和具体情况结合起来了。

描述你最想从工作中得到什么。不要单纯地罗列一系列工作，而要将重点放在说明自己的个人偏好上。

_____

_____

现在，你已经认识到了自己的工作偏好，你可以直接阅读对 ISTJ 性格类型

你的职业性格是什么？

的介绍，如果你有兴趣培养基于逻辑的决策方式，更应如此。如果你已经准备好通过评估自己的价值观、生活方式和局限来继续完成职业规划的过程，可以直接跳到第11章。

ISTJ：逻辑缜密型的人的工作方式

"为什么要白费力气做同样的事情？"

最新研究显示，在美国成年人中，逻辑缜密型的人（ISTJ）所占比例为11.6%。他们是果断理性的一群人，凡事以任务为中心，关注有效率地履行职责和达成目标。他们喜欢因为取得成就而得到一些小礼品或金钱方面的奖励，因为这种物质奖励能够为他们带来安全感和稳定感。

基于性格特征，逻辑缜密型的人经常会成长为某方面的专家，如某些技术领域，尤其是维护和操作设备、系统的工作，十分擅长察觉和改正不合理的状况。他们处事独立认真，在架构清晰、目标明确和不受外界干扰的环境中表现出色。

基于以逻辑分析的方法来平衡他们对于细节的关注度，所以逻辑缜密型最初表现出来的工作方式与感性缜密型的人有着很大的不同。然而，感性缜密型的人在步入中年后，亦会发现这种基于远景的决策方式恰好反映了他们提升和成长的方向。

■ 逻辑缜密型的人做什么最自然

遵循规则

逻辑缜密型的人具有强烈的适应规则的愿望，并会小心翼翼地遵循。他们希望能专心地完成工作，通过认真而精确地利用既有规则和流程来尽量有效地完成任务。他们并不抗拒例行或重复的工作，擅长集中精力关注所有细节。在工作过程中，他们不喜欢被打扰，这样他们就能长时间专注于工作。他们非常有条理性，凡事以任务为中心。时间长而且不着边际的会议、工作制度的缺陷，都是让他们分心和沮丧的事情。下面是一位强调独立工作的野外生态考察人员的现身说法：

"我喜欢外出从事野外考察工作。我在户外完成的工作远比在办公室里完成的工作多。在户外工作的时候，我不会被电话和会议打扰。而在路上的时间，我通常用于计划和组织下一步应该做什么。"

精确认真

逻辑缜密型的人处理事实和细节精确而认真，那些需要处理钱财和数据，并且因此承担责任的工作对他们再合适不过了，因此你常常在会计师、审计师、银行家、财务人员、保险代理或者采购代理等工作中发现他们的身影。下面是一位逻辑缜密型的人描述他的工作风格：

"我是一个强调细节的人。我会认真仔细地思考每件事情，我认为花时间全面透彻地去理解一件事情是很重要的。"

逻辑缜密型的人做事有强烈的是非观念，他们希望能以正确而讲求效率的方式完成任务，同时更喜欢单枪匹马。但是，如果他们拿不准什么才是正确的流程，就会寻求别人的指令。一个逻辑缜密型的人这样解释道：

"在工作中，我喜欢遵循既定流程。如果完成某件事情的流程并不是一目了然的，我就会希望别人可以给出具体的指示。如果没有人知道具体的流程是怎样的，我就会依靠自己的力量尽可能做出最好的判断。我会留心自己完成了哪些工作，以及自己的具体做法。稍后，我会评估自己的处理方式是不是最好的。"

逻辑分析和决策

逻辑缜密型的人擅长运用逻辑分析能力做出艰难的决定。他们明辨是非，做出的决定通常都能依循原则，并顾及组织的整体性。他们讨厌模棱两可和模糊的情况，宁愿处理琐碎的事实和细节，也不愿面对有很多可能性的不确定状况。

他们喜欢担当管理者或顾问的角色，常见于不同行业中的管理人员和监督人员中。他们处事可靠，并且认真仔细，值得信赖。他们与人相处时态度诚恳、务实、理性和果断。通常他们看上去相当独立，客观冷静，有时甚至显得拒人于千里之外。但是其实他们在心底里也是关心体贴的人，经常作为志愿者或成为社区组织中的一员，为社会做出自己的贡献。

他们十分擅长运用自己的逻辑分析和留意细节的能力，来发现和纠正工作中的异常状况。他们具有很好的细节观察能力，十分强调严格的标准，因此总是能够发现工作过程中细微的差异和分歧。一般来说，正确性和精准性对于逻辑缜密型的人非常重要。

逻辑缜密型的人的理想工作环境

关注你的个人偏好，你便可以更准确地找到让你感到满足的工作类型。下面归纳和总结了逻辑缜密型的人的理想工作环境，你可以看看哪些描述更适合你。

你的职业性格是什么？

> 作为一个逻辑缜密型的人，我偏爱下列工作环境：
> ☐ 稳定、可预测的工作环境　　☐ 不被外界干扰，专注于工作
> ☐ 运用逻辑分析和决策能力的机会　　☐ 参与需要精确度和周密计划的工作
> ☐ 有机会从事监管或管理工作　　☐ 结构清晰，井井有条
> ☐ 清晰的工作目标和期望　　☐ 有独立工作的机会
> ☐ 重视工作能力和工作效率

■ 逻辑缜密型的人感兴趣的工作

以下是逻辑缜密型的人可能感兴趣的工作。这份清单是参照数据进行归纳的，数据显示，逻辑缜密型的人从事下述这些行业的概率高于其他行业。

在这份职业清单中，我们使用了5个总结性标题，按照O*NET网站提供的信息，这些类型的工作，对逻辑缜密型的人来说充满了吸引力。O*NET是一个庞大的互动性数据库，专门提供职业相关信息，用于探讨与研究职业选择。O*NET内部对工作类型进行了划分，划分依据不仅考虑了工作本身的内容，还涉及完成该项工作所需的技能、需要接受的教育或培训。你可以在O*NET的网站上浏览所罗列的职业或工作类型。在这个网站上，你会发现关于职业的广泛信息。第六个标题"其他"提供了一些职业的样本，涵盖了O*NET网站分类系统所划分的其他工作类型，这些工作同样可以吸引逻辑缜密型的人。

解读职业信息的要点

每种职业都借助编号提供了一些信息，帮助你更好地评估这份职业是否适合自己。

🍃**=绿色职业**　与降低化石燃料的使用、减轻污染、提高能源效率及提升可再生能源的使用息息相关。

✹**=前景光明的职业**　从经济意义上来看十分重要的行业，这些行业有可能实现长期增长，或正因为技术与创新而发生翻天覆地的变化。

工作区域　数字编码（1~5），总结了想要进入这个行业需要进行的准备（如教育、培训或经验传授）。1~5代表所需要进行的准备由少到多。

职业趣味性　字母编码（R、I、A、S、E、C的组合），体现了这一职业的趣味性情况。这些结论是与荷兰的趣味性模型及工作环境一致的。

第7章 缜密型的人：专注与稳定

商业与金融操作

会计师 ✱ 4CE

审计师 ✱ 4CEI

合规官员 ✱ 4CIR

成本预算师 ✱ 4CE

环境合规检查员 ✱ 4CIR

财务核查师 4EC

人力资源、培训与劳工关系
　专家 4ESC

信贷主管 ✱ 3CES

采购员 ✱ 3CE

报税员 3CE

房地产评估师与评审员 ✱ 3CEI

预算分析师 ✱ 4CEI

检验员 ✱ 5IRC

信贷分析师 ✱ 4CE

金融分析师 ✿ 4CIE

政府物业检查员与调查员 ✱ 3CER

保险精算人、检查员与调查员 ✱ 3CE

物流师 ✱ 4EC

税务检验员、收税员与税务员 3CE

批发与零售采购员 ✿ ✱ 3EC

计算机与数学

保险精算师 ✱ 4CIE

计算机安全专家 ✱ 4CIR

计算机软件工程师
　（系统软件类）✿ ✱ 4ICR

计算机系统分析师 ✱ 4ICR

网络与计算机系统管理员 ✱ 4IRC

运行研究分析师 ✱ 5ICE

计算机程序员 4IC

计算机软件工程师（应用类）✱ 4IRC

计算机支持服务专家 ✱ 3RIC

数据库管理员 ✱ 4CI

网络系统与数据沟通分析师 ✱ 3IC

软件质量保证工程师与测试人员 4ICR

统计员 5CI

安装、养护与维修

飞机技师与服务技师 ✱ 3RCI

电脑、自动取款机与办公
　设备维修人员 ✱ 3RCI

电力传输线安装与维修人员 ✿ ✱ 3RIC

维修与养护工作人员
　（一般业务）✿ ✱ 3RCI

乐器维修人员与调音师 3RAI

汽车首席技师 ✱ 3RI

电器与电子产品维修人员 ✿ ✱ 3RIC

电子家庭娱乐设备安装与维修人
　员 3RC

医疗设备维修人员 ✱ 3RIC

电子通信设备安装与维修人员 3RIC

电子通信线路安装与维修人员 ✱ 2RE

生命、自然与社会科学

动物学家 5IR

航天与宇宙学家 ✿ 4IR

179

生物化学家与生物物理学家 ✿ 5IAR　　生物物理技师 ✿ 4RIC
生物学家 5IR　　化学家 🍃✿ 4IRC
经济学家 5ICE　　环境科学与环保技师 🍃✿ 4IRC
环境科学家与专家 🍃✿ 4IRC　　食品科学家与技术专家 5IRC
法医科学家 4IRC　　地质学家 🍃✿ 4IR
市场研究分析员 ✿ 4IEC　　微生物学家 ✿ 5IR
土壤与植物科学家 5IR　　城市与地区规划师 🍃✿ 5IEA

管理

下面的清单涵盖了一些能够吸引逻辑缜密型的人的管理工作。你会发现，这种类型的人会被很多管理职位所吸引。逻辑缜密型的人同样也热衷于众多工作门类中一线监督人员或经理的工作。受到个人经历与兴趣的影响，你可能对某个领域的一线监督与经理的职位感兴趣。想要找到关于这些职业的说明，你可以首先确定自己感兴趣的一个工作类型，然后在O*NET上寻找"一线监管人员/经理"的门类具体包含哪些职业。

行政服务经理 ✿ 3EC　　行政长官 ✿ 5EC
临床研究协调员 ✿ 4EIC　　薪酬与福利经理 ✿ 4ECS
合规经理 🍃 4CER　　计算机与信息系统经理 ✿ 4ECI
施工管理人员 🍃 4ERC　　工程经理 🍃✿ 5ERI
农民与农场主 🍃 3REC　　财务经理 ✿ 4CE
一般与运营经理 🍃 3ECS　　工业生产经理 🍃 3EC
投资基金经理 4EC　　物流经理 🍃 4EC
邮政局局长与邮件管理者 3ECS　　采购经理 ✿ 4EC
交通运输、仓储与配送经理 ✿ 4EC　　财务主管与总监 ✿ 5CE

其他

逻辑缜密型的人也会对工程设计门类的工作感兴趣。如果对这方面感兴趣，你就要考虑并研究一下，下列这些对逻辑缜密型的人有吸引力的工作类型：航空航天、农业、化学、民事、计算机硬件、电子设备、电器产品、环境、工业、工业安全与健康、材料、制造机械与石油。

逻辑缜密型的人同样会对电器工程、电子设备工程领域的工程技师工作及机电工程领域、电子设备工程和工业工程领域的工程技术专家的工作感兴趣。另外，他们还会倾向于建筑与民用工程设计领域的工作。

第7章 缜密型的人：专注与稳定

逻辑缜密型的人也会对安装、运营或维护机械的工作感兴趣。他们处理的设备，功能可能是多种多样的，包括研磨、粉碎、抛光、挤压、成型与压制、压实、磨光、车床加工、模塑、铸造、制粉与印刷设备。想要了解该类职业的更多信息，可以在O*NET网站上搜索"运行或维护机器"。逻辑缜密型的人同样会被运行设备的工作所吸引，像工厂与系统运营师、印刷设备运营师、废水与液体废物处理工厂与系统运营师、木工机床安装师、运营师和养护师，天然气工厂运营师、检查员、试验员、分拣员、采样员与称重员。

逻辑缜密型的人还会被医疗与健康领域的工作所吸引，像家庭与全科医生、内科医生、医疗与临床实验室技术人员、医疗记录与健康信息技师、验光师、牙齿矫正师、药剂师、手术技师和兽医。

下面的清单涵盖了可能吸引逻辑缜密型人的其他工作类型。

飞机驾驶员、副驾驶员，
　　飞机机械师☀ 4RCI
厨师与主厨☀ 3ERA
施工与建筑检查员🍃☀ 3RCI
法庭书记员 2CER
电工🍃☀ 3RIC
狱警与清洁工☀ 1RC
救生员、滑雪救护队成员与其他
　　娱乐设施保护服务工作者☀ 1RS
警探☀ 3EI
私家侦探与调查员☀ 3EC
轮船船长☀ 3ER
职业教育教师 4S

档案员 4CI
商用飞机驾驶员☀ 3RIE
惩戒人员与狱警 3REC
侦探与刑事调查员☀ 3EI
移民与海关检查员☀ 4CER
法官、地方法官与地方行政长官 5ES
空军空乘人员 2CR
巡警☀ 3REC
感化官及惩教治疗专家 4SEC
安保人员☀ 2RCE
销售代理、证券与大宗商品
　　代理人☀ 4EC
结构性金属生产人员🍃 3RC

逻辑缜密型的人的技能强项和关注的能力

关注你的个人偏好，你便可以更准确地找到让你感到满足的工作类型。下面归纳和总结了逻辑缜密型的人的技能强项和关注的能力，你可以看看哪些描述更适合你。

作为一个逻辑缜密型的人，我具有以技能强项并关注如下能力的提升：

☐ 分析　　　　　　　　　　☐ 组织
☐ 对细节的关注　　　　　　☐ 策划
☐ 批判性思考　　　　　　　☐ 监管

☐ 决策	☐ 管理
☐ 追求精确度	☐ 独立工作

■ 作为领导者的逻辑缜密型

逻辑缜密型的人在担任领导者时有着独特的优势。他们有着自然独特的领导方式，作为下属也呈现出独特的个性。

遵守规则

作为领导者，逻辑缜密型的人通常表现出喜欢指手画脚和专制的一面。他们十分强调遵守规则和流程，对下属的希望也是这样。他们喜欢在等级分明的组织中工作，强调对权威的尊重。由于通常具有比他人严格的工作标准，所以公开与他人分享他们的期望和标准是非常重要的。他们喜欢担当管理者的角色，尤其是在架构分明和结构稳定的组织中。

以任务为重

逻辑缜密型的人关注任务及最终期限，在工作中会清楚地界定员工的职责和对员工的期望。他们重视个人独立性，愿意给予下属独立发挥的机会，期望他人能够很好地完成预定的工作。逻辑缜密型的人希望别人能够认真工作，并在规定时间内完成任务。

对逻辑缜密型的领导来说，最重要的是一切事情均在掌控之内，并能顺利有效地按时推进。对于延迟，尤其是因为缺乏人为跟进而造成工作延误的时候，他们便会失去耐心。

由于以任务为中心、坚持细节的特质，他们通常看上去过于专制，尤其是对那些想规避责任、不愿跟进或破坏规则的人更为苛刻。在他们的认知中，领导是应该帮助他人更有效地工作的。

作为领导者的逻辑缜密型

关注你的个人偏好，你便可以更准确地找到让你感到满足的工作类型。下面归纳和总结了逻辑缜密型的人偏爱的领导风格，你可以看看哪些描述更适合你。

作为一个逻辑缜密型的领导者，我喜欢：

☐ 向别人发出指令	☐ 设定很高的期望
☐ 确保下属谨慎地完成自己的工作	☐ 遵守规则和流程
☐ 注重独立性，以任务为中心	☐ 推进事情顺利、高效进行，按时完成

- [ ] 极力避免工作延误
- [ ] 清晰界定岗位职责
- [ ] 关注细节
- [ ] 尊重权威
- [ ] 恪守严格的工作标准

■ 作为团队成员的逻辑缜密型

逻辑缜密型的人是负责和忠诚的团队成员。他们以任务为重，喜欢有明确目标的工作。如果每个团队成员的职责和期望都已清晰界定，他们就会努力朝着自己的目标迈进，从而确保团队目标的完成。

作为团队成员，逻辑缜密型的人并没有多少耐心花时间去界定和建立工作流程。他们更倾向于团队中有一个能清晰划定目标、分配具体工作的领导，然后大家在他的领导下，遵照流程去完成自己的工作。对逻辑缜密型的人来说，这是完成团队工作的最有效方式。

逻辑缜密型的人对于建立团队默契和人际关系的工作有些不耐烦。他们不喜欢把时间和精力花在解决冲突和处理个人问题上。他们是这样认为的：人际冲突会令大家分散注意力，从而影响手头的工作，所以不应该在工作环境中处理。对其他类型的人来说，他们这种对工作的过于专注，有时实在有些令人吃惊。

作为团队成员的逻辑缜密型

关注你的个人偏好，你便可以更准确地找到让你感到满足的工作类型。下面归纳和总结了逻辑缜密型的人偏爱的团队工作方式，你可以看看哪些描述更适合你。

作为一个逻辑缜密型的团队成员，我偏爱：

- [ ] 忠诚负责
- [ ] 以任务为导向
- [ ] 团队成员有明确的职责和期望
- [ ] 不喜欢把时间和精力花在解决冲突和处理个人问题上
- [ ] 缺少耐心花时间去界定和建立工作流程
- [ ] 希望团队中有善于制定目标，分配具体工作的领导
- [ ] 团队合作，朝明确的目标努力
- [ ] 希望团队的每个成员都能自觉遵守规则并完成自己的工作

■ 逻辑缜密型的人的学习风格

在学习过程中，逻辑缜密型的人希望能够仔细地了解关于细节的信息，并通

你的职业性格是什么？

过有能力的导师以符合逻辑、井井有条的方式展现出来。他们通常在观察、体验学习中具有很好的表现，对于理论知识或者课堂讨论则没有太大兴趣，除非这些知识能直接即时地在实际中运用。具体而详尽的案例有助于他们将当前的知识与经验联系起来，最重要的是让他们将眼下所学的知识与他们已经掌握的知识联系起来。

对于工作环境中的学习，逻辑缜密型的人希望这种学习能够明确界定学习目标和期望，而所有学习活动和信息应该与学习目标直接相关。他们会努力地规划好自己的学习时间，完成别人要求的学习目标。

逻辑缜密型的人喜欢详尽精确的参考资料，他们也非常善于快速发现教学参考资料中的错误或前后矛盾的地方。他们通常会把这些错误归咎于缺乏严谨，而对于这些不完美的内容，他们或许会变得态度消极或缺乏投入。他们也非常抗拒缺少系统性、疏于提前准备而讲课随意的老师。对他们来说，在这种状况下学习，简直是浪费宝贵的时间和精力。

逻辑缜密型的人的学习风格

关注你的个人偏好，你便可以更准确地找到让你感到满足的工作类型。下面归纳和总结了逻辑缜密型的人偏爱的学习方式，你可以看看哪些描述更适合你。

作为一个逻辑缜密型的人，我偏爱：

- ☐ 渴望非常详尽地了解所有细节
- ☐ 希望所学的知识以逻辑有序的方式呈现
- ☐ 有专业能力的导师
- ☐ 通过观察和实践学习
- ☐ 需要时间来建立所学的知识与已知的知识之间的联系
- ☐ 明确的学习目标和期望
- ☐ 喜欢详细精确的参考材料
- ☐ 需要借助具体而详尽的案例学习

性格偏好与与生俱来的倾向可以作为自我评估的出发点。在阅读这一部分的过程中，一些陈述你可能认可，而另一些陈述你可能不认可。这样的反应是常见的，因为每个人表达自己性格特征的方式都不同。阅读总体信息可以作为决定事业发展方向的出发点。现在，你需要进一步进行自我评估，具体方法就是将这些总体性陈述与自己的个人生活结合起来。下面这些问题可以帮助你将这一部分的内容和自己的具体情况联系起来。在回顾本章内容的过程中不要忘了比照这些问题。

- 这种性格的所有特征是否符合我的真实情况？哪些部分符合？哪些部分不符合？
- 是不是有哪个部分的描述对我来说尤为重要或关键？

- 我可以将哪些信息用于具体实践，从而决定自己的事业发展方向？
- 我应该如何调整自己的事业发展方向？哪些方面应该强化？又有哪些方面应该弱化？
- 在未来工作中，我想将重心放在哪个方面？

在这一过程中，你可能想用各种标注方法着重突出一些部分，或者想在书页的空白部分写些笔记，或者制作一系列索引卡，或者在笔记本上认真做笔记。不管采取什么方式完成这项工作，问题的关键在于一定要保证记录的信息可以真实地描述你目前的情况。设想自己的理想工作应该是怎样的，有哪些具体的工作内容，有什么样的工作环境，你在工作中会应用哪些技能，你期盼以怎样的方式领导他人或被他人领导，你希望为团队做出什么样的贡献，你想以什么样的方式不断学习与成长。

同时也思考一下自己目前处于怎样的发展阶段。你现在利用哪些方法来平衡自己的自然工作方式？你是否正在过渡到新的平衡方式中去？一定要记住，每个人的情况都是独一无二的。以果断型和分析型的人为例，这些类型的人在沟通的时候喜欢就事论事。但是，他们还是会或多或少地通过移情作用与他人建立联系。这两种人如果愿意花费时间和精力，通过学习最终从事人事服务工作，就有可能与在技术领域独立工作的同种类型的人做事方式截然不同。

关键行动

现在，你已经做好准备，将自己的自然偏好和具体情况结合起来了。

描述一下你最想从工作中得到什么。不要单纯地罗列出一系列工作，而要将重点放在说明自己的个人偏好上。

_____

_____

现在，你已经认识到了自己的工作偏好，你可以直接阅读对 ISFJ 性格类型的介绍。如果你有兴趣培养基于价值观的决策方式，更应如此。如果你已经准备好通过评估自己的价值观、生活方式和局限来继续完成职业规划的过程，可以直接跳到第 11 章。

第8章
愿景型的人：解释与执行

性格类型：INFJ 和 INTJ

> 作为咨询公司的经理，把事情高质量地完成，是我觉得很自豪的事情。我必须把工作做好，因此我对客户和员工有很强的责任感和承诺。
>
> ——一个愿景型的人

最新研究显示，美国成年人中大约有 3.6% 是愿景型的人。在与外界的互动方式上，愿景型的人以果断坚决为特征。组织和调配人力物力，把工作妥善完成，是他们最感兴趣的工作内容。初看上去，感性愿景型的人颇像洞察贡献型的人，而逻辑愿景型的人则与洞察果断型的人近似。但是如果只是局限于第一印象，你不会注意到愿景型的人对于未来可能性的强烈关注。他们喜欢吸收和消化各种新奇的观点，从而创造自己崭新而独特的想法；他们可能是权威的理论家、诗人和未来主义者。这种内敛的关注度是指引感性愿景型与逻辑愿景型的人的力量。当朝着设定的目标迈进时，他们会关注于自己所构思的想法和可能性，并不断被此引导前行。这种对愿景和想法的关注，是他们自然工作方式最重要的特征。

愿景型的人这种内敛的处事方式直接而主动，这是一种完全不同的阐释信息的方式，因此他们具有顺畅转换行为模式和适应思维模式的能力。他们或许觉得没有必要向别人解释他们做决定时的想法，因此总是表现出一副镇定、安静和严肃的面孔，满足于根据知识作为内在的指引来理解身处的状况。因为沉浸于自己的内心世界，而他人往往对指引他们行动的想法缺乏透彻的了解，所以我们有时难免会觉得他们的行动出乎意料。

愿景型的人的工作方式

■ 愿景型的人做什么最自然

学习和诠释

愿景型的人天生就有这样的能力：反思自己掌握的知识，并用新的方式去解释已知信息,这种内在的灵感是他们人生的向导,也是他们始终关注的焦点。他们会不断质疑已有的数据或信息呈现、组织的模式,进而想出新的模式来替代现有的信息思考方式。对他们来说,没有什么事情是一成不变的。他们会对我们认为已经完全清楚的事情的基本假设产生怀疑,并从一种全新的视角提出自己的看法。他们善于用很多种不同方式去解释某个相同的问题。出于对想法和可能性的强烈关注,他们始终以未来为导向,并且总是关注变化。因此他们总是站在潮流的最前沿,这一点不足为奇。下面是一位愿景型的人的现身说法:

"我几十年前大学毕业,当时我的专业是计算机科学,在当时这可是第一次有大学开设这个专业。之所以选择这个专业,是因为我看到这个领域有很广阔的前景。"

对愿景型的人来说,学习新知识或将学到的知识应用于实际,永无止境。他们对知识和思想充满渴望,秉持终身学习的信念。如果你问起想要探索的事物或理论,他们会脱口而出说出好几个。他们喜欢学习和理论创新,用新框架整合各种创意,为已知的信息寻找新用途。对于他们来说,要完成一件事情,没有信息收集和处理的过程无疑是不现实的,对他们的想象加以限制更是难以容忍的。不断吸收更多的知识,由此去探究不同事情之间的可能联系,正是他们所希望的。长期以来,他们或许会陷入这样的困境:因为有太多想法,他们很难从中抽身而出,理出头绪,这正是他们内在冲突的来源,他们总是希望尽可能多地学习新知识,并在实践中运用这些知识。

愿景型的人学习时会干劲十足。如果你是愿景型的人,一定要保证自己有机会学习自己感兴趣的知识领域,不一定拘泥于正规教育机会。你可能更喜欢阅读,更喜欢承担一些新颖而复杂的任务,可能喜欢跟随某个家教学习,也可能更喜欢在网上获取知识。和那些接触新理念时源源不断地涌现出来的兴奋感相比,学习方法就显得无关紧要了。在进行职业选择的时候,一定要考虑每种选择可以提供怎样的学习机会。

创意和组织新想法

愿景型的人热衷于研究、学习和实践理念的工作,在科学研究、咨询等领域往往不难发现他们的身影,尤其享受学术研究,因此也经常从事教师和教授的工作。

面对各种理论和想法,愿景型的人保持自我的独立性,并以此自我激励。灵感来的时候,他们会投入全部精力去深入了解某些理念并解决复杂的问题。在这个过程中,他们需要独处的时间去思索不同事情之间的联系和可能性,尤其是将

你的职业性格是什么？

不同的想法进行整合和整理以形成理论框架或制订实施计划的阶段。他们热衷于智力上的挑战，复杂的问题往往能够激起他们的斗志，通过重新定义问题产生的原因或改变对问题的描述来解决问题。他们会不断地从一个理论模式跳到另外一个理论模式上，或者跳出已有的思维框架寻找新的方式。那些对他们的灵感毫无帮助的常规程序只会让他们厌烦。

愿景型的人需要不停地接收信息来刺激自己的思维，喜欢就自己感兴趣的领域和他人进行深入的一对一交流。在沟通过程中，他们会不断地使用比喻、象征和其他抽象的表达方式，尝试着努力将自己的想法用语言表达出来。有时候他们没办法把自己的想法清楚地表达出来，因为单单用语言不能很好地把他们复杂的思考模式和所考虑到的各种可能性讲清楚。

愿景型的人不愿意别人为自己的思想设限，一旦接收到新的信息，他们会马上开始思考，开始构思新的应用方法或者另一种解释的角度。他们常常批评别人的观点的局限性和片面性，并自己花费大量时间去创造出独特和复杂的理论或者解释方式，所以他们常给人以富有个性的印象。同样，如果想要控制愿景型的人的思想，也是一件困难的事情。对于接收到的任何用不同理论或框架整合的信息，他们最终都会按照自己看待世界的方式决定是接受还是放弃这些信息。下面是一位愿景型的人描述他的教育经历时所提到的：

"我对日期等细节方面的信息丝毫没有兴趣。我喜欢了解某个想法背后隐含的意义，从而可以更好地了解它。愉悦的学习过程，就是这样一个接一个快乐的钻研时刻。我有自己的思维模式，我所学到的东西必须适应这个模式。如果出现问题，我会花时间调整我的思维模式。"

愿景型的人在从不同的角度审视某些观点、进行整理或深入思考，或者寻找不同观点之间关联的过程中会专心致志。作为愿景型的人，你可以抽出时间通过独特的方法处理各种想法。寻找工作机会的时候，尽量选择那些可以同时处理理论知识与现实问题的工作。

将想法付诸实践

愿景型的人喜欢采取行动，设法使自己的理念在实践中得以运用。如果某个想法得不到具体应用，那么短时间内他们就会对其失去兴趣。对他们来说，一个想法要有意义，必须能用于改进或创造更好的事物。而良好的计划和组织能力是愿景型的人的优势，也是将理论实际运用的保证。创新理念和对实际运用的关注为愿景型的人提供了源源不断的前进动力。

第8章 愿景型的人：解释与执行

在开始行动之前，愿景型的人通常会在心里制订出一个全盘计划。这个计划非常复杂而详细，但是不太仔细的旁观者也许留意不到其中的细节。他们会花费大量的时间和心血构思、制订计划，因此如果有人提出异议并修改他们自认为周密的计划，他们会觉得很不开心。

愿景型的人善于自我激励，经常表现出充满活力和正直的一面。他们以结果为导向，履行义务和完成工作时具有高度责任感。他们需要高效优质地完成所交付的工作，对于结果的质量具有很高的要求，称得上完美主义者。一位愿景型的人，当被问到她是否总是在规定的时间内完成工作时，她回答道：

"我想是的，我从来没有一次超出规定的时间完成工作。"

又或者说，她从来没有想过超过规定的期限完成工作。仅仅在脑海中构建想法和模型往往无法让愿景型的人满足。如果你是愿景型的人，找寻机会发挥自己的创造力会让自己在工作中实现满足感。发挥创造力可以通过各种各样的方式，如管理项目、制定流程手册与他人分享、写作、制作艺术品、调整现有体系以提升效率等。

愿景型的人的自然工作方式

愿景型的人在运用自然工作方式时具有最好的表现。了解你的不同偏好，你就可以更准确地评估什么样的工作方式才会让自己获得满足感。下面归纳和总结了愿景型的人的性格特点和工作偏好，你可以看看哪些描述更适合你。

作为一个愿景型的人，我在下列方面表现最好：

☐ 朝着长期目标努力
☐ 想出新的方式去理解已知事物
☐ 质疑已知事物的基本假设和前提
☐ 重新定义问题或改变呈现问题的框架结构
☐ 关注终身学习
☐ 学习理论，创建理论
☐ 为已知的信息寻找新的应用途径
☐ 富有独立性，善于自我激励
☐ 创新模式并解决复杂的问题
☐ 发挥计划和组织能力
☐ 对自己所获得的知识进行思考和分析
☐ 有独处的时间来思考不同事情之间的联系和可能性
☐ 喜欢智力上的挑战
☐ 解决复杂的问题
☐ 用不同方式解释同一个概念
☐ 避免循规蹈矩的工作内容
☐ 有机会和他人深入一对一地交流
☐ 运用比喻、象征和其他抽象的表达方式
☐ 通过行动使自己的理念在实践中得以运用
☐ 改进提升并创造更加完美的事物

最理想的工作方式

回顾对愿景型的人的工作方式的总结，摘出最能描述你工作方式的要点并填写在下面的空白处，这样有助于明确你自己想要在工作中从事什么样的具体活动，以及什么样的工作方式才是最能与你契合的。当然你也可以将上面没有提及的要点补充在下面。

对我而言，最重要的工作偏好是：
_____
_____

愿景型的人如何缓解工作压力

通过本章前面的内容，你已经确定了自己的性格类型是如何与自己偏好的工作活动和工作风格联系起来的。考虑什么样的工作内容和工作环境会让愿景型的人感到压力或觉得不适合自己，这是很有必要的。每个人都会在某段时间内从事自己并不喜欢的工作，但是如果长时间从事自己没有兴趣的工作，就可能造成工作压力或不满情绪。

本部分会着重指出对愿景型的人来说存在哪些工作压力。在阅读本部分的过程中，考虑一下自己目前的工作是否包含了书中所描述的活动。如果答案是肯定的，你或许需要考虑一下，是否需要通过某种方式来改变自己的某些工作内容，或者采取什么办法来最大限度地缓解压力。了解工作中让自己产生压力的要素，会帮助你明确哪些工作不适合自己，从而在实际抉择的过程中绕开这些工作。

对于愿景型的人来说，工作环境杂乱无章会让他们觉得有压力，而噪声和时不时的打断更会让他们厌烦。如果他们的工作从头到尾都是在和别人打交道，完全没有任何时间静下来独立思考，他们就会觉得缺乏满足感。因为这样的工作环境让他们没有办法按照自己喜欢的信息处理方式集中精力在同一个话题上。如果愿景型的人必须在这样的环境中工作，就需要想办法抽出一些时间，保证自己可以一个人独处，不会被打扰。你可以给别人一些暗示，告诉他们自己在这段时间里不想分心。如果周围的工作环境总是杂乱无序，你可以在自己的工作范围内建立起秩序和条理。

对于愿景型的人来说，处理烦琐的日常工作也是压力来源。他们感兴趣的是想法和可能性,而不是某个具体情况的事实与细节。日常琐事需要专注于外部世界,这就意味着他们可能没有足够的时间去思考更为广阔更为有趣的目标并且朝着这些目标努力。他们尤其讨厌和那些总是半途而废或缺乏主见的人合作。因为如果碰上这种情况,他们就需要抽出时间来,为别人差强人意的表现负责。愿景型的人会最大限度地避免因为这种事情浪费时间。如果需要处理日常琐事,愿景型的人可以想着手头的琐事会对更广阔的目标有用。

愿景型的人通常会着眼于未来,他们是推动变革的中坚力量。但是,如果某些变化是强加在他们身上的,他们接受得可能很慢,因为他们需要足够的时间来充分地评估这些改变所带来的好处,在思考的基础上做出判断。意料之外的事情同样会给愿景型的人带来压力,因为他们对于自己要做的事情总是有全盘规划,不欢迎任何计划之外的事情打断自己的计划。面对改变,愿景型的人想要成为筹划改变的一分子,希望自己可以参与到计划中去。他们需要确认自己有机会和他人进行沟通,从而了解对方想让自己接受怎样的改变,这样做才能让他们未雨绸缪,做好准备。

针对愿景型的人的职业和人生发展策略

本部分内容向愿景型的人展示了一生中应该如何从事业中获得最大的收获,不仅描述了有可能改善职业规划的两方面,同时也提供了一些实际的建议,帮助读者更为高效地规划自己的职业路径。另外,这一部分还讨论了另一个更为私人化的方面。从这三个亟待发展的方面综合出发,讨论可用来推动自己工作表现更好,并实现个人成长及收获个人满足感的一般性策略。

■ 设定更灵活的计划

愿景型的人有很强的组合各种方式的能力,他们会一切从大局出发,喜欢创造新的方式将自己的愿景转化为事实。愿景型的人喜欢提炼出并组织复杂而详细的计划。这一点原本是他们的优势。但是在将自己面面俱到的计划付诸实践的过程中,这种原本的优势反而会制造紧张的氛围。愿景型的人关注自己的内心世界。逻辑愿景型的人相对比较独立,通常会将自己的计划完善到尽善尽美的程度才会和别人分享。而面对他们的计划,其他人理所当然地想要贡献自己的观点,有些时候还会试图影响并且修改他们的计划。

对于愿景型的人来说,一旦计划已经做好,就很难改变自己的行动路径。如

你的职业性格是什么?

果别人在他们已经定好计划之后想要加入新的不同想法,愿景型的人采取的处理方式可能是忽略或煞费苦心地从头再来。第一种方式可能让与他们并肩作战的合作伙伴满腹怨言,而第二种方式会让愿景型的人本身觉得不舒服。所以愿景型的人必须找到其他方法,从而给予自己足够的自由,在规划前进道路的同时可以兼顾来自其他人的想法。

中途改变方向意味着需要修改原本考虑周详的计划,这可能让愿景型的人产生压力,如果改变会拖慢他们的脚步或让他们脱离原本的项目意图,他们就更会觉得压力大。这并不是因为他们憎恶改变或抗拒反馈。实际上,他们总是在孜孜不倦地追求精益求精,总会不断扩大自己计划的规模。对于他们来说,因为外界影响而被迫思考整个项目是一件非常困难的事情。

我们需要时刻牢记,愿景型的人不仅善于反思过去,同时也会关注不断前进。他们在着手开始一个项目之前,通常会事先在脑海中将整个行动方案都勾勒出来。计划开始实施后再进行调整,就会影响他们迫不及待想要完成某个事情的心情,因为重新思考与规划会占去他们相当多的时间和精力,会让他们原本已经精心计划好的进程放缓或改变方向。

同样的道理,愿景型的人不喜欢在项目结束之前就中途下车。他们希望亲眼见证项目圆满地画上句号。一个愿景型的人解释说:

"如果我在某项目还没有完成时就开始另一个新的项目,我会觉得很不安。我喜欢跟进一个项目直至完结,而不喜欢让事情悬而不决。我很享受完成项目的成就感。"

一般来说,愿景型的人可以同时从事好几项工作并做到游刃有余。但是如果需要负责的事情太多,他们可能觉得有些吃力。愿景型的人总会全力以赴地承担起自己的职责,所以在决定要挑起怎样的重担之前,他们需要小心翼翼地进行选择。作为愿景型的人,计划和完成任务是他们擅长的事情,他们可以利用这些优势来更为有效地实现目标。有些时候,他们需要退后一步,让自己的计划加入灵活性和可变性。在某些情况下,按照既定的时间表以一定的方式来完成一个项目不一定是完全可行的,但是改变计划也许又会让他们觉得有压力。所以愿景型的人需要让自己的计划包含一定的灵活性,这样才能留出喘息的空间,通过调整适应外界的改变与反馈。这一点至关重要。

很多人都反映,事业的成功同时包含了事先规划和意料之外的事件。一个意料之外的工作机会可能从天而降,或者,就是因为阴差阳错,某个学习机会应运而生。作为愿景型的人,你所面临的挑战就是通过增强计划灵活性并且更好地对不断改变的环境做出反应来最大限度地利用突如其来的机会。这并不意味着你需要将自己的愿景抛之脑后，因为规划长期目标和愿景恰好是你的长处所在。你可以反其道而行，想想如何利用灵活性来尝试不同的可选方案和不同的想法，从而帮助自己更好地提炼自己的愿景，将愿景变成事实。

关于设定更灵活的计划的建议

- 一定要首先认识到，其他人会对你的计划有所贡献，并且也希望有所贡献。只有认识到这一点，你在设定规划的时候才能考虑各种偶然性。可以在计划还没有完全成形的阶段就公开进行分享。这样做可能让你觉得有些不安，但是能够让你了解别人的想法，了解别人的反应方式。
- 如果你需要按照一个紧张的时间表来同时兼顾多个项目，灵活变通就会变得更加困难。你需要抽出时间，接受灵活性，并且努力避免缺乏灵活性的情况。
- 接受一个事实，就是你的计划不会是一成不变的。为意料之外的变化事先留出额外的应对时间。在考虑职业选择时，一定要注意观察，对出现的每个机会都做出反应。
- 在执行项目时定期地进行评估，并不断地征求别人的反馈。面对外界变化要愿意调整甚至改变自己的计划。

■ 处理细节与日常琐事

愿景型的人会觉得完成日常琐事是很困难的事情，如果这些日常工作与长期目标的实现毫无关联，他们的厌烦情绪就会更加强烈。因为日常事务原本就已经一清二楚，所以没有任何机会在采取行动之前进行思考或做出决策。如果将工作中能够激励人心的部分拿掉，愿景型的人就会觉得了无生趣。他们必须要有整理想法与可能性的机会，否则他们就会觉得被压得透不过气来。

愿景型的人会觉得日常的文件工作和细节性的行政工作尤其让人觉得不舒服。下面是一位愿景型的人所描述的他最不喜欢的工作：

"我不喜欢行政管理的工作，因为细节会减缓我的工作速度，这使我根本没时间关注我喜欢的概念化的工作。"

对愿景型的人来说，如果他们对需要处理的日常工作和细节不熟悉，或者需要完成这些细节工作才能进入项目比较有趣的部分时，他们就会觉得更加难受。如果他们需要面对的新任务不仅是日常性的，而且非常强调细节，他们就会因为太多自己平时不会关注的小细节而觉得疲惫，会被细节缠住。他们会觉得自己无力胜任这类工作。

很多愿景型的人都会将日常琐事分派给其他人，从而避免上述情况的发生。这种策略确实可以让问题迎刃而解，但是并不是永远的灵丹妙药，因为总有些时候，你需要去处理日常琐事，别无选择。

关于处理细节与日常琐事的建议

- 如果需要长时间地关注细节或处理日常琐事，可以时不时地休息一下。虽然愿景型的人喜欢长时间集中精力从事一件事情，但是如果做的事情是他们不喜欢的，他们就会感受到压力。所以可以工作足够长的时间来完成一定的工作量，但是确保在这项工作耗尽你的精力之前，让自己休息一下。
- 牢记自己的愿景。如果知道完成手头的任务是实现自己长期目标的必经之路，你就会更有干劲去完成一些琐碎而细节性的任务。
- 将任务拆分成不同的组成部分，或者将所有负责的步骤流程写下来，然后按照自己的流程说明按部就班地完成任务。这样就可以避免需要全神留意或记忆细节和次序。
- 尽量挑选一些可以将处理日常琐事或细节所需时间控制在最低水平的工作。如果你必须要完成这种工作，可以分成不同的环节处理，而不是试着一次性完成所有的细节工作。

■ 关注当下

因为愿景型的人本身关注未来，总是迫不及待地想要完成手头的任务，所以他们可能没有办法停下脚步把握当下的机遇。如果遇上灵感爆发，愿景型的人会完全沉浸在某个项目之中，甚至会忘记吃饭、忘记锻炼身体，记不起来要好好休息一下。如果陷入这种循环中，愿景型的人可能一直感觉身心俱疲，甚至健康情况也会受到影响。除此之外，如果一直让他们引以为傲的创意与思考能力创造出源源不断的想法，这样的情况可能让他们觉得忙不过来，无法专心。

对愿景型的人来说，也许最艰难的发展阶段就是如何关注自己当下的环境。他们需要在把握灵感的同时兼顾自己的体能需求与极限。愿景型的人很容易榨干自己，需要避免一味地遵从别人的期望。如果愿景型的人无法找到重新提起干劲的方法，他们可能热情衰退，筋疲力尽。下面是一个愿景型的人的现身说法：

"几年前，我总会榨干自己，这对我来说是一个很严重的问题，我总是连续好几天加班，或者连续几周不休息。我总是过分投入，竭尽全力地完成自己的任务。现在，我会下意识地增加娱乐时间，缩短工作时间。"

很多愿景型的人到中年后会下意识地更为关注外部世界。他们在关注未来的同时也会留意当下的环境和时下的需求，更为注意实际的方面。作为愿景型的人，如果无法照顾到自己的身体问题和健康需求，就无法长久地维持最佳状态。

在进行职业规划的时候，你可能因为一心想完成自己的规划或设想自己的未来而忽略掉突如其来的机会，忘记了活在当下这个道理。你可能发现，将长期愿景拆分成更为实际、更为关注当下的行动是一件困难的事情，因为你可能过于关注未来，而忽略了当下的快乐。

关于关注当下的建议

- 关注自己身体的基本需求，包括健康的饮食、充足的睡眠和规律的锻炼。愿景型的人越早能意识到自己的体能极限正在接受挑战，就越能减少他们身体上的疲惫，并且减少因此患病的可能性。
- 学会停下脚步，来"品味玫瑰的芬芳"，抽出时间来感受自己当下所处的环境和感官体验，从事一些休闲活动，尤其是那些需要身处周围的世界中并且用心观察的活动。
- 抽出时间来专注于自己的各种成绩，而不是把全部精力都放在需要完成的事情上。取得成绩的时候一定要庆祝！
- 在进行职业规划的过程中，将自己的部分精力放在审视周围的世界上，寻找意料之外的机会。时不时地在不经周详思考的情况下尝试一些新事情。

关键行动

对你来说，让自己的规划更加灵活，处理细节与日常琐事，以及关注此时此刻，这些事情是否具有挑战性？如果你的答案是肯定的，那么本节探讨的哪个策略是有帮助的并值得一试？

_____
_____

愿景型的人的职业平衡

愿景型的人通过反思与整合理念而获得能量。他们善于反思自己的经历并将其归类，他们会不断吸收、创造不同的想法并将其联系起来。随着时间的推移，他们的思维模式会更加丰富而详尽。他们必须在内在决策和外在行动之间寻找一种平衡。思考周详的决策过程会帮助愿景型的人整理自己的灵感，排出先后顺序，选择要深化哪个或哪些。否则，他们就会因为大量想法和可能性而感到无所适从。

一般来说，愿景型的人在评价信息时通常采用两种方式：基于价值观的方式和基于逻辑的方式。在性格类型理论中，这两种方式分别被称为感性（F）和逻辑（T）。虽然每个人在分析和决策时候都会综合使用感性与逻辑的方式，但总会倾向于其中一种。你可以参照本书第2章中的描述去找出在这两种方式中，哪种方式是你感到更自然的方式。

语义上的感性和逻辑这两个词有很多含义，并不仅仅与如何吸收信息有关，所以为了避免歧义，在本书中我们将感性偏好作为决策方式的愿景型的人称为感性愿景型（INFJ）；而将以逻辑分析作为决策方式的愿景型的人称为逻辑愿景型（INTJ）。

上述两种方式有不同的关注点，但每种方式都能充分发挥愿景型的人决策和采取行动的能力。在发展过程中，愿景型的人会逐渐融合这两种方式来完善自己做出决定和选择行动的过程。随着时间的推移，这种平衡的发展使他们在做决定时更加具有灵活性。

感性愿景型的人在对信息进行评估时，自然而然地会以自己或他人的价值作为基础。他们的行为方式和洞察贡献型的人非常相近，非常富有个性化，善于发现和激发人的潜能、关心他人，甚至所从事的工作类型和工作内容也有很多类似的地方。但是请记住，对感性愿景型的人来说，他们对理解他人的状况并提供帮助的关注，相比对了解周围环境的关注是次要的。

逻辑愿景型的人在对信息进行评估时，自然而然地会采用逻辑分析的方式。他们的行为方式与洞察果断型的人非常相似，都是以任务为中心，为了长期目标而高效工作甚至所从事的工作类型和工作内容也有很多相似的地方。但是请记住，对逻辑愿景型的人来说，他们对逻辑分析的关注，相比对吸收和理解不同理念从而创造多种可能性的关注，则是次要的。

本章的其余段落大致分为两部分——第一部分是为INFJ型的人量身定制的，第二部分针对的则是INTJ型的人。你可能发现，首先阅读对自己来说最自然的方式很有帮助。之后，你可以阅读另一种方式，这样就知道随着自己不断成长和成熟，未来有什么等着自己。如果你已经人到中年，你可能对两部分都有兴趣，因为在人生的这个阶段，你可能已经有足够的动力来培养自己并不偏好的决策方式。

第 8 章 愿景型的人：解释与执行

你如何寻找平衡？

☐ **我更像 INFJ**
我是感性愿景型的人。首先我会通过以价值观为基础的决策方式来平衡我对不同理念的内在强烈关注。当我日趋成熟时，我会学习在做决定时更加关注逻辑分析来进一步平衡。

☐ **我更像 INTJ**
我是逻辑愿景型的人。首先我会通过以逻辑分析为基础的决策方式来平衡我对不同理念的内在强烈关注。当我日趋成熟时，我会学习在做决定时更加关注个人价值观来进一步平衡。

INFJ：感性愿景型的人的工作方式

"要看到事物表象之下更多的东西。"

最新研究显示，在美国成年人中，感性愿景型的人（INFJ）所占比例为 1.5%。他们关注创造和实施一切能够协助他人的工作或活动。他们以个人化的方式去关心他人，喜欢与人合作共事，尤其喜欢在关注长远目标的团队中工作。他们擅长了解、欣赏和利用他人的特殊天赋和技能，也善于挖掘他人所具有的潜力，尤其喜欢参与那些能够为他人带来积极影响的工作。他们组织有序，喜欢自始至终地全程参与具有复杂性和高难度的项目。

因为感性愿景型的人会在对不同理念的内在关注以及以价值观为基础的决策方式中寻找平衡，所以他们最初表现出来的工作方式与逻辑愿景型的人有着很大的不同。然而，逻辑愿景型的人在步入中年后，亦会发现这种以价值观为基础的决策方式恰好反映了他们提升和成长的方向。

■ 感性愿景型的人做什么最自然

让理念服务于人及人的价值观

感性愿景型的人在额外留意了解和明确他人的价值观时最为自如，同时他们对发生在不同人身上的可能性倾注了极大的关注，喜欢看到不同的个体朝着同一个目标并肩作战。对感性愿景型的人来说，和谐的人际关系是非常重要的，他们会尽力设法安抚意见不同的人的情绪，或者改变工作的组织结构去满足大家的需要。他们热衷于那些能够在团队中对团队进程施加影响的工作岗位，如人力资源管理或团队发展等。

下面是一位感性愿景型的人描述他对人的差异性的理解：

"我喜欢接触和了解人的差异性,并为此感到兴奋,这其中有很多原因,包括它牵涉我的个人价值观、植根于我的生活阅历、对他人有益、能为我的孩子带来一个更美好的世界,甚至对整个人类都有好处。"

在她的描述中,这些原因自然很简单地就流露出来。理念、价值观和结果之间的联系,是感性愿景型的人生活和工作中的主要关注点。

建立人、价值观及理念之间的联系

感性愿景型的人通常具有很好的人际沟通能力。太过理性和冷淡的工作环境会让他们感到不自在。对他们来说,每个人都能获得参与感和认同感是非常重要的一件事。他们会仔细地倾听他人的意见,丝毫不吝于为他人提供肯定和支持,确保每个人都能感觉到被人认可。下面是一位愿景型的人描述她在工作团队中所做的:

"看到他人发掘自己身上新的潜能并将其运用到工作和生活中,无疑是一件很开心的事情。我经常在单位举办培训班,同事常为自己从中获取的知识而对我十分感激。协助他人进行自我发现与提升,并得到他们的感谢和欣赏,对我而言是非常有价值的一件事情。"

感性愿景型的人享受被他人肯定和欣赏的感觉,在相互支持和互助的工作环境中往往具有很好的表现。在寻找称心如意的工作时,互相支持和鼓励的工作环境是他们决定的重要考量因素。一位愿景型的人有过这样的想象:

"如果有可能的话,我想让我从零开始去建立一个公司的人力资源部是会让我感到满足的一件事情。如果是这样的话,我会建立具有创造性的、促进员工成长的人力资源制度。"

感性愿景型的人能够在短时间内对人物或形势做出准确的判断。他们会感觉到语言的细微差别,对身体语言也很敏感。他们也许不能为自己的判断给出合乎逻辑的原因,但他们深信这些判断并据此展开行动。即使别人劝说他们放弃,他们还是会相信和坚持自己的判断。

实践价值观

感性愿景型的人关注那些能挑战他们的智慧且富有意义的工作。他们喜欢与人共事,也喜欢能帮助他人的工作,如心理学家、教师、法律顾问或咨询师等,又或者从事宗教或精神领域的工作。他们对人际关系和个人经历具有非常好的洞察力,喜欢与他人一对一互动或者在团队里与人共事,如教师或团队合作者。在

第 8 章 愿景型的人：解释与执行

花很多精力促进团队融合或满足他人多元化需求的背后，他们也需要在每天繁忙的工作结束后有安静的不被打扰的自我反思空间和时间，去获取新生的能量。在过于客观理性的工作环境中，他们会觉得难以忍受。下面是一位感性愿景型的人的说法：

"我觉得与喜欢挑剔和总是批评他人观点的人共事是一件很累的事情。"

对感性愿景型的人来说工作的意义和目的非常重要。他们经常被能够通过直接行动来实现自己价值观的工作所激励和指引。对于他们来说，仔细思考自己的价值观，并以此来指导自己的职业生涯规划是一个重要的过程。通常，他们的生活目标都是和他人有关的，通过诸如协助他人发展、帮助别人学会宽容或更好地理解他人等方式体现出来。如果不能在工作中找到强烈的目标感，他们会变得非常散漫。

感性愿景型的人通过对信息的个人化解读，形成自己独特的和个性化的视角。但是与此同时，他们也很看重寻找共同之处或建立适当的社会规范。对于自己的这些观点，那些与他人相关的部分，他们十分乐于与他人分享，但有些完全属于个人特质的部分则不在分享之列。下面是一位感性愿景型的人说的话：

"对我来说，工作中很重要的一点就是与和我具有相同价值观的人共事。我希望每个人都能喜欢自己的工作，并且希望出色地完成自己的任务。这一点对我来说，甚至比具体的工作更加重要。"

将愿景变为现实

感性愿景型的人在能够发挥自己构思概念的天赋，以及所构思的概念能够得以实行的环境中，往往具有很好的工作效率。工作中，他们愿意遵守规则和制度，认为规则和制度有助于人们清晰了解工作的期望值。但是，他们极其排斥那些限制和阻碍个人成长的规则和制度。

感性愿景型的人对自己有很高的要求。他们希望能够对自己启动的项目负责到底，如果不能自始至终的话，他们将会很快失去专注力。他们会合理调配所需的资源，以便将高度复杂的任务管理组织得井井有条。另外，感性愿景型的人还会细心考量不同人的需要，从而为他们分配合适的工作岗位。

感性愿景型的人会因为打扰而分心，因此他们需要足够的时间和空间掌握工作的进展，并在此基础上做好规划。在需要攻克高度复杂而意义重大的问题或项目时，他们往往高度集中精力，全力以赴，坚持不懈地向目标迈进。但同时因为过于关注和努力满足他人的需要，他们经常使自己疲惫不堪。

尽情表达自我

感性愿景型的人重视人际关系，非常善于发觉不同人或事情的积极影响和潜力。在一定程度上，他们可以说是一个浪漫主义者或理想主义者，因此自我表达对他们来说是很重要的一件事。他们渴望真诚的人际关系，能够很快了解他人虚伪或不真诚的地方。下面是一位感性愿景型的人的现身说法：

"我更希望脚踏实地地去做好，而不是说得好听。"

他们也许会通过写作或艺术创作等方式去表达自己有些理想主义却充满希望的观点。他们的作品往往充满了意象和比喻的元素，充满了人文关怀。

感性愿景型的人的理想工作环境

关注你的个人偏好，你便可以更准确地找到让你感到满足的工作类型。下面归纳和总结了感性愿景型人的理想工作环境，你可以看看哪些描述更适合你。

作为一个感性愿景型的人，我偏爱下列工作环境：

- ☐ 相互支持与肯定
- ☐ 通力合作
- ☐ 概念化的工作，有学习和发展的空间和机会
- ☐ 工作有意义，为崇高的目标服务
- ☐ 构想和实施理念的机会
- ☐ 关注他人的成长和发展的环境
- ☐ 组织和跟进项目，善始善终
- ☐ 从价值观出发
- ☐ 积极满足所有相关人员的需求

■ 感性愿景型的人感兴趣的工作

以下是感性愿景型的人可能感兴趣的工作。这份清单是参照数据进行归纳的，数据显示，感性愿景型的人从事下述这些行业的概率高于其他行业。

在这份职业清单中，我们使用了5个总结性标题，按照O*NET网站提供的信息，这些类型的工作对感性愿景型的人来说充满了吸引力。O*NET是一个庞大的互动性数据库，专门提供职业相关信息，用于探讨与研究职业选择。O*NET内部对工作类型进行了划分，划分依据不仅考虑了工作本身的内容，还涉及完成该项工作所需的技能、需要接受的教育或培训。你可以在O*NET的网站上浏览所罗列的职业或工作类型。在这个网站上，你会发现关于职业的广泛信息。第六个标题"其他"提供了一些职业的例子，涵盖了O*NET网站分类系统所划分出的其他工作类型，这些工作同样可以吸引感性愿景型的人。

第8章 愿景型的人：解释与执行

解读职业信息的要点

每种职业都借助编号提供了一些信息，帮助你更好地评估这份职业是否适合自己。

🍃=绿色职业　与降低化石燃料的使用、减轻污染、提高能源效率及提升可再生能源的使用息息相关。

✺=前景光明的职业　从经济意义上来看十分重要的行业，这些行业有可能实现长期增长，或正因为技术与创新而发生翻天覆地的变化。

工作区域　数字编码（1~5），总结了想要进入这个行业需要进行的准备（如教育、培训或经验传授）。1~5代表所需要进行的准备由少到多。

职业趣味性　字母编码（R、I、A、S、E、C 的组合），体现了这一职业的趣味性情况。这些结论是与荷兰的趣味性模型及工作环境一致的。

社区与社会服务

儿童、家庭、学校社会工作者🍃✺4SE
教育、职业教育与学校顾问✺5S
医疗与公共健康社会工作者✺5SI
心理健康顾问✺5SIA
感化官和惩教治疗专家 4SEC
康复顾问✺4SI

神职人员 5SEA
主管、宗教活动和教育业 4ESC
健康教育工作者✺4SE
心理健康与药物滥用社会工作者✺5SIA
社会与人类服务助理人员✺3CSE

教育、培训与图书馆

教学协调员✺5SIE
图书管理员✺5CSE
中学教师✺4SA
高中教师✺4SAE
特殊教育老师✺4SA
职业教育老师 4S

小学教师✺4SAC
幼儿园教师✺4SA
图书馆技术员✺4CSE
学前班教师✺3SA
自我丰富教育教师✺3SAE
教师助手✺3SC

医疗保健与技术

牙医✺5IRS
家庭医生与一般医生✺5IS
医疗与临床实验室技术人员✺4IRC

饮食专家与营养学家✺5IS
内科医生✺5ISR
妇产科医生✺5ISR

201

你的职业性格是什么？

儿科医师 ✱ 5IS 　　　　　药剂师 ✱ 5ICS
药剂技术员 ✱ 3CR 　　　物理治疗师 ✱ 5SIR
精神科医生 ✱ 5ISA 　　　放射科技师 ✱ 3RS
注册护士 ✱ 3SIC 　　　　呼吸科理疗师 ✱ 3SIR
外科医生 ✱ 5IRS 　　　　兽医 ✱ 5IR
兽医技师与技术员 ✱ 3RI

生命、物理与社会科学

动物科学家 5IR 　　　　　生物化学家与生物物理学家 ✱ 5IAR
生物物理技师 ✱ 4RIC 　　生物学家 5IR
化学家 🌿✱ 4IRC 　　　　临床心理学家 ✱ 5ISA
咨询心理学家 ✱ 5SIA 　　经济学家 5ICE
环境科学与环保技师 🌿✱ 4IRC 食品科学家与技术专家 5IRC
微生物学家 ✱ 5IR 　　　　城市与地区规划师 🌿✱ 5IEA

办公室与行政支持

簿记、会计与审计职员 ✱ 3CE 　　计算机操作员 3CR
客服代表 🌿✱ 2ESC 　　　　　　数据录入员 2CRE
执行秘书与行政助理 ✱ 3CE 　　档案员 3CRE
酒店、汽车旅馆与度假村前台 　　人力资源助理 ✱ 3CES
　接待人员 ✱ 2CES 　　　　　　法律秘书 ✱ 3CE
保险保单处理人员 2CE 　　　　办公室文员 ✱ 2CER
医疗秘书 ✱ 2CS 　　　　　　　前台与信息咨询员 ✱ 2CES
采购员 3CE 　　　　　　　　　总机接线员 2CES
秘书 ✱ 2CE 　　　　　　　　　文字处理人员与打字员 2CE

其他

感性愿景型的人也会对工程设计门类的工作感兴趣。如果对这方面感兴趣，你就要考虑并研究一下，下列这些对感性愿景型的人有吸引力的工作：航空航天、生物化学、电子设备、电器产品、环境、材料与石油。

感性愿景型的人会对形形色色的管理职位感兴趣，包括行政服务，薪酬与福利，教育管理、人力资源、医疗保健服务、人际关系、社会与社区服务、培训与发展领域的管理岗位。感性愿景型的人也会热衷于众多工作门类中一线监督人员

第8章 愿景型的人：解释与执行

或经理的工作。受到个人经历与兴趣的影响，你可能对某个领域的一线监督或经理职位感兴趣。想要找到关于这些职业的说明，你可以首先确定自己感兴趣的一个工作类型，然后在O*NET上寻找"一线监管人员/经理"的门类具体包含哪些职业。

如果你本身是感性愿景型的人，又带有创意的激情，就可以考虑一系列职业，包括建筑师、编辑、平面设计师、室内设计师、多媒体艺术家与动画师、制片人与导演、记者与通讯员、技术作家、作家与作者、厨师、发型师、理发师和彩妆师。

下面的清单涵盖了可能吸引感性愿景型的人的其他工作类型。

会计 ✿ 4CE
预算分析师 ✿ 4CEI
薪酬、福利与工作分析专家 ✿ 4CE
计算机与信息科学家 ✿ 5IRC
计算机系统分析员 ✿ 4ICR
柜台与出租店店员 ✿ 1CE
财务检查师 4EC
律师 ✿ 5EI
管理分析员 ✿ 4IEC
会展规划师 ✿ 4ECS
网络系统和数据传输分析师 ✿ 3IC
律师助理和法律助理 ✿ 3ICE
房地产中介 ✿ 3EC
培训与发展项目专家 🍃 ✿ 4SAC
服务生 ✿ 1SEC
电话营销人员 2EC

精算师 ✿ 4CIE
儿童看护工作者 ✿ 2SA
合规官员 ✿ 4CIR
计算机软件工程师 🍃 ✿ 4ICR
餐厅厨师 ✿ 2RE
数据库管理员 ✿ 4CI
布景与绿化工作者 ✿ 1RC
救生员，滑雪救护队成员或其他娱
　乐设施保护服务工作者 ✿ 1RS
医疗助理 ✿ 3SCR
军事指挥和控制中心指挥官 2CR
运营研究分析师 ✿ 5ICE
公共关系专家 🍃 ✿ 4EAS
零售人员 ✿ 2EC
旅游代理 3EC

感性愿景型的人的技能强项和关注的能力

关注你的个人偏好，你便可以更准确地找到让你感到满足的工作类型。下面归纳和总结了感性愿景型的人的技能强项和关注的能力，你可以看看哪些描述更适合你。

作为一个感性愿景型的人，我具有以下技能强项并关注如下能力的提升：

☐ 合作　　　　　　　　　☐ 引导
☐ 沟通　　　　　　　　　☐ 组织
☐ 创新　　　　　　　　　☐ 计划

☐ 跟进	☐ 达成一致
☐ 支持他人	☐ 培训辅导

■ 作为领导者的感性愿景型

感性愿景型的人在担任领导者时有着独特的优势。他们有着自然独特的领导方式，作为下属也呈现出独特的个性。

提升下属潜力

感性愿景型的人提倡发展和提升人的潜力，对下属或服务的对象尤其关心。作为领导者，他们非常注重人际关系，致力于营造和谐和高效的工作团队。他们会努力了解如何鼓励别人、认可别人。他们希望建立团队流程、规范或期望，在这个过程中会考虑到所有相关人员的需求。

兼顾不同群体的利益

感性愿景型的人会同时关注个人、团队和组织的需要，这种包容力让所有利益相关团体的观点和需要得到尊重和认可。关注多样性的需求是感性愿景型的领导者的一项天赋，但同时也不可避免地为他们带来了潜在的压力，因为这并不是一件容易的事。

避免以权压人

感性愿景型的人并不喜欢所谓的政治和权力之类的东西，对于权位既不看重也不追求。他们是以身作则的领导者，是富于包容和合作的领导者，多数情况下是被安排而不是自己去争取得来的领导职位。下面是一位感性愿景型的人解释为什么同事会踊跃提名他当领导的原因：

"我没有申请这个领导职位，是我的同事们推荐了我。按照他们的说法，我可以在熟练管理项目的同时，兼顾不同人的需要。"

作为领导者的感性愿景型

关注你的个人偏好，你便可以更准确地找到让你感到满足的工作类型。下面归纳和总结了感性愿景型的人所偏好的领导风格，你可以看看哪些描述更适合你。

作为一个感性愿景型的领导者，我喜欢：

☐ 提倡发展、提升下属潜力　　　☐ 设想让员工受益的目标，并为之努力
☐ 致力于营造和谐高效的工作团队　☐ 关注人际关系

第8章　愿景型的人：解释与执行

- ☐ 避免以权压人
- ☐ 包容不同群体的利益
- ☐ 积极主动地支持别人
- ☐ 看到别人的需要
- ☐ 以身作则
- ☐ 包容与合作
- ☐ 激励别人，启迪别人，认可别人，而不是命令别人

■ 作为团队成员的感性愿景型

感性愿景型的人让人感觉很温暖，因为他们在团队中总是积极主动、默默地为团队成员提供支持。他们天生就喜欢团队的概念，视合作为完成工作的最有效方式。作为团队合作的热心支持者，他们所承担和完成的工作远比他们应该完成的多。在给别人提供反馈时，他们通常会在提供改进建议之前认真表达他们对他人的欣赏和认可。这也是他们接受反馈时喜欢的方式。如果反馈只是合理的改进或批评意见，而没有包含欣赏的成分，会让他们难以接受。他们性格宽容、态度积极，面对他人的不关心或冷淡会尽量不流露出太强烈的反应或者不高兴的表情，虽然他们心里或许有些难过。在充满人际冲突的工作环境中，他们的工作效率会大打折扣。

感性愿景型的人擅长从不同的角度去理解不同的状况，善于将不同的人团结起来，寻找利益共同点，在团队中通常扮演调解员或安慰他人的角色，为团队带来凡事皆可解决的积极氛围。

作为团队成员的感性愿景型

关注你的个人偏好，你便可以更准确地找出让你感到满足的工作类型。下面归纳和总结了感性愿景型的人所偏爱的团队工作方式，你可以看看哪些描述更适合你。

作为一个感性愿景型的团队成员，我偏爱：

- ☐ 让人感到温暖，包容度强，总是抱着正面积极的态度
- ☐ 承担和完成的工作通常远比分内工作多
- ☐ 认真表达他们对他人的欣赏和认可
- ☐ 在团队中扮演调解员或者安慰他人的角色
- ☐ 在充满人际冲突的工作环境中，工作效率会大打折扣
- ☐ 从不同的角度去理解不同的状况
- ☐ 善于将不同的人团结起来，寻找利益共同点
- ☐ 面对他人的不关心或冷淡会尽量不流露出太强烈的反应

你的职业性格是什么？

■ **感性愿景型的人的学习风格**

　　感性愿景型的人喜欢研究不同观点，喜欢在互相支持、尊重个性的环境中与同学交流不同的观点。他们对富于概念性的课程具有浓厚兴趣，善于吸收信息并进行整合，积极探索理念运用的不同方式。在收集到足够的信息之后，他们需要独处的安静时间和空间去对这些信息和想法进行研究和整合，并形成自己的想法，然后就积极寻找机会用全新的途径去实践这些想法。对于冰冷的事实和细节等数据之类的东西，他们则丝毫没有兴趣。

　　不论是在学习中还是在私人交往中，感性愿景型的人都渴望与老师建立良好的个人关系。在学习过程中，他们希望老师能够扮演导师、教练和领队等多种角色。感性愿景型的人对学习环境有很高的要求和期望值，学习态度一丝不苟，富有毅力，愿意主动追求高强度和富有挑战性的知识。他们讨厌杂乱无章的学习环境和学习方法，学习非常富有条理性，同时非常专注。

感性愿景型的人的学习风格

　　关注你的个人偏好，你便可以更准确地找到让你感到满足的工作类型。下面归纳和总结了感性愿景型的人所偏好的学习方式，你可以看看哪些描述更适合你。

　　作为一个感性愿景型的人，我偏爱：

- ☐ 喜欢与别人讨论并交换想法
- ☐ 喜欢相互支持相互鼓励的学习环境
- ☐ 对学习环境具有很高的要求和期望
- ☐ 寻找运用理念和想法的新途径，从而帮助自己身边的人
- ☐ 不喜欢杂乱无章的学习环境，喜欢学习富有条理性，集中专注
- ☐ 渴望与老师建立良好的个人关系
- ☐ 希望老师能够扮演导师、教练和引领者的角色
- ☐ 有时间静下心来整理自己的想法并建立联系
- ☐ 喜欢真诚随和的老师

　　性格偏好与与生俱来的倾向可以作为自我评估的出发点。在阅读这一部分的过程中，一些陈述你可能认可，而另一些陈述你可能不认可。这样的反应是常见的，因为每个人表达自己性格特征的方式都不同。阅读总体信息可以作为决定事业发展方向的出发点。现在，你需要进一步进行自我评估，具体方法就是将这些总体性陈述和自己的个人生活结合起来。下面这些问题可以帮助你将这一部分的内容和自己的具体情况联系起来。在回顾本章内容的过程中不要忘了比照这些问题：

- 这种性格的所有特征是否符合我的真实情况？哪些部分符合？哪些部分

第8章 愿景型的人：解释与执行

不符合？
- 是不是有哪个部分的描述对我来说尤为重要或关键？
- 我可以将哪些信息用于具体实践，从而决定自己的事业发展方向？
- 我应该如何调整自己的事业发展方向？哪些方面应该强化？又有哪些方面应该弱化？
- 在未来工作中，我想将重心放在哪个方面？

在这一过程中，你可能想用各种标注方法着重突出一些部分，或者想在书页的空白部分写些笔记，或者制作一系列索引卡，或者在笔记本上认真做笔记。不管采取什么方式完成这项工作，问题的关键在于一定要保证记录的信息可以真实地描述你目前的情况。设想自己的理想工作应该是怎样的，有哪些具体的工作内容，有什么样的工作环境，你在工作中会应用哪些技能，你期盼以怎样的方式领导他人或被他人领导，你希望为团队做出什么样的贡献，你想要以什么样的方式不断学习与成长。

同时也思考一下自己目前处于怎样的发展阶段。你现在利用哪些方法来平衡自己的自然工作方式？你是否正在过渡到新的平衡方式中去？一定要记住，每个人的情况都是独一无二的。以果断型和分析型的人为例，这两种类型的人在沟通的时候喜欢就事论事。但是，他们还是会或多或少地通过移情作用和他人建立联系。这两种人，如果愿意花费时间和精力，通过学习最终从事人事服务工作，就有可能与在技术领域独立工作的同种类型的人做事方式截然不同。

关键行动

现在，你已经做好准备，将自己的自然偏好和具体情况结合起来了。

描述一下你最想从工作中得到什么。不要单纯地罗列一系列工作，而要将重点放在说明自己的个人偏好上。

_____

_____

现在，你已经认识到了自己的工作偏好，你可以直接阅读对 INTJ 性格类型的介绍。如果你有兴趣培养基于逻辑的决策方式，更应如此。如果你已经准备好通过评估自己的价值观、生活方式和局限来继续完成职业规划的过程，可以直接跳到第 11 章。

INTJ：逻辑愿景型的人的工作方式

"画面远胜于语言。"

最新研究显示，在美国成年人中，逻辑愿景型的人（INTJ）所占比例为2.1%。他们相信逻辑分析，并不自觉地利用这种方法去衡量不同的想法和概念，从而选择最便捷的方式去解决问题或提升系统运行效率。他们以未来和目标为导向，喜欢创造和运用复杂的过程模型等工具，思维系统而全面，尤其喜欢接手和完成复杂的、涉及范围广的大型项目。因为逻辑愿景型的人会在对逻辑推理和决策的外在关注以及对内心理念的内在关注中寻找平衡，所以他们最初表现出来的工作方式与感性愿景型的人有着很大的不同。然而，感性愿景型的人在步入中年后，亦会发现这种以逻辑为基础的决策方式恰好反映了他们提升和成长的方向。

■ 逻辑愿景型的人做什么最自然

创造新理论或对不同想法进行评估

逻辑愿景型的人喜欢构思新的概念，并利用逻辑分析的方式对不同概念和想法进行测试，因此科学、数学、语言学和医学等领域的工作对他们具有很强的吸引力。他们是独立的思考者和小心谨慎的决策者。一旦做出决定和计划，他们就会为了在最终期限前完成目标全力以赴。

逻辑愿景型的人通常在获得新信息后，用多种方式对信息进行研究以了解其局限性，然后决定是否采用。他们对任何事情都会提出质疑，对于那些在实际应用时有局限性或者与他们内在理解不一致的信息，往往会毫不犹豫地放弃或有限采纳。当不同想法或者概念呈现在他们面前时，他们首先会质疑而不是轻易接纳。其他人也许会认为这种方式疑心太重，过于挑剔或主观，但是逻辑愿景型的人并不是表面上看上去那么吹毛求疵，内心里他们还是会保持开放的心态，愿意接纳他们认为也许有用的任何想法和建议。

解决复杂问题

对逻辑愿景型的人来说，为他们的想法寻找能够实际应用的机会非常重要。他们对于需要解决复杂和高难度问题的工作具有浓厚的兴趣，对解决问题的各个环节均十分擅长，如构思、测试、制订计划和实施跟进等。他们对提升自己的知识、理解力和洞察力天生就有强烈的追求。他们厌恶低下的工作效率，如果出现这样的情况，他们会快速行动去提升工作流程的效率，剔除使项目或团队效率变得低下的瓶颈。如果工作中甚少有机会发挥自己解决复杂问题、系统改进或达成长期目标的能力，他们在工作时就会变得非常散漫，缺乏动力。下面是一个逻辑愿景型的人的现身说法：

"在接受比较复杂的问题或项目时，我喜欢因为成功解决问题或实施项目管理而受到奖励。充满变化、复杂的问题对我而言是强有力的激励之源。"

逻辑愿景型的人喜欢通过计划和执行来满足自己的控制欲望，正如一位逻辑愿景型的人所说的：

"要么你控制世界，要么世界控制你。"

逻辑愿景型的人在目标设定之前或项目开始之前，喜欢花上一点时间对整个项目进行思考。他们享受设定流程、制定战略，为项目从头到尾进行概念化包装的一系列过程。在这个过程中，他们内心往往会经过激烈而复杂的思考。他们会尽力想象一切可能发生的问题，制定备选流程，甚至是备份计划。

执行计划

一旦在脑海里从头到尾整理好相关的流程后，逻辑愿景型的人就能充分发挥自己擅长组织资源和执行计划的能力了。当计划制订完成时，他们便会立即投入到实施工作中去，以实现最初的愿景。他们善于制订为达到长远目标具有可行性的计划，而不只是停留在空想上。在这个过程中，他们需要一个封闭、安静、不受打扰的空间及足够的时间，以便专心致志地完成整个构思的过程。

逻辑愿景型的人通过编制一些图表或流程图为自己的计划进行注解，来说明整个计划的流程。虽然他们并不是严格地按顺序展开工作，但是他们确实需要看到流程中的逻辑流。例如，编写电脑程序代码、电脑系统分析、开发通信系统的工作，就是使他们可以以逻辑顺序进行设计和规划的类型的工作。在宏观理解整个体系和流程及制订具体计划和执行细节两种层面上，他们能够维持合理的平衡。尽管如此，他们对于概念和可能性的关注，还是不可避免地让他们错失一些事实和细节。

逻辑愿景型的人的理想工作环境

关注你的个人偏好，你便可以更准确地找到让你感到满足的工作类型。下面归纳和总结了逻辑愿景型的人的理想工作环境，你可以看看哪些描述更适合你。

作为一个逻辑愿景型的人，我偏爱下列工作环境：

你的职业性格是什么？

☐ 构思并实施理念和想法的机会　　☐ 运用逻辑分析能力
☐ 强调个人独立性　　　　　　　　☐ 工作牵涉模型构建或系统的改进等
☐ 对出色的工作能力和业绩有所奖励　☐ 有机会解决复杂的问题
☐ 与具有专业能力的人共事　　　　☐ 具有逻辑性、井然有序
☐ 有静下来的时间可以构思与规划

■ 逻辑愿景型的人感兴趣的工作

以下是逻辑愿景型的人可能感兴趣的工作。这份清单是参照数据进行归纳的，数据显示，逻辑愿景型的人从事下述这些行业的概率高于其他行业。

在这份职业清单中，我们使用了5个总结性标题，按照O*NET网站提供的信息，这些类型的工作，对逻辑愿景型的人来说充满了吸引力。O*NET是一个庞大的互动性数据库，专门提供职业相关信息，用于探讨与研究职业选择。O*NET内部对工作类型进行了划分，划分依据不仅考虑了工作本身的内容，还涉及完成该项工作所需的技能、需要接受的教育或培训。你可以在O*NET的网站上浏览所罗列的职业或工作类型。在这个网站上，你会发现关于职业的广泛信息。第六个标题"其他"提供了一些职业的样本，涵盖了O*NET网站分类系统所划分的其他工作类型，这些工作同样可以吸引逻辑愿景型的人。

解读职业信息的要点

每种职业都借助编号提供了一些信息，帮助你更好地评估这份职业是否适合自己。

🌿=**绿色职业**　与降低化石燃料的使用、减轻污染、提高能源效率及提升可再生能源的使用息息相关。

✹=**前景光明的职业**　从经济意义上来看十分重要的行业，这些行业有可能实现长期增长，或正因为技术与创新而发生翻天覆地的变化。

工作区域　数字编码（1~5），总结了想要进入这个行业需要进行的准备（如教育、培训或经验传授）。1~5代表所需要进行的准备由少到多。

职业趣味性　字母编码（R、I、A、S、E、C的组合），体现了这一职业的趣味性情况。这些结论是与荷兰的趣味性模型及工作环境一致的。

商业与金融操作

会计师 ✹ 4CE　　　　　　　　　　房地产评估师与评审员 3CEI

审计师 ✹ 4CEI   预算分析师 ✹ 4CEI
合规官员 ✹ 4CIR   成本估算师 ✹ 4CE
信贷分析师 ✹ 4CE   财务分析师 🍃✹ 4CIE
保险承销商 ✹ 4CEI   物流师 ✹ 4EC
个人财务顾问 🍃✹ 4ECS   报税员 3CE
培训与发展专家 🍃✹ 4SACD   批发与零售采购员 🍃✹ 3EC

教育、培训与图书馆

成人文学教师与讲师 ✹ 4SAE   生物科学教师 5SI
化学教师 5SIR   计算机科学教师 5SIC
博物馆长 4EC   环境科学教师 5SIA
教学协调员 ✹ 5SIE   图书管理员 ✹ 5CSE
图书馆技术人员 ✹ 4CSE   数学教师 5SIA
特殊教育老师 ✹ 4SA   职业教育老师 4S

医疗保健与技术

心血管技术专家与技术人员 ✹ 3RIS   牙医 ✹ 5IRS
饮食专家与营养学家 ✹ 5IS   家庭医生与一般医生 ✹ 5IS
内科医生 ✹ 5ISR   注册实习护士与注册专业护士 ✹ 3SR
医疗与临床实验室技师 ✹ 3IRC   医疗与临床实验室技术人员 ✹ 4IRC
神经学家 ✹ 5ISR   妇产科医生 ✹ 5ISR
病理学家 ✹ 5IR   儿科医师 ✹ 5IS
药剂师 ✹ 5ICS   物理治疗师 ✹ 5SIR
精神科医生 ✹ 5ISA   放射科技师 ✹ 3RS
呼吸科理疗师 ✹ 3SIR   外科医生 ✹ 5IRS
兽医 ✹ 5IR   兽医技师与技术员 ✹ 3RI

生命、物理与社会科学

考古学家 5IA   天文学家 5IAR
生物化学家与生物物理学家 ✹ 5IAR   生物技师 ✹ 4RIC
化学家 🍃✹ 4IRC   咨询心理学家 ✹ 5SIA
经济学家 5ICE   环境科学与环保技师 🍃✹ 4IRC
环境科学家与专家 🍃✹ 4IRC   食品科学家与技术专家 5IRC

211

你的职业性格是什么？

法医科学家 4IRC　　　　　　遗传学家 5IAR

地质学家 🍃☀ 4IR　　　　　 工业组织心理学家 5IEA

医疗科学家 ☀ 5IRA　　　　　微生物学家 ☀ 5IR

土壤与植物科学家 5IR　　　　城市与地区规划师 🍃☀ 5IEA

管理

下面的清单涵盖了一些能够吸引逻辑愿景型的人的管理工作。你会发现，这种类型的人会被很多管理职位所吸引。逻辑愿景型的人同样热衷于众多工作门类中一线监督人员或经理的工作。受个人经历与兴趣的影响，他们可能对某个领域的一线监督与经理职位感兴趣。想要找到关于这些职业的说明，你可以首先确定自己感兴趣的一个工作类型，然后在 O*NET 上寻找"一线监管人员/经理"的门类具体包含哪些职业。

首席执行官 ☀ 5EC　　　　　　　计算机与信息系统管理人员 ☀ 4ECI

教育管理者 ☀ 4SEC　　　　　　工程经理 🍃☀ 5ERI

财务管理人员 ☀ 4CE　　　　　　人力资源经理 4ESC

工业生产管理人员 🍃 3EC　　　　市场营销经理 🍃☀ 4EC

医疗保健服务经理 ☀ 5ECS　　　 自然科学经理 🍃☀ 5EI

物业、房地产与社团组织管理者 ☀ 3EC　　公共关系经理 ☀ 4EA

采购经理 ☀ 4EC　　　　　　　　社会与社团服务经理 4ES

交通运输、仓储与配送经理 ☀ 4EC　　　财务主管与总监 ☀ 5CE

其他

逻辑愿景型的人也会对工程类的工作感兴趣。如果对这方面感兴趣，你就要考虑并研究一下，下列这些对逻辑愿景型的人有吸引力的工程类工作：航空航天、生物、化学、民事、计算机硬件、电子设备、电器产品、环境、工业、工业安全与健康、材料、机械与石油。

如果你是有创意激情的逻辑愿景型的人，就可以考虑下列职业：建筑师、编辑、平面设计师、发型师、理发师和彩妆师；室内设计师、多媒体艺术家与动画师；作家、作者；记者、通讯员；制片人、导演；厨师、大厨等。

逻辑愿景型的人也会为能够帮助他人的职业所吸引，包括教育、职业教育与学校顾问；健康教育者；心理健康顾问；感化官和惩戒专家；康复顾问；社会与人类服务助理；职员。

下面的清单涵盖了可能吸引逻辑愿景型的人的其他工作类型。

精算师 ☀ 4CIE
商业情报分析师 4CI
计算机软件工程师 ☀ 4IRC
数据库管理员 ☀ 4CI
信息分析员 ☀ 3CI
法官、治安法官、地方行政长官 5ES
医疗与公共健康社会工作者 ☀ 5SI
网络系统和数据传输分析师 ☀ 3IC
公共关系专家 🍃☀ 4EAS
安保人员 ☀ 2RCE
电信线路安装与维修人员 ☀ 2RE

航线飞行员、联合飞行员、飞行技师 ☀ 4RCI
计算机安全专家 ☀ 4CIR
计算机系统分析员 ☀ 4ICR
电器与电子产品维修人员 🍃 3RIC
狱警与清洁员 ☀ 1RC
律师 ☀ 5EI
军事指挥和控制中心指挥官 2CR
运营研究分析师 ☀ 5ICE
技术与自然产品销售代表 🍃☀ 4EC
数据专家 5CI

逻辑愿景型的人的技能强项和关注的能力

关注你的个人偏好，你便可以更准确地找到让你感到满足的工作类型。下面归纳和总结了逻辑愿景型的人的技能强项和关注的能力，你可以看看哪些描述更适合你。

作为一个逻辑愿景型的人，我具有以下技能强项并关注如下能力的提升：

- ☐ 创造
- ☐ 批判性思维
- ☐ 评论
- ☐ 逻辑分析
- ☐ 评估
- ☐ 组织
- ☐ 计划
- ☐ 解决问题
- ☐ 跟进
- ☐ 实施

■ 作为领导者的逻辑愿景型

逻辑愿景型的人在担任领导者时有独特的优势。他们有着自然独特的领导方式，作为下属也呈现出独特的个性。

战略规划

逻辑愿景型的人天生就是很好的战略规划者，因为他们以未来和变化为中心，对长期目标努力追求。但或许他们过多关注未来，使他们常常忽略眼前，对当下发生的小问题无暇顾及。他们常通过复杂和抽象的理论模型、图表与他人分享自己的愿景。他们需要学习如何将这些抽象的愿景具体化，从而获得那些更注重实际的人的理解和认同。但把自己的愿景具体化的过程，对于逻辑愿景型的人来说，或许是一件极其枯燥的事情，所以他们与那些关注和留意细节的人共事是可以互补的。

强调能力和表现

逻辑愿景型的人极为注重下属的能力和表现。在他们心目中，领导的职位和权力远没有员工的能力重要。他们自己常主动学习和实施新理念或新想法，对下属也抱着同样的期望，因此当发现下属缺乏他认为应该具备的思考和行动的独立性时，他们会觉得很惊讶，因为他们认为这是理所当然的。一位逻辑愿景型的人在谈及此点时说道：

"我不喜欢对他人的行动负责，我也不能保证我会这样做。"

他们尊重那些表现出前瞻性和判断力的人。在开始执行某个计划前，和他人分享自己的理念，听取别人的想法和建议对他们来说很重要，因为一旦确定了前进的方向，他们的关注点就不再是诸如对想法进行讨论、获得他人认同等议题，他们并不善于用语言去准确描述心目中的计划和策略。

结果导向

在实施自己的愿景的过程中，逻辑愿景型的人通常会完全沉浸于工作中，一切以工作为重，时刻提醒自己截止日期。这是他们的优势，但是也会构成一些沟通上的问题。逻辑愿景型的人总是关注任务和结果，这可能让其他人觉得过于客观或有所保留。一个逻辑愿景型的领导者在形容这种状况时，提及他人对他们的误解，认为他们总是自己操控一切，不能做到坦诚相待。

"我不想成为不被大家理解的人。我制订出复杂的计划，有时我认为没有时间去向所有人解释。当他人尝试要和我讨论下一步骤或行动方案时，我承认我通常只是给出一些我经过深思熟虑的决定或步骤。"

这位领导者意识到他在制订计划时，需要更早些获得别人的反馈，因为他发觉一旦计划成形后，就很难再去向别人解释背后的原因，他也没有耐心这样做。他还发现他需要更多地与人分享自己的想法，对计划调整持开放的心态，即使这个过程会减缓他的进度。因为如果不那样做，执行计划的团队成员会因此缺乏责任感和主人翁意识。

作为领导者的逻辑愿景型

关注你的个人偏好，你便可以更准确地找到让你感到满足的工作类型。

第8章 愿景型的人：解释与执行

下面归纳和总结了逻辑愿景型的人偏爱的领导风格，你可以看看哪些描述更适合你。

作为一个逻辑愿景型的领导者，我喜欢：

- ☐ 善于进行战略规划
- ☐ 关注未来
- ☐ 制定长远目标并努力完成
- ☐ 与能力出众、富有责任感的人共事
- ☐ 学习和实施新想法或新理念
- ☐ 以完成任务为重，避免一切不必要的沟通
- ☐ 与具有独立思想和行动力的人共事
- ☐ 凭借自己的远见领导下属
- ☐ 专注于复杂的项目
- ☐ 设计时间表，实现目标
- ☐ 严肃而专注

■ 作为团队成员的逻辑愿景型

逻辑愿景型的人并不是天生就认可团队合作的，无论是在想法上还是行动上，他们总能够体现出高度的独立性。但在构思计划的最初阶段，他们喜欢从他人那里获取信息，或者通过讨论寻求别人的建议。当计划制订完毕，团队合力朝着既定的目标努力工作时，他们也会认识到团队合作的价值。但是一旦有了明确的目标，对于任何阻碍工作完成、需要投入时间和精力的其他一切事情，他们都会表现出不耐烦的态度。

他们不善于给予他人正面反馈。他们往往在内心做自我评价，并希望别人也是这样。一般来说，他们的沟通方式直率、直击要害，带有说教的成分。对他们来说，小范围的谈话和构建和谐的人际关系并不是一件容易的事情。

逻辑愿景型的人无论对自己，还是对周围的人，都有很高的期望。如果没有达到设定的期望值，对自己和他人均会毫不留情地批评。因为沟通方式的问题，他们往往给人留下傲慢或冷淡的印象。下面是一位逻辑愿景型的人描述他在工作中遇到的最大挑战：

"我需要与很多人保持联络，建立信任，这无疑对我来说有些困难，因为我崇尚独立，习惯于自己处理自己的事情。同时，我也不擅长进行小范围的闲聊。每当我和别人聊天时，或许在前几分钟还能谈谈天气等话题，但随后我就不知道该说什么好了。"

> **作为团队成员的逻辑愿景型**
>
> 关注你的个人偏好，你便可以更准确地找到让你感到满足的工作类型。下

面归纳和总结了逻辑愿景型的人偏爱的团队工作方式,你可以看看哪些描述更适合你。

作为一个逻辑愿景型的团队成员,我偏爱:
- ☐ 天性不善于给予积极正面反馈
- ☐ 一旦计划制订完毕进入实施阶段,也能了解和认识团队的价值
- ☐ 乐于看到团队专注地朝设定目标迈进
- ☐ 对于任何阻碍工作完成、需要投入时间和精力的额外事情感觉很不耐烦
- ☐ 对自己的工作在内心自我评价,并希望别人也是这样
- ☐ 不擅长小范围的谈话、建立和谐的人际关系
- ☐ 对自己及周围的人抱有很高的期望
- ☐ 自我批评或直率地批评他人

■ 逻辑愿景型的人的学习风格

逻辑愿景型的人愿意寻找一切可能的机会去学习新理论、了解新想法。他们的思维具有系统性,在学习细节之前需要对学习内容有宏观层面的认知。对于获得的新信息和新知识,他们需要花时间进行思考,以便整理和综合分析。他们具有独立性,认为自己阅读或听讲座是吸收知识的好方式。在学习过程中,他们态度认真,非常专注,对自己有很高的要求和期望,会努力完成预定的学习目标。

在接受(或摒弃)任何信息或知识之前,这些富有批判精神的思考者会发挥他们质疑和挑战的天性,以明确这些信息或知识是否正确及有用。他们喜欢辩论,在辩论过程中非常富有批判性,表现镇定而冷静。可能有些人觉得辩论并不是一件舒服的事情,但是对逻辑愿景型的人来说,这是验证和探索新知识的最佳逻辑练习。他们喜欢跟随能力出众、知识渊博的老师学习。在决定投入时间和精力去学习之前,他们往往会对课程和师资进行充分调查。

逻辑愿景型的人的学习风格

关注你的个人偏好,你便可以更准确地找到让你感到满足的工作类型。下面归纳和总结了逻辑愿景型的人偏爱的学习方式,你可以看看哪些描述更适合你。

作为一个逻辑愿景型的人,我偏爱:
- ☐ 寻找一切学习新理论的机会
- ☐ 很自然地为自己设定很高的要求和标准,并且努力完成自己设定的目标
- ☐ 喜欢辩论、质疑和挑战
- ☐ 接受或摒弃任何信息、知识之前需要明确这些信息或知识是否正确及有用

第8章 愿景型的人：解释与执行

- ☐ 关注系统化的思维过程
- ☐ 在进入细节的学习之前需要对学习内容有一定的宏观层面的认知
- ☐ 需要独立地将信息、数据等资料整理和消化的时间
- ☐ 喜欢能力出众、知识渊博的老师

性格偏好与与生俱来的倾向可以作为自我评估的出发点。在阅读这一部分的过程中，一些陈述你可能认可，而另一些陈述你可能不认可。这样的反应是常见的，因为每个人表达自己性格特征的方式都不同。阅读总体信息可以作为决定事业发展方向的出发点。现在，你需要进一步进行自我评估，具体方法就是将这些总体性陈述和自己的个人生活结合起来。下面这些问题可以帮助你将这一部分的内容和自己的具体情况联系起来。在回顾本章内容的过程中不要忘了比照这些问题。

- 这种性格的所有特征是否符合我的真实情况？哪些部分符合？哪些部分不符合？
- 是不是有哪个部分的描述对我来说尤为重要或关键？
- 我可以将哪些信息用于具体实践，从而决定自己的事业发展方向？
- 我应该如何调整自己的事业发展方向？哪些方面应该强化？又有哪些方面应该弱化？
- 在未来工作中，我想将重心放在哪个方面？

在这一过程中，你可能想用各种标注方法着重突出一些部分，或者想在书页的空白部分写些笔记，或者制作一系列索引卡，或者在笔记本上认真做笔记。不管你采取什么方式完成这项工作，问题的关键在于一定要保证记录的信息可以真实地描述你目前的情况。设想自己的理想工作应该是怎样的，有哪些具体的工作内容，有什么样的工作环境，你在工作中会应用到哪些技能，你期盼着以怎样的方式领导他人或被他人领导，你希望为团队做出什么样的贡献，你想以什么样的方式不断学习与成长。

同时也思考一下自己目前处于怎样的发展阶段。你现在利用哪些方法来平衡自己的自然工作方式？你是否正在过渡到新的平衡方式中去？一定要记住，每个人的情况都是独一无二的。以果断型和分析型的人为例，这些类型的人在沟通的时候喜欢就事论事。但是，他们还是会或多或少地通过移情作用与他人建立联系。这两种人如果愿意花费时间和精力，通过学习最终从事人事服务工作，就有可能与在技术领域独立工作的同种类型的人做事方式截然不同。

你的职业性格是什么？

> ### 关键行动
>
> 现在，你已经做好准备，将自己的自然偏好和具体情况结合起来了。
>
> 描述一下你最想从工作中得到什么。不要单纯地罗列出一系列工作，而要将重点放在说明自己的个人偏好上。
>
> _____
>
> _____

现在，你已经认识到了自己的工作偏好，你可以直接阅读对 INFJ 性格类型的介绍。如果你有兴趣培养基于价值观的决策方式，更应如此。如果你已经准备好通过评估自己的价值观、生活方式和局限来继续完成职业规划的过程，可以直接跳到第 11 章。

第 9 章
分析型的人：审视与评估

性格类型：ISTP 和 INTP

我从事安全方面的工作，这份工作提供了充足的自主权和解决难题的机会，这两者正是我最在意的。我喜欢探究工作中发生的不同状况，它给我的工作提供了需要解决的问题。我喜欢与人一对一地讨论和工作，通过不断问问题从而找到解决问题的方案。

——一个分析型的人

最新研究显示，在美国成年人中，分析型的人所占比例为 8.7%。这种类型的人通常用开放和探索的方式解决处理问题。他们喜欢解决问题或者构思不同的想法。初看上去，务实分析型（ISTP）与逻辑反应型的人非常近似，而洞察分析型（INTP）则与逻辑探索型很接近。但是只要经过仔细分析和比较，你就会明白分析型的人对理解和运用逻辑方法阐释世界的内在偏好。对逻辑分析的内在关注是指引务实分析型和洞察分析型人的力量。在解决问题或探索新理念时，他们会持续关注逻辑思考，并受逻辑思考的指引前行。内敛地检视和评估周围所发生的事情是他们的自然工作方式。

对于分析型的人来说，逻辑分析是他们的天性，总是在生活中不自觉地随时运用。这为他们提供了一种决策方式，并使他们根据周围状况顺利调整自己的行动。他们并不总是向他人说明他们理性思考的步骤，或者解释他们行动的原因。逻辑分析对他们而言，是理解世界和决策的内在指引。他们内敛的性格，导致我们对指引他们行为的思考步骤缺乏必要的了解，因此通常觉得他们的行动出乎意料。

你的职业性格是什么？

分析型的人的工作方式

分析型的人做什么最自然

善用逻辑分析

不管选择什么类型的工作，分析型的人最注重的是工作能否给他们提供进行逻辑分析的机会。他们渴望理解事情的进展及其背后的原因，并在采取行动前看到决定和行动背后的逻辑性。一位分析型的人是这样描述他在生活中惯于使用逻辑分析方法的习惯的，以至于每件事对于他来说都像处理问题一样：

"我常常发现自己总是通过使用逻辑分析的方法问自己一些问题，从而对周围状况不自觉地做出反应，出了什么问题？我需要什么样的信息？可以做些什么？每种选择会产生什么结果？我应该怎么做？"

对分析型的人来说，合乎逻辑的结论建立在原则、经验和知识之上。他们看到、听到、读到、摸到和经历的任何事情都会经过他们的检验和评估。他们不会不加判断地接受信息或指令。他们在需要做出判断的工作中具有良好的表现，如律师、法官、调查官和分析人员等。

一位分析型的人（护士）最喜欢的工作是人体工学工具设计的评估，因为她喜欢仔细分析项目所涉及的因素并做出判断：

"对于某个项目，我往往从问题出发，理性地评估状况，提供建议，然后转到另一个问题。我也喜欢自由和多样性，这都是在经历不同项目后得到的。"

对于分析型的人来说，有机会评估信息是能否实现满足感的关键。因此，在评估就业选择时，应该寻求一些同时能够提供新颖而有趣的环境及通过逻辑分析进行决策的岗位。在分析型的人看来，如果能借助分析来解决现实世界存在的问题与状况，就会创造莫可名状的满足感。考虑到这一点，这个类型的人可以利用自己另辟蹊径和触类旁通的思考方式来跳出传统思考模式的局限，寻找充满创造性的解决方案行之有效地解决各种的问题。对于分析型的人来说，寻求让问题迎刃而解的办法，会让他们觉得自己的工作充满挑战，并投入工作中。

专注和自我审视

分析型的人会很自然地评价自己和他人的表现。他们惯于为自己设定很高的要求和标准，因此当同事工作能力不强时他们会很沮丧。

对自我工作方式的内在关注，是促使分析型的人不断调整自己行为的动力。一位分析型的人注意到，他几乎不需要外在的反馈或激励：

"我在想如果我是老板，我一定会开除自己的，我知道这有些奇怪，但这正是改变自己的暗示。"

因为对自己的表现有很强的自我关注，分析型的人并不会被他人反面的评价影响。尤其是对那些评估自己的人的能力持怀疑态度时，这种情况就更加明显。他们如果承认自己表现不好，他们早就已经在自我批评了。如果他们认为自己表现还不错，他们会完全忽视或尽可能减少那些与自我评价不相符的负面反馈对自己造成的影响。

适应、跟随潮流

虽然分析型的人把逻辑思考作为内在思考和决策的指引，这并不意味着他们在处事时不会使用公开和灵活的方式。他们不独断，相反总是比较安静、离群，甚至冷淡，具有很强的适应性和好奇心。虽然他们确实喜欢解决问题的成就感，但在行动过程中也许会拖延决策时间，因为他们总是跃跃欲试地想要尝试所有具有可行性的行动方案。

分析型的人热衷于提出解决问题的各种方法和理念，并且乐于由他人完成诸如项目指导、方案执行、项目跟进等细节。比起执行已经选定的方案，他们对想出解决方案的过程更加感兴趣。一位分析型的人是这样评价他在这方面的表现的：

"当有问题需要解决时，我的脑海中会自动地对解决方法进行测试或评估。在选择过程中，事实上有时我甚至会忘记问题本身，好像问题已经得到了解决。我认识到我需要记下解决方案，以确保我并不是迫不及待地转移到其他问题上，而将实施解决方案这一事情抛之脑后。"

为了保持对工作的兴趣，从事多变的工作或项目对于分析型的人显得非常重要。他们生性喜欢处理新的、不常见的问题及处理结果未知的状况，因为可以运用和挑战自己的思考能力。下面是一位分析型的人的现身说法：

"从事重复劳动或例行公事时，我会觉得厌倦。我需要从事一些不同的工作。事实上，当我对自己的工作了如指掌时，我会变得不自在，我会觉得自己的工作劲头一落千丈，同时还会变得自大并且昏昏欲睡。这是在暗示我要去做一些不同的事情。"

独立工作

分析型的人喜欢独立地按照自己的节奏和步骤去解决问题。对于他们来说，独立、灵活和控制权是非常重要的。在过于教条主义或者工作流程已经设定好的工作环境中，他们会感到被束缚，通常需要为他们提供透彻地思考问题的时间和空间。下面是一位分析型的人的说法：

"我喜欢没有岗位职责描述的工作。当项目逐步推进且手头上遇到问题时我可以清楚界定我需要做什么。"

分析型的人喜欢采取自发行动灵活处理问题，因此他们往往觉得所谓的规则和流程对于他们的行动自由是一个莫大的限制。为了他们所期待的结果，他们也许对规则能够抱持宽容的态度，但是如果规则妨碍了行动，他们则会毫不犹豫地突破或超越规则。自己决定行动方向对他们来说是一件重要的事情。长时间的重复工作往往让他们失去工作积极性。一个分析型的人是这样解释他需要独立行动的自由的，其中他用到了指南针和地图来做比喻：

"如果我要去一个地方，我所需要的只是一个指南针，这样能够使我对方向有一些大概的判断，我就能选择最简洁的道路，绕过一些不必要的障碍。我不喜欢跟着地图走，因为地图上的路线都是设定好了的。当然地图上面的路有时会起作用，但是让我失去灵活地绕过不必要的路线开辟新道路的自由。"

分析型的人对于与他人并肩作战并不是深恶痛绝，但他们更追求单枪匹马的自由与独立。他们通常倾向于在自己的工作与私人生活之间设置一目了然的界限，不喜欢和同事们促膝长谈或其他任何形式的维护工作场所人际关系的活动。对于他们来说，推销自己并不是一件容易的事情，因为分析型的人认为，重复一些显而易见的事情会让自己头痛不已。逻辑分析原本是他们与生俱来的处事方式，但在其他人看来可能显得有些愤世嫉俗。虽然分析型的人会不由自主地流露出怀疑一切的态度，但他们的本意通常并不是想要拒人于千里之外或咄咄逼人，如果因此听到来自他人的负面观点，他们反而会一头雾水。

分析型的人在选择工作时一定要绕开那些需要长期专注于一成不变的规则与日常琐事并且需要遵守固定运营流程的机构或工作环境，因为这样的工作环境会让他们觉得无所适从，不仅会感觉压抑，也会觉得无法从工作中取得任何收获。你应该寻找的，是能够独立工作的机会，当然，如果工作环境充满变化和活力，就更好了。

分析型的人的自然工作方式

分析型的人在运用自然工作方式时具有最好的表现。了解你的不同偏好，你就可以更准确地评估什么样的工作方式才会让自己获得满足感。下面归纳和总结了分析型的人的性格特点和工作偏好，你可以看看哪些描述更适合你。

作为一个分析型的人，我在下列方面表现最好：

- ☐ 处理问题时使用逻辑分析的方式，秉持客观的角度
- ☐ 与有能力的同事共事
- ☐ 不吝批评他人，发现他人的缺点
- ☐ 用开放和灵活的方式收集信息
- ☐ 处理新的和不同于以往的问题和状况
- ☐ 承担多变的工作和任务
- ☐ 提出想法或构思解决问题的方案
- ☐ 让他人承担决策、执行和跟进工作
- ☐ 审视决策和行动是否符合逻辑
- ☐ 自己监管自己的工作
- ☐ 设定自己的工作节奏和程序
- ☐ 有透彻思考问题的时间和空间
- ☐ 有观察和思考问题的时间
- ☐ 避免例行公事的工作任务或环境
- ☐ 独立自主的工作机会
- ☐ 追求自我设定的高标准
- ☐ 工作中不需要自我推销来获得他人的认可
- ☐ 避免办公室政治
- ☐ 远离职场上的人际关系互动
- ☐ 不自觉地采取行动

最理想的工作方式

回顾对分析型的人的工作方式的总结，摘出最能描述你工作方式的要点并填写在下面的空白处，这样有助于明确你自己想要在工作中从事什么样的具体活动，以及什么样的工作方式才是最能与你契合的。当然你也可以将上面没有提及的要点补充在下面。

对我而言，最重要的工作偏好是：

_____

_____

分析型的人如何缓解工作压力

通过本章前面的部分，你已经确定了自己的性格类型是如何与自己偏好的工作活动与工作风格联系起来的。考虑什么样的工作内容和工作环境会让分析型的

你的职业性格是什么？

人感到压力或觉得不适合自己，这一点也很有必要。每个人都会在某段时间内从事自己并不喜欢的工作，但是如果需要长时间从事自己没有兴趣的方向，就可能造成工作压力或不满情绪。

本部分会着重指出对分析型的人来说存在哪些工作压力。在阅读本部分的过程中，考虑一下自己目前的工作是否包含了书中所描述的活动。如果答案是肯定的，你或许需要考虑一下，是否需要通过某种方式改变自己的某些工作内容，或者采取什么办法来最大限度地缓解自己的压力。了解工作中最让自己产生压力的要素，将帮助你明确哪些工作不适合自己，从而在实际抉择过程中绕开这些工作。

对分析型的人来说，如果他们所在的工作环境充满了一成不变的条条框框，就会觉得压力大。如果在他们看来，这些条条框框根本没有存在的意义，就更会觉得压力无法忍受，因为这样的环境原本就和分析型的人所偏好的灵活而独立的工作方式格格不入。如果你遗憾地发现自己恰好身陷这样的困境中，你可能想最大限度地利用规定的弹性，或者在需要挑战规定之前就绕道而行——这样的做法可能让他人有意见。如果你碰上了这样的局面，可以通过与相关人员沟通协商，从而在自己的职责范围内争取一定的自主权。同时，你也可以积极寻找结构中已有的灵活性。

和能力不足、缺乏逻辑或过度情绪化的人共事同样会让分析型的人感受到压力。另外，每天都被严格地监督，或者每天大部分的时间都要和其他人打交道，也是让分析型的人厌烦的事情。因为如果是这样，分析型的人就没有时间独立地评估情况，并在此基础上独立行动，而这些是分析型的人所偏好的工作方式中不可或缺的组成部分。如果你恰好是分析型的人，首先要保证自己每天都有独处的时间与空间来独立工作，这对提升你的工作满足感十分重要。一些分析型的人宁愿另谋高就，也不愿意忍受能力有限的同事或者在工作自主权问题上妥协。所以在选择工作时，你需要明确工作本身的性质，以及需要互动的程度，同时也需要考虑组织内部的条例有多少，对员工的管控程度如何。

一般来说，分析型的人处事变通，对于改变持开明的态度，但是如果有人将没逻辑或不合理的改变强加在他们身上，就会让他们感受到压力。如果某项改变会限制他们的自由，或者会增加毫无必要的框架或规定，分析型的人就会表现出抵触情绪。在短期，面对这种考虑不周或缺乏逻辑的改变分析型的人装作视而不见或不上心，这是某种形式的应对，但绝对不是真正意义上的长久之计。面对这种情形，你应该抽出一些时间，来决定面对改变应该做出怎样的反应。你可能不由自主地想要直抒己见，有些时候甚至会显得有些吹毛求疵。但是要记住，这样的反馈方式不会给你带来任何好处。你需要以更积极的态度来反馈，这就意味着首先要思考发生改变的原因，同时积极寻找是否有证据可以证明，这样的改变并不是一无是处的。如果你认为自己可以影响改变的过程，那么以一种讲求技巧并且具有建设性的方式指出改变本身是否存在着不一致或缺陷。

针对分析型的人的职业和人生发展策略

本部分向分析型的人展示在自己的一生中应该如何从事业中获得最大收获，不仅描述了有可能改善事业规划的两方面，同时也提供了一些实际的建议，帮助读者更为高效地规划自己的职业。另外，本部分还讨论了另一个更为私人化的方面。从这三个亟待发展的方面综合出发，讨论可用来推动自己工作表现更好并实现个人成长及收获个人满足感的一般性策略。

与他人建立联系并营造和谐气氛

由于分析型的人关注逻辑分析，因此对他们来说，批评他人比与他人保持和谐关系是一件更简单的事情。在分析型的人看来，和他人促膝长谈、分享自己的人生经历、支持他人、给予积极反馈，并不是什么重要的事情，他们在这方面的想法恰好和自己的同事截然不同。如果对方过度关注个人经历或者满怀期待地想要获得积极反馈，分析型的人就会觉得不胜其烦。

分析型的人有一种与生俱来的不拘小节。在他们看来，循规蹈矩的社交惯例和他们凡事以逻辑分析为导向的思维方式格格不入，所以他们认定这些繁文缛节没有任何实际价值。去医院探望病人、写感谢卡、打电话保持联系、社交活动或工作场合的庆功活动都会令他们避之不及，如果在这些场合打交道的对象是同事，就会让他们觉得无所适从，因为对于分析型的人来说，工作和私人生活是完全分开的。他们不喜欢寒暄，碰上这样的场合他们会觉得浑身不自在。所以在工作中的社交活动中，他们总是想要隐藏起来，不想引起别人的注意。他们天生不喜欢与人结交，也不能如鱼得水地和其他人分享自己的想法。实际上，对于分析型的人来说，仅仅想着如何推销自己就会让他们觉得不舒服。

分析型的人不愿花费必要的时间与精力和别人分享自己复杂的逻辑思考过程。对于自己的决定，他们也不想给出任何解释。他们的关注点永远都落在自己负责的任务上，而不是与自己并肩作战的同事身上。因此，他们与人沟通的时候总是速战速决，过于客观，显得有些不近人情。他们这种以逻辑分析为导向的处

你的职业性格是什么？

事态度会让他人觉得有些过于冷漠无情。

对分析型的人来说，情感是思想的阻碍。如果在工作中接触到一些情绪化的状况，他们会觉得无所适从。作为应对的方式，他们可能想尽办法抽身而出。让分析型的人给出积极反馈而非批评是一件困难的事情。他们总是一眼看到问题所在，然后就会不由自主地指出，却很容易对别人的优点视而不见。如果认为某些事情是显而易见的，他们就不会进行任何说明或解释，因为这样做让他们觉得厌烦。鉴于这些特征，想要从反应型的人那里得到反馈并不是简单的事情。

分析型的人通常会在内心对自己的工作表现进行自我评估，对他人的支持或反馈显得并不在乎。更重要的是，他们会自动假设别人亦如此。因此在意识到他人需要周围的人的支持和鼓励时，他们往往表现得很惊讶。一位分析型的人是这样描述他这个特征的：

"我觉得自己在给予他人正面反馈时，好像是在对明显的事情夸大其词。人们必须自己确认自己很好地完成了工作，而不是由他人指出。我总觉得夸奖别人看上去很虚伪或者有所企图。"

分析型的人并不是很好的评论家。如果在自我评价之前就收到来自他人的负面反馈，他们会觉得不公平。如果这种负面反馈没有证据支持，这种感觉更甚。让分析型的人接受不合逻辑或没有经过深思熟虑的结论是一件痛苦的事情。下面是一位分析型的人的说法：

"当我突然被批评时，我会觉得很受伤。尤其是批评所涉及的事情我根本没有想过，或者批评毫无根据时，这种感觉更加强烈。"

关于与他人建立联系并营造和谐气氛的建议

- 不要假设每个人和你一样，丝毫不在乎外界的反馈或评价。尝试给予对方正面的反馈。在谈话过程中使用一些流露情绪的表达方式。如果某人谈到了让人难过的经历，可以简单地说句鼓励的话，能做到这一点对经营人际关系来说至关重要。
- 在表示异议或提出其他观点之前，首先要让对方看到，你有注意聆听并且试图理解对方的看法。这样做会让对方认真倾听你想要表达的观点。
- 在表达自己的负面观点或对别人提出的观点表示反对之前，首先应该给予一些正面的反馈，并且归纳一下自己赞同的部分。克制自己想批评的冲动，时刻铭记这样的沟通方式会让别人不自在。
- 培养自己寒暄或闲聊的能力。这些沟通技巧能够帮助你更好地与人相处。

可以选几个双方都感兴趣的话题展开对话，同时也可以预先设定几个不会让别人觉得不妥的问题。

■ **工作跟进**

分析型的人喜欢解决问题，但是他们通常不喜欢跟进。在某个项目或工作正式开始后，他们宁愿将自己的逻辑思维方式转移到解决新问题上，而不是跟进解决方案的实施和执行。遗憾的是，在现实生活中，只有少数工作能给他们这样做的机会，从一个概念化的阶段转移到另一个概念化的阶段而不需要跟进。他们应该学习如何在思维跳跃到下一个任务前，认真执行和贯彻解决前一个问题的方案，虽然对他们来说，这个过程并不有趣，也不能激励他们。正如一个分析型的人的解释：

"一旦我想出解决方案，我会很快对问题失去兴趣。我讨厌组织和执行解决方案时的所有细节。我总是担心我会忘记一些重要的细节。"

因为跟进工作对于成果的实现有着至关重要的作用，一些分析型的人会让其他人来完成这部分需要发挥组织与沟通能力的工作。但如果条件不允许，分析型的人可以制定一些策略，保证跟进工作顺利进行。

关于工作跟进的建议

- 给自己设定一个期限。你必须认识到你在工作中的一个重要倾向——在期限将要来临时才开始工作。因此尽量给自己多预留一些时间，在最终期限前把工作完成。
- 使用时间管理与任务管理的方法，但综合使用两种方法的时候，一定要保证采取的方法不要充满太多条条框框，因为看起来会让人束手束脚。但是，你可以想办法规划一下，自己如何完成目标。将想要的方案写下来，然后排列出优先顺序。规划好自己的时间。当完成某个任务或项目时，奖励自己。
- 与他人协商工作跟进的事情，这样你能够获得开始新项目或者接受新挑战的机会。努力寻找启动、评估新项目而非执行项目的工作角色。
- 制订并执行一个详尽的步骤计划。随着项目的推进，对之前拟定的解决方案进行改进，这样做会让你持续保持对项目的兴趣。

■ 采取私人方式

很多人在工作场合都非常注重经营人际关系，寻求合作、建立共识。基于价值观的方式使得同事之间可以分享个人信息甚至情感方面的事情，从而利于发展同事之间的个人关系。但在分析型的人看来，这些私人层面的互动会降低工作效率，完全没有任何必要。分析型的人可能觉得，在工作场合透露个人信息不合适。

同样，在决策过程中，分析型的人倾向于采取客观的立场。他们会依靠逻辑分析，然后制定出条理清晰的决策要素。分析型的人认为，这种决策方式不仅讲求效率，也兼具公平性。但是，其他人可能采取不同的在工作中的互动方式和决策方式。随着分析型的人不断成熟，他们需要学会调整自己的处事方式，照顾他人的角度与观点。在决策时，除了要依靠逻辑思考，还要考虑这个决定会给相关人员造成怎样的影响，这一点是至关重要的。如果你在决策过程中同时兼顾了人情与逻辑，其他人会更容易拥护并接受你的决策。

分析型的人通常会发现，在其他人分享个人信息的时候，应该表现出关怀、更积极地做出反应，这是非常必要的，能够帮助他们建立更为融洽而高效的工作关系。分析型的人可以通过认可别人、赞赏别人来与他人诚心修好。如果你是分析型的人，你会发现在寻求升职机会或利用人际关系来寻找新工作机会的时候，平时的这些苦心经营都可以发挥作用。如果你喜欢按照一个人的工作能力来判断他的价值，其他人可能觉得，人际交往能力是雇用某人或者提升某人的关键条件。

关于采取私人方式的建议

- 抽出时间认真分析每个可选的工作岗位会给你的私人生活带来怎样的影响，会给你与家人或朋友之间的互动带来怎样的影响。
- 决策过程中，询问自己身边的人，不同的决定会给他们造成怎样的影响。认真聆听其他人的观点，同时告诉对方，你了解并且认可他们的观点与工作方式。虽然你可能觉得这样做无关紧要，甚至担心会显得有些虚情假意，但是有些人非常看重这种认可。如果对他们的观点置若罔闻，他们很可能反抗或抵触你的决策。
- 在讨论决策的过程中，不要一切从逻辑分析出发否定别人的感受。无论是感受情绪还是个人观点，都应该将其视为真实可信的信息。谨记，对于一些人来说，这种信息对于决策与行动方式有至关重要的意义。
- 在自己的逻辑决策模式中正式地融入人性化和个人因素，决策时要考虑的要素一定要包括会对他人造成哪些影响。

第9章 分析型的人：审视与评估

> **关键行动**
>
> 对你来说，与他人建立联系并构建和谐的氛围，跟进工作，以及采取私人方式，这些事情是否具有挑战性？如果你的答案是肯定的，那么本节探讨的哪个策略是有帮助的并值得一试？
>
> _____
>
> _____

分析型的人的职业平衡

在工作中，分析型的人因为专注于内心思考和分析而感到精力充沛。通常，他们不断使用逻辑分析的方法来组织数据或信息并评估进程。他们必须通过吸收信息与实际行动来平衡他们对内在关注的特征。如果缺乏新信息，他们的逻辑分析会缺乏远见和洞察力。而为了获得信息，分析型的人会通过提问的方式构思出不同的可能选项。在这个过程中，他们一般会采取灵活和充满好奇心的方式。

一般来说，人们在吸收信息时通常采用两种方式：关注现实细节和展望未来可能的发展模式。在性格类型理论中，这两种方式分别被称为实感（S）和直觉（N）。虽然所有人都会综合使用两种方式，但总会偏好其中的一种方式。你可以参照本书第2章中的描述去找出这两种方式中，哪种方式是你感到更自然的。

语义上的"实感"和"直觉"这两个词有很多含义，并不仅仅与如何吸收信息有关，所以为了避免歧义，在本书中，我们把通过实感来获取信息的分析型的人称为务实分析型（ISTP），而把通过直觉来获取信息的分析型的人称为洞察分析型（INTP）。

务实分析型的人在行动和做决定时，很自然地就会关注眼前的事实、细节和实际运用。他们首先关注的是当下的结果，而不是渐进的系统的变革。而洞察分析型的人，则很自然地以对未来发展模式和可能性的关注来吸收信息，并以此来平衡他们通过逻辑思考做出的决策。这两种方式关注的重点不同，但是都有助于分析型的人有效利用逻辑分析的方法来做出决定。随着时间的推移，分析型的人会综合使用并完善这两种方式来帮助自己收集信息与应对周围的世界。这种水到渠成的进步让分析型的人面对自己专注的事情，处事方式可以更加灵活多变。

务实分析型的人关注收集事实和细节，以理解和处理当下发生的状况。他们的风格与理性反应型的人比较类似,都是行动至上主义者,具备很强的环境适应能力,在处事时也采用同样的主动解决问题的方式,甚至所从事的工作类型和工作内容也有很多类似的地方。但是请记住,对务实分析型的人来说,无论如何,对行动力和解决问题的关注总是比不上他们对逻辑分析的关注。

洞察分析型的人关注抽象的理念和可能性,以帮助他们分析理论和整合理念。他们的行为与理性探索型的人比较类似,都是在理念和可能性的基础上主动创新,处事时也用开放的方式看待一切可能性。甚至所从事的工作类型和工作内容也有很多类似的地方。但是请记住,对洞察分析型的人来说,对发现和探索创新的关注总是比不上他们对逻辑分析的关注。

本章的剩余部分分为两部分——第一部分是为 INTP 型的人量身定制的,第二部分针对的则是 ISTP 型的人。你可能发现,首先阅读对自己来说最自然的平衡方式很有帮助。之后,你可以阅读另一种平衡方式,这样就知道随着自己不断成长和不断成熟,未来有什么等着自己。如果你已经人到中年,你可能对两部分都有兴趣,因为在人生的这个阶段,你可能已经有足够的动力来培养自己并不偏好的决策方式。

你如何寻找平衡?

☐ 我更像 ISTP	☐ 我更像 INTP
我是务实分析型的人。首先我会以实际数据来支撑自己的决策结果。当我日趋成熟时,我会学习更加关注新信息中包含的模式与可能性。	我是洞察分析型的人。我会用相关观点与理念来制定自己的逻辑决策。当我日趋成熟时,我会学习更加关注实际情况与细节。

ISTP:务实分析型的人的工作方式

"切中要点。"

最新研究显示,在美国成年人中,务实分析型的人(ISTP)所占比例为 5.4%。他们热衷于寻找和解决问题。他们喜欢处理当下的问题,在分析细节和具体问题时尤为投入。务实分析型的人喜欢三思而后行,在行动前仔细考量。他们通常都有很好的记忆力,喜欢借鉴过去的经验以帮助他们解决当前的问题或处理当前的状况。务实分析型的人擅长即兴发挥或处理突发状况。他们独立、灵活,以即时和实用的态度运用自己的分析能力。对他们来说,一份具备吸引力的工作必须能够让他们亲身实践，并运用他们对于精确度的把握和技术方面的专业知识。

因为务实分析型的人以务实和对细节的关注来平衡他们逻辑分析的天性，所以他们最初表现出来的分析型工作方式与洞察分析型有着很大的不同。然而，洞察分析型的人在步入中年后，亦会发现这种对细节的关注反映了他们提升和成长的方向。

■ 务实分析型的人做什么最自然

关注细节

务实分析型的人以对周围事实的关注来平衡他们内在逻辑分析的风格。和他们外向的同伴务实反应型的人一样，他们喜欢在工作中处理细节，解决现实的问题。务实分析型的人常在不自觉中积累大量有关现实的数据和信息，因为这些数据和信息在他们每天的工作中都可能用到。一个分析型的人是这样描述他这种特征的：

"我很擅长记忆一些细微的小事，因此同事们给我起了一个'数据库'的绰号。当办公室的同事需要了解过去的琐碎细节或小事时，他们第一个就会想到问我。"

务实分析型的人擅长使用逻辑分析能力和对现实的关注对事实和细节进行整合，因此信息和数据整理的工作，如会计、经济、银行业和证券业等领域的工作往往很适合他们。

解决问题

务实分析型的人渴望了解"怎样发生"及"为何发生"之类的问题，因此对强调现实和实际运用的科技应用方面的工作具有浓厚兴趣，如电脑编程、分析、软件设计与开发及其他技术领域，包括电子产品、电器和医疗技术等。作为解决问题的能手，他们非常善于利用资源，适应力极强，往往能够应用手头现有的东西让问题迎刃而解，或者绕过前面的障碍。对于务实分析型的人来说，如果理论没有实用价值，他们会对这样的理论不屑一顾或缺乏兴趣。

务实分析型的人喜欢看到解决实际问题后的具体结果，而不是在模棱两可的状况下为一个抽象的目标努力。一般来说，他们并不喜欢设定目标，但是如果被要求这样做，他们所设定的目标也会是短期和务实的。即使这样，他们也不会为了达到目标而制订详细的行动计划，而只是等待适当的时机。他们倾向于避免设定长期目标和计划，认为这个过程与他们的实际状况相差太远。一个务实分析型的人这样说道：

你的职业性格是什么？

"我喜欢研究和收集资料，但是我不喜欢只是坐在办公桌前分析这些资料，例如，利用某个模型去整合资料或者试图建立信息与某个理论之间的联系。同样的原因，我不喜欢董事会的工作，因为这总是要求我去构想未来5年或10年会发生什么事情。我喜欢直接面对我能看到的和经历的事情。"

培养灵活的身体技能

务实分析型的人喜欢亲自动手的工作。因为他们适应周围环境的需求和能力，他们需要培养和掌握不同的身体技能来操控、修理和维护仪器，如机械工、技工、操作工、建筑人员或者修理人员之类的工作。他们擅长使用手头的材料确保工具和仪器的正常运转。同时，他们善于即兴发挥。正是掌握了这些身体技能，一些务实分析型的人能够成为出色的手工艺人或工匠。

参加刺激性的工作

务实分析型的人喜欢冒险，有时会着意去寻找挑战体力甚至充满危险的活动。他们以行动为导向，在紧急状况下往往能够镇定自若。他们通常在交付期限临近时具有很高的工作效率，尤其在需要对危急状况做出及时反应时，表现尤为出色，如紧急医疗事故技术人员、消防员或警察等。下面是一位务实分析型的人描述他最喜欢的工作之一——火车站工作人员时所说的一番话，另外，也提醒大家注意，他之所以会舍弃这份自己喜欢的工作，正是因为这份工作充满了条条框框，而且并没有看重员工的工作能力。

"我负责确保所有火车在正确的轨道上行驶。这个工作就像一盘巨大的复杂的棋一样，所有的棋子都随时以不同的速度朝不同的方向前进。我喜欢看到所有火车都按时在自己的轨道上运行。我喜欢控制现实世界中的火车和轨道线路。每天我都主动去解决各种问题，这些问题的组合就好像一个复杂和充满逻辑的谜团。但是最终我辞职了，因为我所在的公司管理太教条了，例如，员工的晋升是基于资历和服务年限而不是能力。我实在不明白，为什么比我早进公司一个月的人甚至早一天的人永远会被优先考虑提拔或者给予新的工作机会。"

在工作时，务实分析型的人寻找一切能够发挥主动及发掘工作乐趣的机会。他们不喜欢整天闲坐着，他们喜欢脚踏实地干活儿的充实感，并寻找可能的完成工作的捷径。一位务实分析型的人曾经这样骄傲地描述自己的"懒"，她的解释是这样的：

"我觉得花费最少的精力最大限度地高效率地完成工作是一个巨大的挑战。"

事实上，这种好玩但可行的工作方式往往被他人误认为懒惰或者缺乏积极性。对务实分析型的人而言，这是他们完成工作的理想方式。

> **务实分析型的人的理想工作环境**
>
> 关注你的个人偏好，你便可以更准确地找到让你感到满足的工作类型。下面归纳和总结了务实分析型的人的理想工作环境，你可以看看哪些描述更适合你。
>
> 作为一个务实分析型的人，我偏爱下列工作环境：
> - ☐ 亲自动手或户外工作　　　　☐ 应对紧迫的时间期限
> - ☐ 关注解决具体问题　　　　　☐ 面对危机做出即时反应，无惧冒险
> - ☐ 拥有独立自主的权限　　　　☐ 积极主动
> - ☐ 丰富多彩的活动和工作内容　☐ 有趣和好玩
> - ☐ 体力挑战

■ 务实分析型的人感兴趣的工作

以下是务实分析型的人可能感兴趣的工作。这份清单是参照数据进行归纳的，数据显示，务实分析型的人从事下述这些行业的概率高于其他行业。

在这份职业清单中，我们使用了5个总结性标题，按照O*NET网站提供的信息，这些类型的工作对务实分析型的人来说充满了吸引力。O*NET是一个庞大的互动性数据库，专门提供职业相关信息，用于探讨与研究职业选择。O*NET内部对工作类型进行了划分，划分依据不仅考虑了工作本身的内容，还涉及完成该项工作所需的技能、需要接受的教育或培训。你可以在O*NET的网站上浏览所罗列的职业或工作类型。在这个网站上，你会发现关于职业的广泛信息。第六个标题"其他"提供了一些职业的例子，涵盖了O*NET网站分类系统所划分出的其他工作类型，这些工作同样可以吸引务实分析型的人。

> **解读职业信息的要点**
>
> 每种职业都借助编号提供了一些信息，帮助你更好地评估这份职业是否适合自己。
>
> 🍃=绿色职业　　与降低化石燃料的使用、减轻污染、提高能源效率及提升可再生能源的使用息息相关。
>
> ✹=前景光明的职业　　从经济意义上来看十分重要的行业，这些行业有可能实现长期增长，或正因为技术与创新而发生翻天覆地的变化。

你的职业性格是什么？

> **工作区域** 数字编码（1~5），总结了想要进入这个行业需要进行的准备（如教育、培训或经验传授）。1~5代表所需要进行的准备由少到多。
>
> **职业趣味性** 字母编码（R、I、A、S、E、C 的组合），体现了这一职业的趣味性情况。这些结论是与荷兰的趣味性模型及工作环境一致的。

建筑与工程设计

航天工程师 4IR
土木工程师 4RIC
电气工程技师 3RIC
电子工程技师 3RIC
环境工程师 4IRC
工业安全与健康工程师 4ICR
石油工程师 4IRC
调查员 4RCI

农业工程师 4IRE
电脑硬件工程师 4IRC
电气工程师 4IR
电子工程师 4IR
工业工程师 4ICE
机械工程师 4IRC
产品安全工程师 4IRC

计算机与数学

精算师 4CIE
计算机软件工程师
　（应用程序类）4IRC
计算机支持服务专家 3RIC
运行研究分析师 5ICE
电信专家 4IC

计算机编程员 4IC
计算机软件工程师
　（系统软件类）4ICR
网络与计算机系统管理员 4IRC
软件质量保证工程师和测试师 4ICR

安装、养护与维修工作

电脑、自动取款机与办公设备
　维修人员 3RCI
电子家庭娱乐设备安装与维修人员 3RC
摩托艇机械师 3RCI
乐器维修人员与调音师 3RAI
电子通信线路安装与维修人员 2RE

电器与电子产品维修人员 3RIC
电力传输线安装与维修人员
　3RIC
养护与维修工作人员 3RCI
摩托车机械师 3R
电子通信设备安装与维修人员 3RIC

生命、物理与社会科学

化学家 4IRC
环境科学家与专家 4IRC

经济学家 5ICE
食品科学家与技术专家 5IRC

第9章 分析型的人：审视与评估

法医科学家 4IRC
地质学家 🍃✿ 4IR
土壤与植物科学家 5IR

护林员 4RIE
公园自然学家 4SRA

保护服务

惩教人员与狱警 3REC
消防员 ✿ 2RS
情报分析员 ✿ 3CI
市政消防员 ✿ 3RSE
巡警 ✿ 3REC
安保人员 ✿ 2RCE

刑事调查员与特工 ✿ 4EI
森林消防员 ✿ 2RS
救生员、滑雪救护队成员与其他娱乐设施保护服务工作者 ✿ 1RS
警探 ✿ 3EI
私家侦探与调查员 ✿ 3EC

其他

务实分析型的人会对一些管理职位感兴趣，包括下列领域：薪酬与福利、施工、农民与农场主、金融支机构、工业生产、物流管理、军事官员特殊任务与战术行动。务实分析型的人同样也热衷于众多工作门类中一线监督人员或经理的工作。受个人经历与兴趣的影响，你可能对某个领域的一线监督与经理岗位感兴趣。想要找到关于这些职业的说明，你可以首先确定自己感兴趣的一个工作类型，然后在 O*NET 上寻找"一线监管/经理人员"的门类具体包含哪些职业。

空中交通管制员 3EC
视听组合专家 5CRS
预算分析师 ✿ 4CEI
细木工与板凳木匠 ✿ 3RC
木匠 ✿ 2RCI
商业与工业设计师 🍃✿ 4AER
电脑操作员 3CR
建筑工人 🍃✿ 1RC
柜台与出租店店员 ✿ 1CE
信用分析师 ✿ 4CE
急救医疗技术人员和护理人员 ✿ 3SIR
食品料理机操作员与护理员 2RC
保险理赔评估师（车险）3CRE
布景与绿化工作人员 ✿ 1RC

航线飞行员、联合飞行员与飞行技师 ✿ 4RCI
审计员 ✿ 4CEI
校车司机 ✿ 2RC
摄影机操作师、电视、视频与动画 3RA
教练与球探 5SRE
客用飞机飞行员 ✿ 3RIE
计算机控制机床操作员 🍃 2RC
餐厅厨师 ✿ 2RE
工艺美术师 2ARE
牙齿卫生员 ✿ 3SRC
档案管理员 3CRE
液化气工厂操作员 3RC
体力货物、存货或物料搬运

你的职业性格是什么?

机车工程师 2RC
女佣与家政清洁人员 1RC
空军空乘人员 2CR
多媒体艺术家与动画师 4AI
零件推销员 2ECR
药剂师 3CR
贵金属工作人员 3RA
船长 3ER
外科技师 3RSC
车辆操作员 3ECR
职业教育教师 4S

工人 2R
贷款官员 3CES
后勤人员 4EC
医疗与临床实验室技师 3IRC
定型与铸造工人 2RC
验光师 5ISR
工资与考勤人员 2CE
摄影师 3AR
采购员 3CE
金属结构制作人员与装配工 3RC
报税员 3CE
兽医 5IR

务实分析型的人的技能强项和关注的能力

关注你的个人偏好,你便可以更准确地找到让你感到满足的工作类型。下面归纳和总结了务实分析型的人的技能强项和关注的能力,你可以看看哪些描述更适合你。

作为一个务实分析型的人,我具有以下技能强项并关注如下能力的提升:

☐ 逻辑分析能力　　　　　　☐ 维护工具或仪器
☐ 即兴发挥　　　　　　　　☐ 技术领域的专业知识
☐ 解决问题　　　　　　　　☐ 操作工具或仪器
☐ 信息和数据整合及处理　　☐ 适应能力
☐ 对精确度的把握　　　　　☐ 关注细节

■ 作为领导者的务实分析型

务实分析型的人在担任领导者时有着独特的优势。他们有着自然独特的领导方式,作为下属也呈现出独特的个性。

以身作则

务实分析型的人通常表现沉稳,对任何事情都不流露出兴奋。作为领导者,他们宁愿通过行动而不是语言来表达自己,即使说话,他们也只是力求简短而精确具体的表述。他们喜欢以身作则,少说多干,对于自己的成绩总是轻描淡写。大多数务实分析型的人都不拘小节,平易近人,但很少花费时间来建立或经营人际关系。

解决眼前的问题

务实分析型的人喜欢应对危急状况，因此对于那些能接触和处理多种不同问题的管理者角色充满兴趣。同时，比起那些需要很强的政治敏感度或需要宣传自己理念的领导岗位，他们更喜欢做具有独立自主行动权的领导者。他们讨厌开会，尤其是时间长没有实质内容的会议。他们认为这是对时间的浪费，因此往往在持续而重复的会议讨论过程中显露出不耐烦的神色。

在面对问题时，务实分析型的人通常发现不止一种解决问题的方法。他们认为这些方案统统具有可行性，希望借此给予下属一定的自主性，让他们选择自己认为最合适的方案。但正是由于这一点，往往会让人觉得他们态度含糊。正如一位务实分析型的人的说法：

"我经常听见员工说我不果断，而我宁愿称之为灵活。我可以看到很多达到目标的方法，而且在解决问题时，我认为至少应该准备两种不同但能达到同样目的的解决方案。"

务实分析型的人不喜欢花费比正常付出更多的时间和精力去完成一件事情，因此他们往往会寻找最简捷的方式完成工作。他们喜欢寻找或创造捷径，或者绕道而行，追求在短时间内让问题迎刃而解，哪怕这些投机取巧会有损长远解决方案的形成，只是他们认为忽略当前的问题去考虑将来的结果是一件很难接受的事情。在结构严谨和传统的组织中，维持现状和稳定是他们的主要领导工作，但身在其中无疑会让他们感到极为厌倦。

作为领导者，务实分析型的人关注眼前、以任务为导向的领导风格无疑会给他人带来一定的压力和挫折感。有时他们完全不会考虑别人的建议或者心情，对于他们来说，这些因素比起工作结果都是次要的。

展现专业能力

对分析型的人来说，专业能力是领导者最关键的因素。在他们看来，领导之所以能够发号施令，并不是简单地因为他们所在的职位和手中握有的权力。他们认为，领导者必须通过实现目标展现能力，想要赢得下属的尊重，就一定要能够展现令人尊敬的工作能力。

务实分析型的人认为，领导者一定要能够表现出解决问题和迅速反应的能力。务实分析型的领导面对某种状况，一般会直接采取行动，而不是仅仅讨论。

你的职业性格是什么？

他们可能不会抽出时间来对任务加以解释，有些事情可能选择亲自去做。下面是一位分析型的人的说法：

"我在分配工作时遇到了一些麻烦。我只是想决定我必须要做什么，因为自己解决自己的问题对我来说很重要。我不愿意解释任何事情或者分配工作，但是如果我不这样做，事情的进度就会被推迟，这是不可接受的。"

作为领导者的务实分析型

关注你的个人偏好，你便可以更准确地找到让你感到满足的工作类型。下面归纳和总结了务实分析型的人所偏好的领导风格，你可以看看哪些描述更适合你。

作为一个务实分析型的领导者，我喜欢：

- ☐ 始终保持安静和冷静
- ☐ 允许他人独立行动
- ☐ 专注于高效、立即和实用的东西
- ☐ 解决眼前和具体的问题
- ☐ 面对眼前的形式，善于适应与灵活处理
- ☐ 希望别人在工作中能展现出能力与效率
- ☐ 独立行动
- ☐ 行动而不是无休止的讨论
- ☐ 简短精确而具体的表述
- ☐ 寻找最简捷的方式完成工作
- ☐ 追求迅速行动，而不是长期的战略规划

■ 作为团队成员的务实分析型

务实分析型的人十分注重独立性，与其他性格类型的人比较起来，他们不太喜欢团队合作的工作方式。在团队里，他们喜欢自己做好自己的事情，独立完成任务，从而为团队增添价值。只要他们的独立自主能力得到团队成员的欣赏和认可，他们就能为团队做出很大的贡献。

在没有参与到解决问题的过程之前，务实分析型的人通常会作为旁观者，在一旁观察和分析问题，客观检查和评估信息。对于与他们自己的自我评估相反的反馈，他们往往选择忽视或最小化，因此大多数时候他们总是被他人误认为冷漠和离群。

务实分析型的人通常对工作中要求处理和解决人际关系问题的部分缺乏必要的耐心，因为他们觉得这些跟工作没有太大关系，理解和处理问题的原因无疑是浪费时间。同样的道理，他们不喜欢那些旨在讨论细节的项目规划、达成一致

或建立和谐关系的会议。他们喜欢直接采取行动，而不是针对问题进行讨论。

> **作为团队成员的务实分析型**
>
> 关注你的个人偏好，你便可以更准确地找到让你感到满足的工作类型。下面归纳和总结了务实分析型的人所偏爱的团队工作方式，你可以看看哪些描述更适合你。
>
> 作为一个务实分析型的团队成员，我偏爱：
>
> ☐ 希望个人成就得到认可
> ☐ 喜欢独立完成清晰具体的任务
> ☐ 处理和解决人际问题时不耐烦
> ☐ 在明明可以直接采取行动的情况下，对细致讨论流程深表反感
> ☐ 用自己的方式完成工作
> ☐ 被误认为冷漠和不合群
> ☐ 参与工作之前先作为旁观者仔细观察和分析
> ☐ 认为经营人际关系或引导大家达成意见一致是有损效率的行为

■ 务实分析型的人的学习风格

务实分析型的人会不断地运用自己的审视和评估能力来体验这个世界，并喜欢通过反复尝试来测试自己的这种能力。他们讨厌遵照说明书或指令，喜欢亲自动手，以符合逻辑地、尝试和不断纠正错误的方式学习。对他们来说，学习是一个寻求乐趣、充满灵活性和亲自动手的过程。

正如在工作中一样，他们会觉得教条主义和老套的学习流程对他们是莫大的限制，甚至严谨的教室空间布置对他们来说也是一件难以忍受的事情。他们不断寻找机会解决真正的问题，并在其中运用所学的知识。他们喜欢将信息或数据以有序并且符合逻辑的方式整合，并热衷于那些能在工作中实际运用的知识和技能。如果教材中有错误，他们往往很快就会发现并指正。他们对知识渊博的老师表现出极大的尊重。下面是一位务实分析型的生物学家的说法：

"我觉得按照课本生搬硬套的学习方法对我来说是一件困难的事情。我在学校时，学习表现很差，总是丢三落四，笔记记得很糟糕，也不喜欢阅读课本。现在我大多数时候通过动手来学习。例如，最近我买了一个全球定位系统，我会去野外不断尝试，这让我理解了它是如何工作的。我确实也会阅读说明书，只是这种说明书必须能直接帮我解决问题。"

你的职业性格是什么？

> **务实分析型的人的学习风格**
>
> 关注你的个人偏好，你便可以更准确地找到让你感到满足的工作类型。下面归纳和总结了务实分析型的人所偏好的学习方式，你可以看看哪些描述更适合你。
>
> 作为一个务实分析型的人，我偏爱：
>
> ☐ 亲自动手
> ☐ 渴望了解理论与实际的联系
> ☐ 使用逻辑分析的方式不断尝试和纠正错误
> ☐ 喜欢解决实际问题，喜欢马上应用学到的东西
> ☐ 喜欢具体知识而不是抽象的概念
> ☐ 信息或数据有序而符合逻辑
> ☐ 觉得教条主义和老套的学习流程对学习是一个限制
> ☐ 学习过程充满乐趣和动手活动

性格偏好与与生俱来的倾向可以作为自我评估的出发点。在阅读这一部分的过程中，一些陈述你可能认可，而另一些陈述你可能不认可。这样的反应是常见的，因为每个人表达自己性格特征的方式都不同。阅读总体信息可以作为决定事业发展方向的出发点。现在，你需要进一步进行自我评估，具体方法就是将这些总体性陈述和自己的个人生活结合起来。下面这些问题可以帮助你将这一部分的内容和自己的具体情况联系起来。在回顾本章内容的过程中不要忘了比照这些问题：

- 这种性格类型的所有特征是否符合我的真实情况？哪些部分符合？哪些部分不符合？
- 是不是有哪个部分的描述对我来说尤为重要或关键？
- 我可以将哪些信息用于具体实践，从而决定自己的事业发展方向？
- 我应该如何调整自己的事业发展方向？哪些方面应该强化？又有哪些方面应该弱化？
- 在未来工作中，我想将重心放在哪个方面？

在这一过程中，你可能想用各种标注方法着重突出一些部分，或者想在书页的空白部分写些笔记，或者制作一系列索引卡，或者在笔记本上认真做笔记。不管采取什么方式完成这项工作，问题的关键在于一定要保证记录的信息可以真实地描述你目前的情况。设想自己的理想工作应该是怎样的，有哪些具体的工作内容，有什么样的工作环境，你在工作中会应用到哪些技能，你期盼着以怎样的方式领导他人或被他人领导，你希望为团队做出什么样的贡献，你想要以什么样的方式不断学习与成长。

同时也思考一下自己目前处于怎样的发展阶段。你现在利用哪些方法来平衡

自己的自然工作方式？你是否正在过渡到新的平衡方式中去？一定要记住，每个人的情况都是独一无二的。以果断型和分析型的人为例，这两种类型的人在沟通的时候喜欢就事论事。但是，他们还是会或多或少地通过移情作用和他人建立联系。这两种人如果愿意花费时间和精力，通过学习最终从事人事服务工作时，就有可能与在技术领域独立工作的同种类型的人做事方式截然不同。

> **关键行动**
>
> 现在，你已经做好准备，将自己的自然偏好和具体情况结合起来了。
>
> 描述一下你最想从工作中得到什么。不要单纯地罗列一系列工作，而要将重点放在说明自己的个人偏好上。
>
> _____
>
> _____

现在，你已经认识到了自己的工作偏好，你可以直接阅读对 INTP 性格类型的介绍。如果你有兴趣培养基于逻辑的决策方式，更应如此。如果你已经准备好通过评估自己的价值观、生活方式和局限来继续完成职业规划的过程，可以直接跳到第 11 章。

INTP：洞察分析型的人的工作方式

"明白了吗？"

最新研究显示，在美国成年人中，约 3.3% 的人属于洞察分析型（INTP）。他们热衷于独立分析和解决复杂的问题，喜欢利用独处的时间深入分析和评估不同的构想和理念。

因为洞察分析型的人依据对概念、抽象理论和系统的关注来平衡他们逻辑分析的本性，他们最初表现出来的分析型工作方式与务实分析型有很大的不同。然而，务实分析型在步入中年后也许会发现洞察分析型的特点正好反映了他们提升和成长的方向。

你的职业性格是什么？

■ 洞察分析型的人做什么最自然

分析概念和理论模型

洞察分析型的人对于构思崭新的、合乎逻辑的解决问题的框架性建议非常感兴趣，并以此来探索各种可能性和寻找解决问题的创新方案。他们喜欢钻研理论性的概念，并于其中获取知识和洞察力来帮助他们客观地理解身处的世界。他们惯于质疑任何事情，从而进行必要的改进和提升。他们常提出不同寻常的解决问题的方案，在此过程中往往伴随着新理论的产生和发展，因此在需要深厚理论知识的职业中，如科技创新领域，往往不难发现他们的身影，高新技术似乎对他们具有特别的吸引力。

利用抽象理论、构建理论模型及用创新方法解决复杂的问题，是最能激励洞察分析型的人的活动。当好奇心被激发时，他们热衷于深入钻研以理解问题或感兴趣的领域。一位做绩效咨询工作的分析型的人是这样描述他的工作的：

"当我在寻找提升绩效的方法时，我通常从制作流程图和工作步骤的整体框架开始。我觉得只是看到局部过程或者对局部系统加以改善，是一件很难的事情。任何事情在一定程度上都是相互关联的。"

洞察分析型的人喜欢学习和整合来自不同领域的理念，因此他们往往会成为科学家或研究人员，或者从事研究与开发的工作。还有很多人成为抽象理论教学的教师，讲授具有很强理论性的课程，如高等数学等。下面是一位洞察分析型的人的现身说法：

"我最喜欢的工作就是促使别人去思考。我喜欢和别人详细探讨工作的流程，当别人从中获得启发时，我觉得很有成就感。我也常从团队的其他人身上学习到知识。"

长远思考

洞察分析型的人喜欢以战略的眼光对待抽象的可能性。他们通常会深入思考和整合不同的理念。他们天生喜欢关注决策的长远影响和行动的结果。他们会主动地汲取新想法，但不是盲目接受，而是抱持怀疑的态度，不断地寻找证据证实或否定。为一个长远的目标对现有流程做出改进，或者制定新的系统，在很大程度上对他们而言是一种刺激或者动力，因此他们也许会成为很好的战略规划者和管理者。下面是一位洞察分析型的人所描述的她为什么热衷于寻找能够带来长远影响的解决方案：

第9章 分析型的人：审视与评估

"我喜欢关注未来，并确保我的解决方案不同于常规方法。最好的解决方法往往在短期内看上去不现实，因为它会对既定规则提出挑战，但是从长期来看，很多创新的解决问题的方案推动了企业的成功。"

创新而不是执行

项目跟进和执行对洞察分析型的人的吸引力，远不如项目启动时的概念规划阶段吸引力大。虽然他们也许有长期的概念化目标，但在制订实施行动的具体计划时，他们往往难免失策。事实上，比起制订行动性计划，洞察分析型的人也许更喜欢调整、修正、润饰和拓展计划或方案。这样做的结果，可能冒犯那些以结果为导向、习惯等待指令的人。下面是一位洞察分析型的人的说法：

"如果工作环境更加完美的话，一旦我有了一个大致的解决问题的计划，我会放手让他人去关注计划的执行及执行中的细节和实际状况。我更希望去构思另一个模型或者解决下一个难题。比起结果，我更喜欢分析过程。"

洞察分析型的人的理想工作环境

关注你的个人偏好，你便可以更准确地找到让你感到满足的工作类型。下面归纳和总结了洞察分析型的人的理想工作环境，你可以看看哪些描述更适合你。

作为一个洞察分析型的人，我偏爱下列工作环境：

- ☐ 关注理念、理论和系统
- ☐ 独立工作的环境
- ☐ 关注高新技术发展的领域
- ☐ 委任他人跟踪细节
- ☐ 工作安排有序，关注项目开始的阶段而不是后续跟进
- ☐ 努力制定、改进或提升制度或流程
- ☐ 跳离传统思考模式
- ☐ 有很多机会独处，从而深入分析并评估各种想法
- ☐ 秉持开放的态度，寻找充满创意的方法来解决复杂的问题

■ 洞察分析型的人感兴趣的工作

以下是洞察分析型的人可能感兴趣的工作。这份清单是参照数据进行归纳的，数据显示，洞察分析型的人从事下述这些行业的概率高于其他行业。

在这份职业清单中，我们使用了5个总结性标题，按照O*NET网站提供的信息，这些类型的工作，对洞察分析型的人来说充满了吸引力。O*NET是一个庞大的互动性数据库，专门提供职业相关信息，用于探讨与研究职业选择。O*NET内部对工作类型进行了划分，划分依据不仅考虑了工作本身的内容，还涉及完成

你的职业性格是什么?

该项工作所需的技能、需要接受的教育或培训。你可以在 O*NET 的网站上浏览所罗列的任何职业或工作类型。在这个网站上,你会发现关于职业的广泛信息。第六个标题"其他"提供了一些职业的样本,涵盖了 O*NET 网站分类系统所划分的其他工作类型,这些职业同样可以吸引洞察分析型的人。

解读职业信息的要点

每种职业都借助编号提供了一些信息,帮助你更好地评估这份职业是否适合自己。

☘=绿色职业　与降低化石燃料的使用、减轻污染、提高能源效率及提升可再生能源的使用息息相关。

✹=前景光明的职业　从经济意义上来看十分重要的行业,这些行业有可能实现长期增长,或正因为技术与创新而发生翻天覆地的变化。

工作区域　数字编码(1~5),总结了想要进入这个行业需要进行的准备(如教育、培训或经验传授)。1~5 代表所需要进行的准备由少到多。

职业趣味性　字母编码(R、I、A、S、E、C 的组合),体现了这一职业的趣味性情况。这些结论是与荷兰的趣味性模型及工作环境一致的。

艺术、设计、娱乐、体育与媒体

演员 2AE

导演(舞台表演、电影、电视
　与广播)4EA

电影与视频剪辑师 3AEI

平面设计师✹ 4ARE

口译与笔译人员 4AS

作曲家与编曲家 3AE

摄影师 3AR

制作人与导演 4EA

美术指导 4AE

编辑 4AEC

艺术家 3AR

室内设计师✹ 4AE

多媒体艺术家与动画师✹ 4AI

音乐家与歌手 3AE

诗人、作词人与创作作家 4AI

公关专家☘✹ 4EAS

作家与作者 4AI

商业与金融操作

艺术家、艺人、运动员的经纪人 4ES

成本预算师✹ 4CE

财务分析师☘✹ 4CIE

保险承销商✹ 4CEI

合规官员✹ 4CIR

信贷分析师✹ 4CE

财务核查师✹ 4EC

物流师✹ 4EC

第9章 分析型的人：审视与评估

管理分析师 ✺4IEC
培训与发展专家 🍃✺4SAC

采购员 🍃3CE

计算机与数学

精算师 ✺4CIE
计算机与信息科学家 ✺5IRC
计算机安全专家 ✺4CIR
计算机软件工程师
（系统软件类）🍃✺4ICR
计算机系统分析师 ✺4ICR
数学家 5ICA
网络系统与数据沟通分析师 3IC
统计学家 5CI

商业情报分析师 4CI
计算机程序员 4IC
计算机软件工程师（应用类）✺4IRC
计算机支持服务专家 ✺3RIC
数据库管理员 ✺4CI
网络与计算机系统管理员 ✺4IRC
运行研究分析师 ✺5ICE
网站管理员 3CEI
网页开发人员 3CIR

生命、物理与社会科学

人类学家 5IA
天文学家 5IAR
生物物理技师 ✺4RIC
化学家 🍃✺4IRC
经济学家 5ICE
食品科学家与技术专家 5IRC
地质学家 🍃✺4IR
工业组织心理学家 5IEA
医疗科学家 ✺5IRA
物理学家 5IR
土壤与植物科学家 5IR

考古学家 5IRA
生物化学家与生物物理学家 ✺5IAR
生物学家 5IR
咨询心理学家 ✺5SIA
环境科学家与专家 🍃✺4IRC
法医科学家 4IRC
历史学家 5I
市场研究分析员 ✺4IEC
微生物学家 ✺5IR
社会学家 5IAS
城市与地区规划师 🍃✺5IEA

管理

下面的清单涵盖了一些能够吸引洞察分析型的人的管理工作。你会发现，这种类型的人会被很多管理职位所吸引。洞察分析型的人同样热衷于众多工作门类中一线监督人员或经理的工作。受个人经历与兴趣的影响，你可能对某个领域的一线监督或经理的岗位感兴趣。想要找到关于这些职业的说明，你可以首先确定自己感兴趣的一个工作类型，然后在O*NET上寻找"一线监管人员/经理"的门

245

类具体包含哪些职业。

行政服务经理 ✱ 3EC　　　　　薪酬与福利经理 ✱ 4ECS
计算机与信息系统经理 ✱ 4ECI　财务经理 ✱ 4CE
人力资源经理 4ESC　　　　　　工业生产管理人员 ✤ 3EC
投资基金经理 4EC　　　　　　　物业经理 ✱ 3ECS
市场营销经理 ✤✱ 4EC　　　　　自然科学经理 ✤✱ 5EI
物业、房地产与社区协会经理 ✱ 3EC　公共关系经理 ✱ 4EA
采购经理 ✱ 4EC　　　　　　　　社会与社区服务经理 4ES
交通运输、仓储与配送经理 ✱ 4EC

其他

洞察分析型的人也会对工程设计类的工作感兴趣。如果对这方面感兴趣，你就要考虑并研究一下，下列这些对洞察分析型的人有吸引力的工作类型：航空航天、生物化学、民事、计算机硬件、电子设备、电器产品、环境、工业、工业安全与健康、材料、制造机械与石油。洞察分析型的人同样也会对电子设备工程技师工作感兴趣，也会被工程设计领域的管理职位所吸引。

洞察分析型的人还会倾向于教育和咨询领域的职位，包括教育行政人员、教学协调员、图书管理员、图书馆工作人员、哲学与宗教教师、高中教师、自我发展教育教师、神职人员、健康教育者、医疗与公共健康社会工作者及心理健康顾问。

洞察分析型的人还会被医疗领域的工作所吸引，如医疗与健康服务经理、家庭与全科医生、内科医生、医疗与临床实验室技术人员、神经学家、职业理疗师、儿科医师、精神科医师、外科医生与兽医。

下面的清单涵盖了可能吸引洞察分析型的人的其他工作类型。

仲裁人、调停人与调解员 ✤ 4SE　　建筑师 ✤✱ 5AI
酒保 ✱ 2ECR　　　　　　　　　　木匠 ✱ 2RCI
厨师 ✱ 3ERA　　　　　　　　　　电脑、自动取款机与办公设备维修
柜台与出租店店员 ✱ 1CE　　　　　　人员 ✱ 3RCI
台式出版系统 3AIC　　　　　　　刑事调查员与特工 ✱ 4EI
电工 ✤✱ 3RIC　　　　　　　　　电气与电子设备维修人员 ✤ 3RIC
律师 ✱ 5EI　　　　　　　　　　　布景与绿化工作人员 ✤ 1RC
空军空乘人员 2CR　　　　　　　救生员、滑雪救护队成员及其他
警探 ✱ 3EI　　　　　　　　　　　　娱乐设施保护服务工作者 ✱ 1RS

调查员 ✺ 4RCI　　　　　　　　　　律师助理和法律助理 ✺ 3CIE
旅行代理人 3EC　　　　　　　　　私家侦探与调查员 ✺ 3EC
通信设备安装与维修人员 3RIC　　服务生 ✺ 1SEC

洞察分析型的人的技能强项和关注的能力

关注你的个人偏好,你便可以更准确地找到让你感到满足的工作类型。下面归纳和总结了洞察分析型的人的技能强项和关注的能力,你可以看看哪些描述更适合你。

作为一个洞察分析型的人,我具有以下技能强项并关注如下能力的提升:

☐ 建立概念模型　　　　　　☐ 长远的战略性思考
☐ 提炼理论　　　　　　　　☐ 推断
☐ 创造　　　　　　　　　　☐ 创新
☐ 解决问题　　　　　　　　☐ 启动某个项目
☐ 评估　　　　　　　　　　☐ 设计

■ 作为领导者的洞察分析型

洞察分析型的人在担任领导者时有着独特的优势。他们有着自然独特的领导方式,作为下属也呈现出独特的个性。

关注将来

因为凡事以未来为导向,创造和分享他们对于未来的远景是洞察分析型的人的主要领导风格。他们看重个人的独立行动能力,所以作为领导者,他们常给予下属很大的自主决定权。他们讨厌纠缠于日常细节,亦不会给下属提供十分清晰的指令。比起具体细微的事实、细节或者应用环节的事务,他们更热衷于使用宏观的分析图表之类的工具与他人分享他们的想法。他们对直接监管缺乏兴趣,因为他们自己本身喜欢独立工作,因此也希望他人可以如此。

着眼大局

洞察分析型的人总是喜欢将很多想法融入自己的逻辑模型中,通常会制定全方位的战略来改善流程或体系。对他们来说,向他人阐释他们心目中的远景和展望的形成基础和具体细节,无疑是一件枯燥的事情,如果需要解释自己的思路,他们会觉得不耐烦。他们的这种情绪大多来源于以下两种沟通中产生的误会:一方面他们给出的宏观概念省略了很多具体的环节,以至于他人根本无法看懂;另一方面他们运用了太多复杂的技术概念，以至于他人难以理解。讽刺的是，他们却擅长使用精确的表达来协助他人形成新想法，但在这个过程中，针对被协助的人的不同背景应该提供多少信息，或者提供什么程度的信息，对他们而言是一个难题。

各司其职

洞察分析型的人也许会自己完成任务或解决问题，而不是分配工作给别人，特别是在对他人的技能和能力不确定的情况下。一位洞察分析型的人是这样形容她解决问题时的倾向的：

"当某个员工有问题向我请教时，我的第一个反应就是快速分析，想出解决问题的方案。如果我觉得某件事情的解决方案是一目了然的，就会不忍心看到他人在寻找答案时的挣扎过程。但是当我给出最终解决问题的方案时，我马上意识到这样做别人就永远学不会如何自己去解决问题。作为领导，我的目标之一是学会退后一步，指导而不是帮助他人解决问题。"

作为领导者的洞察分析型

关注你的个人偏好，你便可以更准确地找到让你感到满足的工作类型。下面归纳和总结了洞察分析型的人偏爱的领导风格，你可以看看哪些描述更适合你。

作为一个洞察分析型的领导者，我喜欢：
- ☐ 改善系统与流程
- ☐ 关注未来
- ☐ 不用关注具体事实、细节或具体应用
- ☐ 让他人决定如何做
- ☐ 不直接监管他人
- ☐ 开展工作而不是大量谈论
- ☐ 独立工作
- ☐ 不会被日常细节纠缠
- ☐ 借助宏观的分析图表之类的工具表达自己的想法
- ☐ 使用精确的语言表述帮助他人构思新想法
- ☐ 自己动手而不是将任务分配给别人

■ **作为团队成员的洞察分析型**

洞察分析型的人个性独立，很难适应团队的工作氛围，除非团队能够给予他们充分的灵活自由行动的权力和空间。他们不喜欢甚至逃避人际冲突，面对冲突时更希望冲突自动消失而不是自己解决。当必须解决冲突时，他们会发挥自己的一贯做法，用冷静客观的方式，很少受情感的影响，更多用逻辑方式分析利害。

第9章 分析型的人：审视与评估

在团队当中，洞察分析型的人总会想出具有革新意义的想法，制定团队应该如何为未来做好准备的远大愿景。他们通常会对某些想法或可选方案毫无保留地发表自己的反对意见，也总会轻而易举地发现别人的想法和方案存在的不足之处。如果他们过于依靠自己的分析能力，就会被误认为不近人情。

作为团队成员的洞察分析型

关注你的个人偏好，你便可以更准确地找到让你感到满足的工作类型。下面归纳和总结了洞察分析型的人偏爱的团队工作方式，你可以看看哪些描述更适合你。

作为一个洞察分析型的团队成员，我偏爱：
- ☐ 独立工作
- ☐ 用逻辑分析的方式面对和处理工作中的人际关系
- ☐ 灵活和自由行动的空间
- ☐ 避免或忽略人际关系冲突
- ☐ 冷静客观，不讲情面
- ☐ 为团队提出想法和愿景
- ☐ 谴责别人的想法，洞察缺陷和弱点
- ☐ 不会受到带有情绪的反应或争论的影响

■ 洞察分析型的人的学习风格

洞察分析型的人渴望探索抽象、未知和复杂的理念，热衷于发挥联想去定位不同事情或不同主题之间的合乎逻辑的关联。他们并不关注也不擅长记忆或重复具体的事实和细节。他们觉得所谓的正规学习方法或者流程对学习是一种限制。如果在学习中能够经常分配一些复杂的课题让他们独立完成，他们的学习劲头会更加足。

洞察分析型的人喜爱能力突出、知识渊博的老师，对所有已有的信息或数据都会抱持怀疑的态度。在学习过程中，他们会讨论不符合逻辑的信息，并且加以指责。洞察分析型的人需要一定的时间和空间去处理和消化复杂的数据或信息，最终整合成符合逻辑的框架。如果新信息和他们已经通过逻辑分析了解到的不一致，他们就会提出质疑，找寻证据证明信息的真实性。

洞察分析型的人的学习风格

关注你的个人偏好，你便可以更准确地找到让你感到满足的工作类型。下面归纳和总结了洞察分析型的人偏爱的学习方式，你可以看看哪些描述更适合你。

作为一个洞察分析型的人，我偏爱：

你的职业性格是什么？

□ 对新想法和新信息提出疑问和批评	□ 定位和寻找不同事情或不同主题之间的合乎逻辑的关联
□ 需要独立处理和消化复杂信息的时间和空间	□ 觉得常规的学习方法和流程是约束
□ 探索抽象、未知和复杂的理念	□ 喜欢能力突出、知识渊博的老师
□ 不喜欢记忆或重复事实和细节	□ 在学习中独立完成复杂的课题

性格偏好与与生俱来的倾向可以作为自我评估的出发点。在阅读这一部分的过程中，一些陈述你可能认可，而另一些陈述你可能不认可。这样的反应是常见的，因为每个人表达自己性格特征的方式都不同。阅读总体信息可以作为决定事业发展方向的出发点。现在，你需要进一步进行自我评估，具体方法就是将这些总体性陈述和自己的个人生活结合起来。下面这些问题可以帮助你将这一部分的内容和自己的具体情况联系起来。在回顾本章内容的过程中不要忘了比照这些问题。

- 这种性格的所有特征是否符合我的真实情况？哪些部分符合？哪些部分不符合？
- 是不是有哪个部分的描述对我来说尤为重要或关键？
- 我可以将哪些信息用于具体实践，从而决定自己的事业发展方向？
- 我应该如何调整自己的事业发展方向？哪些方面应该强化？又有哪些方面应该弱化？
- 在未来工作中，我想将重心放在哪个方面？

在这一过程中，你可能想用各种标注方法着重突出一些部分，或者想在书页的空白部分写些笔记，或者制作一系列索引卡，或者在笔记本上认真做笔记。不管采取什么方式完成这项工作，问题的关键在于一定要保证记录的信息可以真实地描述你目前的情况。设想自己的理想工作应该是怎样的，有哪些具体的工作内容，有什么样的工作环境，你在工作中会应用到哪些技能，你期盼着以怎样的方式领导他人或被他人领导，你希望为团队做出什么样的贡献，你想以什么样的方式不断学习与成长。

同时也思考一下自己目前处于怎样的发展阶段。你现在利用哪些方法来平衡自己的自然工作方式？你是否正在过渡到新的平衡方式中去？一定要记住，每个人的情况都是独一无二的。以果断型和分析型的人为例，这些类型的人在沟通的时候喜欢就事论事。但是，他们还是会或多或少地通过移情作用与他人建立联系。这两种人如果愿意花费时间和精力，通过学习最终从事人事服务工作，就有可能与在技术领域独立工作的同种类型的人做事方式截然不同。

第 9 章 分析型的人：审视与评估

> **关键行动**
>
> 现在，你已经做好准备，将自己的自然偏好和具体情况结合起来了。
>
> 描述一下你最想从工作中得到什么。不要单纯地罗列一系列工作，而要将重点放在说明自己的个人偏好上。
>
> _____
>
> _____

现在，你已经认识到了自己的工作偏好，你可以直接阅读对 ISTP 性格类型的介绍。如果对通过实践的方式解决问题感兴趣，更应如此。如果你准备好了通过评估自己的价值观、生活方式和局限来继续完成职业规划的过程，可以直接跳到第 11 章。

第 10 章
关顾型的人：关心与联系

性格类型：ISFP 和 INFP

> 作为一家木器商店的助手，我总是在幕后工作，以确保每个顾客都买到称心如意的商品。在需要的时候，我也常常承担一些修理和制作定做产品的工作。我喜欢这份工作的多样性，了解到自己的工作能够帮助其他人。
>
> ——一个关顾型的人

最新研究显示，在美国成年人中，关顾型的人所占比例为 13.2%。这一类型的人通常用开放和探索的方式解决和处理问题。他们喜欢解决问题或者构思不同的想法。初看上去，务实关顾型的人与感性反应型的人非常近似，而洞察关顾型的人则与感性探索型的人很接近。但是只要经过仔细分析和比较，你就会明白关顾型的人以个人价值观作为行动的依据的特征。这种内在的个人关注在关顾型的人当中很普遍。在解决问题或选择问题的解决方案时，他们把个人价值观作为一切行动的准则。始终会关注对于人来说重要的因素并被其指引，是关顾型的人的自然工作方式。

关顾型的人个人风格最主要的特征是对周围状况的即时和自动反应的能力，这为他们提供了一种决策方式，使他们在决定如何做出反应时，能够顺利自如地做出调整。他们并不一定会向他人解释行动的原因，他们只是满足于使用内在价值观作为理解状况和决策的指引。他们内敛的性格，导致我们对指引他们行为的思考步骤缺乏必要的了解，因此通常觉得他们的行动出乎意料。

关顾型的人的工作方式

■ 关顾型的人做什么最自然

看重个人价值观

在工作中，关顾型的人十分强调他们的个人价值观与那些对他们重要的人的价值观之间的协调一致。他们通常从事幕后工作，从来不想成为众人瞩目的焦点。他们心里念念不忘的事情就是如何使与某个状况有关的人受益。决策时，他们会将每种情形分别进行分析。对于他们来说，每种状况都是独一无二的，其中所牵涉的人及其价值观都必须慎重考虑，因为他们希望尊重所有的人。

对关顾型的人而言，工作是一件完全个人化的事情。不管选择什么样的工作，他们都会在其中渗透自己独特的价值观。他们全情投入工作，因为认可他人的努力及可以自我表达的工作环境对他们而言非常重要。如果工作与他们认为正确的事情相冲突，他们宁愿选择离开而不是继续。正如下面一位关顾型的人所说的：

"在担任建筑工程监理时，我会花费很多额外的时间，与分包商及施工人员建立和谐的关系。我努力建立一个团结的团队，团队成员关心工程质量，紧密合作。后来我任职的建筑公司因为发展壮大，承担了一个大型建筑项目，他们雇用了一位新的经理。很明显新经理出于成本考虑，不支持我如此关注建筑质量，也不愿意我与工人保持密切关系，而这些都是我经过很长时间培养起来的。于是我辞职了，不想继续在他的领导下工作，因为很明显，他的价值观与我的不同。"

表达自我

无论是在工作中还是在生活中，关顾型的人努力用个人的、独特的方式表达自己的价值观，并会找到很多灵活和创新的方式来达到这个目标。对他们来说，做什么或者不做什么，都是一种表达方式。最吸引他们的工作，是那些能够表达他们的工作价值观及生活意义的。下面是一位关顾型的人的解释：

"对于我喜欢的事情，我会非常认真负责。但是如果我不认同的事情，我不会做出任何承诺。没有承诺，我也不会坚持去完成。"

虽然关顾型的人表达自己的方式多种多样，但始终与欣赏周围的世界有关。他们被那些能够让自己全身心投入的工作所吸引。因此在其一生中，他们或许不断变换工作。对他们来说，做什么都不如认识自己的过程重要。正如一个关顾型的人的说法：

"我做过很多种工作。每份工作都能让我不断创新，并承载对我个人来说最重要的事情。我能全情投入到我做的任何事情中去，更重要的是，在每件事情中我都能独立自主灵活开展工作，这是我工作的两个核心价值观。"

你的职业性格是什么?

欣赏和影响他人

对他人的欣赏,是关顾型的人自然工作方式的重要特点。他们颇有些理想主义,常为他人或某种事业而全力以赴。他们具有很强的目标感,因此能够确保他们的生命过程反映他们的内心价值观。如果不细加留意,你或许根本不能了解他们的内在目标,他们也不会与人分享他们个人成长的动力,而是通过帮助他人或者寻找创新解决问题的方法等方式去展示。

每个关顾型的人的价值观体系都是独一无二的,但是都包含一个普遍的主题——尊重和欣赏他人。对于他们来说,金钱和地位远不如个人价值观具有激励性。下面是一位关顾型的人的说法:

"我刚刚换了一个让我觉得更加满意的工作,这让我的收入少了1/3。虽然我的工资变少了,但是我并不后悔自己做出的决定,因为它让每天起床工作变成一件愉快和容易的事情。"

关顾型的人总会感受到一种强大的内在动力推动着自己在日常生活中实践并且表达自己的价值观。如果你恰好是一位关顾型的人,你可以抽出时间来评估一下,对于自己来说,哪些价值观是至关重要的,因为这些关键的价值体系能够从思想层面上指引你寻找能让自己实现满足感的工作。一旦已经确定了重要的价值观,评估一下自己能否在现在的工作中加以表达。

找工作的时候要确保自己有工作机会来表现自己的个性特征。可选的工作岗位很多,从艺术家到兽医五花八门。但是不管从事哪种工作,都一定要保证这份工作能触动自己的内心与灵魂。在一天的工作结束时,你可以说,自己为在自己看来重要而有意义的事情做出了贡献。

用灵活的方式处事

关顾型的人用开放和灵活的方式对待工作。对他们来说,能够接触和处理多元化的工作很重要。他们表现出很强的灵活性,不希望以太严谨的方式去制订复杂的工作计划并跟进。在生活中,他们总是努力去寻找一种准确的方式恰当地表达自己。在自己承担的众多角色中,他们表现得自然得体,虽然自己也许并不觉得满足。

虽然关顾型的人表现灵活自由,然而他们对于坚守自己的个人价值观表现出相当的顽固。他们会拒绝执行一切与他们的个人目标和方向相冲突的行动。抵触他们的价值观,也许会让他们变得固执、封闭或僵化。

作为关顾型的人,在考虑职业选择时,应该尽量保证自己所在的工作环境会提供一定的灵活性、自主性，并且尊重员工的个人空间。如果觉得某些工作会让你束手束脚，或者会压抑你的个性特征，不妨从一开始就敬而远之。

在和谐的环境中工作

关顾型的人关注和谐友好的工作环境。他们乐于与令人愉快和无私支持他人的人共事。充满竞争的工作环境会让他们很快感觉疲倦，正如人际关系冲突一样。

关顾型的人喜欢给予和接受正面评价。他们在感情和价值观上投入良多，以至于他们有时容易被负面评价所伤害，尤其是当反馈过于客观、理性或挑剔时。有时，那些给予反馈的人或许并没有意识到这种反馈里所包含的信息对他们的影响。关顾型的人表现沉静，始终希望维持和谐的人际关系。为此，他们很少表达自己的感情或者需要。下面是一位关顾型的人描述他为何不愿意表达自己的感情：

"当我觉得困扰的时候，我习惯不讲话。如果我能够开诚布公地一吐为快，也就不会有什么问题了，但是我每次都是选择缄口不言，不让其他人知道。沉默应对是我惯常的处理方式，除非这件事困扰了我很长时间。但到了那时，我通常会表现得很生气、受伤和沮丧，最让我沮丧的是他人也许完全没有意识到这种情况。"

关顾型的人不仅会寻找一切机会主动给出自己的正面反馈，同时也希望别人也可以这样善待自己。作为关顾型的人，你要找寻一个能够感受到支持与鼓励的工作环境，这一点是至关重要的。你本身从事的工作就可以诠释为一种自我表达，而与他人共享一个工作环境本身就相当于将自己的一部分拿出来与别人坦诚相待。如果所在的工作环境总是涌动着负面情绪，或者充斥着吹毛求疵的消极能量，可能让你觉得自己的努力付出没有得到足够的认可。

关顾型的人的自然工作方式

关顾型的人在运用自然工作方式时具有最好的表现。了解你的不同偏好，你就可以更准确地评估什么样的工作方式才会让自己获得满足感。下面归纳和总结了关顾型的人的性格特点和工作偏好，你可以看看哪些描述更适合你。

作为一个关顾型的人，我在下列方面表现最好：
- ☐ 以自我价值观为中心生活
- ☐ 甘居幕后，希望自己的工作不会受到干扰
- ☐ 专注于可以使相关人员获益的事情
- ☐ 欣赏他人，向他们伸出援手
- ☐ 帮助他人，创造或寻找独特的问题解决方式
- ☐ 聆听多于倾诉

你的职业性格是什么？

- ☐ 用个性化和独特的方式表达自己
- ☐ 带着积极的眼光看待自己身边的世界，不断地进行改善
- ☐ 随遇而安
- ☐ 自主行动
- ☐ 在和谐友好的环境中工作
- ☐ 尽量避免充满条条框框或者需要按部就班的工作环境
- ☐ 给出并获得正面积极的反馈
- ☐ 做有意义的事情
- ☐ 工作多元化
- ☐ 全情投入所做的事情
- ☐ 在认可和支持个人努力的环境中工作
- ☐ 尊重个人的工作环境
- ☐ 在行动之前有足够的时间进行考虑
- ☐ 在工作中也可以构建和谐的私人关系

最理想的工作方式

回顾对关顾型的人的工作方式的总结，摘出最能描述你工作方式的要点并填写在下面的空白处，这样有助于明确你自己想要在工作中从事什么样的具体活动，以及什么样的工作方式才是最能与你契合的。当然你也可以将上面没有提及的要点补充在下面。

对我而言，最重要的工作偏好是：

_____

_____

关顾型的人如何缓解工作压力

通过本章第一部分，你已经确定了自己的性格类型是如何与自己偏好的工作活动与工作风格联系起来的。考虑什么样的工作内容和工作环境会让关顾型的人感到压力或者觉得不适合自己，这很有必要。每个人都会在某段时间内从事自己并不喜欢的工作，但是如果需要长时间从事自己没有兴趣的工作，就可能造成工作压力或不满情绪。

本部分会着重指出对关顾型的人来说存在哪些工作压力。在阅读的过程中，考虑自己目前的工作是否包含了书中所描述的活动。如果答案是肯定的，你或许需要考虑一下，是否需要通过某种方式来改变自己的某些工作内容，或者采取什么办法来最大限度地缓解压力。了解工作中最让自己产生压力的要素，可能帮助你明确哪些工作选择不适合自己，从而在实际抉择的过程中绕开这些工作。

第10章 关顾型的人：关心与联系

关顾型的人喜欢积极向上的工作关系，如果他们在互动方式冷漠的环境中工作，就会让他们感觉有压力。对关顾型的人来说，冲突和对立都是让人无所适从的事情。他们更倾向于在融洽的氛围中合作工作。所以如果他们的工作伙伴恰好是咄咄逼人、控制欲强的人，就会给他们带来压力。关顾型的人也不喜欢不懂欣赏、缺少关怀的工作环境，不喜欢对其价值观不关注的组织。如果你是关顾型的人，在选择工作时一定要充分考虑人际关系互动的问题，尽量找尊重个体的工作环境，留心其中的员工是怎样对待彼此的。同时，你还要了解组织在人际关系问题上推行的政策或流程。很多组织有明确的核心价值观宣言，但是一定要小心不要想当然地将这些宣言和实际情况画等号。一定要小心审视，确保组织确实在实践其拥护的价值观。

关顾型的人更倾向于能够体现灵活性和适应性的工作方式。因此如果他们所在的工作环境过于严谨、结构化，就会让他们感受到压力。另外，关顾型的人也不喜欢一个人需要身兼数职，或者每天都手忙脚乱要和时间赛跑的工作环境。对关顾型的人来说，他们更喜欢独立工作，而且能够抽出一定的时间在没人打扰的情况下进行思考。如果他们在工作中频繁被打扰，或者工作环境中气氛紧张，有迫切的时间期限要求，也会让他们感受到压力。作为关顾型的人，在选择职业时要研究相关工作是否需要遵守条条框框、存在怎样的时间要求，要确保工作中的互动方式及你在工作中需要扮演的角色是否符合你本人的个性特征，并且对你本人具有重要意义。

一般来说，关顾型的人面对变革会怀抱着开明而灵活的态度。他们通常喜欢变化与多样性，很容易适应。在变革过程中，关顾型的人希望变化充分尊重人性化要求，同时对涉及的相关人员产生的负面影响降到最小。如果改变过程完全是从客观性的角度出发，单纯考虑了客观优势和劣势，他们就会觉得这种改变压得人喘不过气。关顾型的人希望看到相关人员在整个变化过程中会得到怎样的对待，同时也会敏锐地注意到是否有滥用权力或以权压人的现象。在管控变革的过程中，要研究一下会给相关人员造成怎样的影响，找寻各种方式帮助他们了解并且掌控变革。

针对关顾型的人的职业和人生发展策略

本部分向关顾型的人展示了在自己的一生中应该如何从事业中获得最大收获，不仅描述了有可能改善事业规划的两个方面，也提供了一些实际的建议，帮助读者更为高效地规划自己的职业方向。另外，这部分还讨论了第三个更为私人化的方面。从这三个亟待发展的方面综合出发，讨论可用来推动职业更好发展，并实现个人成长及收获个人满足感的一般性策略。

■ 关注和满足自身需要

对于身边的人的需要，关顾型的人能够敏感地感知。帮助他人是他们的天性，如帮助陷入危机中的人、花时间与需要关心的家人在一起，或者经营自己的人际关系网。虽然帮助他人对他们来说具有重要意义，并且会给他们带来很大的满足感，但是随之而来的，他们会发现自己几乎没有时间来满足自己的个人需要。随着时间的推移，这种状况会让他们感觉沮丧，会想当然地认为在别人看来，他们的帮助呼之即来，挥之即去。下面是一位关顾型的人描述她是怎样渴望改变这种状况的：

"我想学习变得更加外向，从而能让人看到我的内心世界。我常常觉得自己被低估了，我的需求从来得不到别人的认可。"

关顾型的人所从事的，往往是那些他们坚信对自己的价值观和内心目标有所帮助的工作。为了创造融洽的氛围，他们常牺牲个人需要来迎合他人的需要。例如，如果一份工作能让关顾型的人有很多时间与家人共同度过，这与他们成为好的伴侣或父母的需要一致。但是在这种情况下，关顾型的人往往把家庭需要置于个人需要的前面。下面是一个关顾型的人的说法：

"我把生活的重心放在家庭上很多年了，因此我甚至不确定自己是否有他人所谓的职业生涯。"

关顾型的人不喜欢强加于人，在冲突和不和谐的环境里会觉得很不自在。他们真心希望满足他人的需要，但如果这种满足他人需要的状况与他们的内心价值观相冲突，他们会觉得很沮丧。正因为如此，他们往往选择逃避表达自己的需要，而他人也因此对他们所承受的压力不太了解。久而久之，他们会觉得自己的付出与牺牲没有得到认可。因为关顾型的人不希望原本融洽的气氛因为自己的直言不讳而化为泡影，所以如何处理这种状况，对他们来说一直是一件很难的事。

作为关顾型的人，你在规划职业生涯的时候要认真考虑如何将对他人有利的事情与能够给自己带来满足感的事情分开来看。虽然你本身的优点之一就是创造融洽的氛围并且满足别人的要求，但是同时你也要保证能够注意到哪些工作目标能够满足自己的个人需求，并且为了这些目标而坚持不懈地努力。

关于关注和满足自身需要的建议

- 记住只有当你自己感觉良好的时候，你才能更好地帮助他人。照顾自己的情绪并不意味着自私。为了周围的人，你应该照顾好自己。
- 每天为自己做一件积极的小事，这并不需要花费很多金钱或时间。每天创造一些让你感到放松的机会，如停下来喝杯茶、出去散散步，或者听自己喜欢的歌曲等。
- 认真思考自己需要什么，抽出时间整理自己的想法，然后记下来。和自己最亲近的人讨论一下，如何分配自己的注意力、时间与精力。
- 在选择工作的过程中，要保证自己不必牺牲太多来迁就别人。如果你觉得自己有些委屈，甚至将自己和牺牲者画等号，就要认真考虑自己放弃了哪些东西，如何通过调整来改善目前的状况。

■ 关注理性分析

基于价值观的决策方式如果不借助理性分析来平衡，看问题就会变得很片面。理性分析能帮助关顾型的人避免做出日后看来会后悔的决定。这种平衡非常重要，尤其是在非常情绪化或牵涉感情问题而必须做出决定时，这种平衡更为重要。下面是一位关顾型的人描述她是如何努力控制感情的：

"我最大的挑战是在工作时如何控制我的感情。假如我对某件事情充满激情，那么即使只是谈起它我都会变得非常情绪化，这让我颇有些尴尬。"

如果你是关顾型的人，进行职业选择时，要从逻辑分析的角度出发，综合考虑每个可选的工作岗位具备的优点和缺点，同时也要考量工作是否会服务于你的个人价值观。对情况进行逻辑分析能够让你对职业选择优缺点的考量更加全面。关注职业选择在长期与短期内可能造成的影响或带来的后果。不仅要着眼于每个选择会给你本人和身边的人带来怎样的影响，还要兼顾从客观的角度出发对结果进行的逻辑分析。

采取逻辑分析的思考方式会帮助你更多地考虑薪酬、工作时间和其他工作福利方面的问题。在与潜在雇主讨论工作时，尝试表现得更加自信。在进行工作待遇谈判的过程中，一定坦白地表明自己的需要，不要表现得不确定或不敢表达自己的需求。虽然这样可能并不是你平时习惯的方式，但是你会发现，自己的收获更能够体现你的能力。

关于关注理性分析的建议

- 在做决定的时候，停下来思考你的选择的优缺点并把它们罗列出来，客观地进行比较分析。确定自己所有的可选方案不仅具有足够的合理性，同时对你来说也有足够的吸引力。
- 用理性分析的方法去考察每个选择，并关注决定的长期和短期影响。
- 想象一下，你尝试对一个逻辑型的人解释你的决定。对于你的决定，他会问什么样的问题，你又该如何回答。
- 不在情绪不稳定时做决策。给自己一点时间，理性思考你的感觉对决策的影响。

■ 避免过于主观和情绪化

关顾型的人总会对自己周围的世界投入感情。对关顾型的人来说，他们所做出的努力，他们所制作的产品，以及他们实现的成果都是自我表达的形式。他们在工作中融入了太多个人情感，所以，如果别人对他们的工作进行批评或拒绝，他们就会觉得对方伤害并且冒犯了他们。一个关顾型的人解释说：

"我在工作中倾注了太多心血。我在迈出下一步前会力求从所有角度出发考虑所有方面。如果某个人因为目光过于狭隘，而批评我的工作，我就会不由自主地进行辩解。随着时间的推移，我学会了接受一点，就是这些脱口而出的批评有些时候只不过是信口之言，不带任何恶意。现在，我对待批评意见的态度更加客观了。"

关顾型的人获得建设性反馈意见时，通常他们很难客观地听取。他们可能将批评意见看作缺少尊重甚至人身攻击。而如果给予反馈的人喜欢直言，不留情面，不圆滑，不考虑对方感受，就更会让关顾型的人产生这种想法。通常，关顾型的人喜欢帮助他人，给他人批评意见时谨慎小心，所以他们希望其他人也可以做到这样。

给予反馈时，关顾型的人可能过于关注对方会不会受到伤害或觉得被冒犯，所以他们的反馈往往不够直接，有些时候甚至会让人一头雾水。如果遇上这样的情况，其他人可能对他们的反馈忽视或不屑一顾。对关顾型的人来说，学会坦白地给予反馈往往并不是一件容易的事情。下面是一位关顾型的人的心声：

"给出反馈的时候，我总会小心翼翼地想要先提出一些积极的方面，然后再就需要改进的方面给出建议。这些建议通常都是一些试探性的建议，就是因为不够开门见山，我的一些建议被当成了耳旁风。"

第 10 章　关顾型的人：关心与联系

关于避免过于主观和情绪化的建议

- 首先要认识到，并不是所有人对待反馈的思维方式都和你一样。对于有些人来说，能够毫无保留并且直言不讳地给出批评性的反馈是帮助他人学习与提升的最好方式。他们没有掺杂任何个人感情，也没有任何要冒犯你的意思。无论是给出反馈还是收到来自他人的反馈，都一定要时刻牢记这一点。
- 在给出反馈意见时，保证一定要清楚、直接，否则，你就有可能因为自己的原因而导致给出的建议被忽视。如果希望给出的反馈有效，应避免使用"你可能需要"或"你会发现……是有帮助的"之类的话。这些话在接受反馈的人看来是可选方案，而非指令。
- 如果你发现自己比平时更加情绪化，可能是因为所处的环境给你造成了太大压力或让你感受到种种不适。尝试减轻压力，或者从目前的状况中抽身而出，隔开一定的距离思考发生了哪些改变。花时间了解为什么别人会挑战你的价值观，而面对这种情形，你又可以怎样做。
- 如果你的工作与帮助他人有关，你应该设法尝试不要试图帮助他人解决所有问题。对关顾型的人来说，置身事外或许是一件很难的事情。虽然参与帮助他人很可贵，但这会大大消耗你的时间和精力。至少，少承担一些责任对你的健康很重要。

关键行动

对你来说，关注和满足自身的需要，关注理性分析，避免过于主观和情绪化，这些事情是否具有挑战性？如果你的答案是肯定的，本节探讨的哪个策略是有帮助的并值得一试？

_____

_____

关顾型的人的职业平衡

在工作中，关顾型的人在积极运用内在反思和分析能力，并以个人价值观来审视和评价客观世界时往往有很好的表现。因此，他们必须通过吸收新信息和增强行动力来平衡他们对内在的关注，因为没有新的信息，他们对客观世界的评价就会缺乏全局性。

你的职业性格是什么？

为了获取信息，关顾型的人会采用问问题的方式来激发可能的选项，并持有一种灵活、好奇心驱动的态度对待所有问题。一般来说，人们在吸收信息时通常采用两种方式：关注现实细节和展望未来可能的发展模式。在性格类型理论中，这两种方式分别被称为实感（S）和直觉（N）。虽然每个人在接收新信息时都会综合使用这两种方式，但总会不由自主地倾向于其中一种。你可以参照本书第2章中的描述去找出在这两种方式中，哪种方式是你感到更自然的方式。

语义上的"实感"和"直觉"这两个词有很多含义，并不仅仅与如何吸收信息有关，所以为了避免歧义，在本书中，我们把通过实感来获取信息的关顾型的人称为务实关顾型（ISFP），而把通过直觉来获取信息的关顾型的人称为洞察关顾型（INFP）。

两种关顾型的人有不同的关注点，但是都能让他们强化和肯定以自我价值观为基础的决策方式。他们会逐步学会同时获取信息的两种方式：同时关注眼前现实和未来可能性。随着时间的推进，这种自然倾向的发展让他们的人生更加具有灵活性。

务实关顾型的人关注收集事实和细节，以理解和处理当下发生的状况。他们的风格和感性反应型的人比较类似，对于周围状况具有很好的即时适应和反应能力，在处事时也采用同样的主动解决问题的方式，甚至所从事的工作类型和工作内容也有很多类似的地方。但是请记住，对务实关顾型的人来说，无论如何，其对发现并解决问题的关注总是比不上对内在价值观的关注。

洞察关顾型的人关注抽象的模式和可能性。他们的行为与感性探索型的人比较类似，都是在理念和可能性的基础上主动创新，甚至所从事的工作类型和工作内容也有很多类似的地方。但是请记住，对洞察关顾型的人来说，其对发现和探索创新的关注总是比不上对内在价值观的关注。

本章的其余内容大致分为两部分——第一部分是为ISFP型的人量身定制的，第二部分针对的则是INFP型的人。你可能发现，首先阅读对自己来说最自然的平衡方式很有帮助。之后，你可以阅读另一种平衡方式，这样就知道随着自己不断成长不断成熟，未来有什么等着自己。如果你已经人到中年，你可能对两部分都有兴趣，因为在人生的这个阶段，你可能已经有足够的动力来培养自己并不偏好的决策方式。

你如何寻找平衡？

☐ 我更像 ISFP	☐ 我更像 INFP
我是务实关顾型的人。首先我会以	我是洞察关顾型的人。我首先会以对

| 关注目前可以应用的实用信息来平衡我始终关注个人价值观的风格。当我日趋成熟时，我会学会如何更多地关注新信息中的模式与可能性。 | 于想法与可能性的关注来平衡我始终关注个人价值观的风格。当我日趋成熟时，我会学会如何更多地关注实际的事实与细节来进一步平衡。 |

ISFP：务实关顾型的人的工作方式

"永远乐于帮忙。"

最新研究显示，在美国成年人中，务实关顾型的人（ISFP）所占比例为8.8%。务实关顾型的人乐于寻找一切机会进行人际交往，以及维持和谐的人际关系。他们具有亲和力、体贴，对周围的人和事始终保持欣赏的态度。他们会安静地在幕后寻找实际有用的方式来为他人提供帮助与支持。他们通过提供有用的服务支持，或创造有形的能让他人即时使用的产品，并使他人从中找到安慰或快乐的方式来表达自己对他人的关注。如果和他们谈话或聊天，你永远都听不到他们夸夸其谈什么对自己最重要，他们总是把注意力集中在你身上，倾听大大多于倾诉。他们能够迅速了解和关注他人的需要。

因为务实关顾型的人以自发行动来平衡他们基于价值观的决策方式，所以他们最初表现出来的关顾型工作方式与洞察关顾型的人有着很大的不同。然而，洞察关顾型的人在步入中年后，亦会发现这种方式反映了他们所需要提升和成长的方向。

■ 务实关顾型的人做什么最自然

活在当下，享受此刻

务实关顾型的人务实而随和，他们以随意和开放的态度处事，总是寻找机会表达自己或帮助他人。他们活在当下，对身处的环境毫不掩饰地表示欣赏，并积极施加自己的影响。对于那些结构过于严谨的环境或例行公事之类的工作，他们表现出强烈的抵触情绪，并努力避免。下面是作为代课老师的一位务实关顾型的人所说的话：

"我喜欢这份工作的原因之一是我每天都能完成当天的工作，走进教室就开始工作，走出教室就完成工作。我喜欢这份工作，每周代上一天或者两天的课。这样我能感觉我每天都在做些什么事情。"

你的职业性格是什么?

务实关顾型的人喜欢要求有即时反应的工作。他们重视工作中的乐趣、享受此时此刻，寻找机会适时表达自己。他们通过承担手头的工作，并用创新和独特的方式去完成它来表达自己。

做出即时和个性化的贡献

基于自我价值观，务实关顾型的人常常给人提供实际服务的工作来帮助他人。通常这些工作充满人性化，让人感觉很温暖，如按摩师、帮助他人完成疗程的治疗师、发型师、专为顾客配眼镜的光学师等。

他们希望为个人提供个性化的、一对一的服务，而不是标准的或例行的辅助工作，因为理解和欣赏个体的不同是他们自然工作方式的一部分。他们所从事的工作，必须满足一个特征，那就是他们认为对自己和周围的人是有益的。下面是一位务实关顾型的人描述她作为学习阅读的成人导师时的心态：

"我喜欢因材施教。我会耐心倾听每个人的需要，鼓励和支持他们。我为每个学生量身定做一套教学方法，使用能吸引学生兴趣和目标的阅读材料。我喜欢用独特和个性化的方式来帮助每个学生。每当看到我的学生的技能有所提升的时候，我都能体会到极大的满足感。"

尽情表达自我

务实关顾型的人希望自己所在的工作环境愉悦、随意、吸引人、舒服。他们具有很敏锐的观察力，擅长发现和创造美。他们善于把艺术性、独特性与实用性结合在一起，创作实用和漂亮的产品。对务实关顾型的人来说，时尚设计、室内设计及风景设计工作对他们具有很大的吸引力。下面是一位从事室内设计的务实关顾型的人的现身说法：

"我喜欢关注颜色和质感。我能把不同种类的东西用很吸引人的方式糅合在一起，从而做出物美价廉的好东西。"

务实关顾型的人可能热爱大自然，他们可能想通过一些户外工作来表达自己的价值。因此，务实关顾型的人可能选择林业员或园丁这样的职业来体验、改善或提升自然世界。也可能通过创作兼备实用性与艺术感的产品来表达自己。

务实关顾型的人喜欢能传承自己价值观的工作，其价值观也是多元化的。如果你想找到最吸引你的工作，最重要的事是首先确定你要表达什么样的价值观，然后才是寻找机会在实际、友好和灵活的环境中去传达这种价值观。

解决问题

务实关顾型的人关注当下的状况，善于运用创新的方式解决各种问题。他们喜欢利用手头现有的资源找到解决问题的方法，即兴地对现有的东西或设备做出改进或修缮。一位从事儿童保育工作的务实关顾型的人，认为自己具有很好的解决问题的能力：

"当孩子们玩耍时遇到玩具不足的情况，我经常需要设法解决这一矛盾。这时我会突然想出一些让孩子们开心、活跃气氛的小把戏，例如，我会表演一些小魔术。有时我会悄悄地把不高兴的孩子拉到一边，然后想办法转移他们的注意力。我喜欢创造让小朋友和谐相处的课堂环境。"

务实关顾型的人的理想工作环境

关注你的个人偏好，你便可以更准确地找到让你感到满足的工作类型。下面归纳和总结了务实关顾型的人的理想工作环境，你可以看看哪些描述更适合你。

作为一个务实关顾型的人，我偏爱下列工作环境：
- ☐ 关注实际应用
- ☐ 相互支持，保持和谐
- ☐ 讲求灵活性，无拘无束，尊重自主权
- ☐ 关注解决当下的问题
- ☐ 能直接为他人提供服务
- ☐ 做出即时和个性化的贡献
- ☐ 尽情表达自我
- ☐ 享受此时此刻工作的机会
- ☐ 工作环境具有一定的吸引力，会让人觉得舒心

■ 务实关顾型的人感兴趣的工作

以下是务实关顾型的人可能感兴趣的工作。这份清单是参照数据进行归纳的，数据显示，务实关顾型的人从事下述这些行业的概率高于其他行业。

在这份职业清单中，我们使用了5个总结性标题，按照O*NET网站提供的信息，这些类型的工作对务实关顾型的人来说充满了吸引力。O*NET是一个庞大的互动性数据库，专门提供职业相关信息，用于探讨与研究职业选择。O*NET内部对工作类型进行了划分，划分依据不仅考虑了工作本身的内容，还涉及完成该项工作所需的技能、需要接受的教育或培训。你可以在O*NET的网站上浏览所罗列的职业或工作类型。在这个网站上，你会发现关于职业的广泛信息。第六个标题"其他"提供了一些职业的样本，涵盖了O*NET网站分类系统所划分出的其他工作类型，这些工作同样可以吸引务实关顾型的人。

解读职业信息的要点

每种职业都借助编号提供了一些信息,帮助你更好地评估这份职业是否适合自己。

🍃=**绿色职业** 与降低化石燃料的使用、减轻污染、提高能源效率及提升可再生能源的使用息息相关。

✺=**前景光明的职业** 从经济意义上来看十分重要的行业,这些行业有可能实现长期增长,或正因为技术与创新而发生翻天覆地的变化。

工作区域 数字编码(1~5),总结了想要进入这个行业需要进行的准备(如教育、培训或经验传授)。1~5代表所需要进行的准备由少到多。

职业趣味性 字母编码(R、I、A、S、E、C 的组合),体现了这一职业的趣味性情况。这些结论是与荷兰的趣味性模型及工作环境一致的。

艺术、设计、娱乐、体育与媒体

电视、视频与动画的摄影机操作师 3RA
舞者 3AR
艺术家 3AR
口译与笔译人员 4AS
工艺美术师 2ARE
时尚设计师 3AER
插花设计师 2AER

医疗保健与技术

口腔卫生员 ✺ 3SRC
配镜师 ✺ 3ECR
外科医生助手 ✺ 5SIR
语言病理学家 ✺ 5SIA
职业理疗师 ✺ 5SI
验光师 5ISR
康乐理疗师 4SA
手术技师 ✺ 3RSC

安装、养护与维修工作

汽车熟练技工 ✺ 3RI
摩托艇机械师 3RCI
乐器维修人员与调音师 3RAI
家用电器维修人员 3RCI
摩托车机械师 3R
电子通信设备安装与维修人员 3RIC

个人护理与服务

健身教练与健美操教练 ✺ 3SRE
私人与家庭看护助理 ✺ 2SRC
非农场动物看护员 2RC
娱乐场所工作者 ✺ 4SEA

保护服务

惩戒官员与狱警 3REC
森林消防员 ❀ 2RS
渔猎巡视员 ❧ 4RI
市政消防员 ❀ 3RSE

交通与物料搬运

空中交通管制员 3EC
航空巡逻员 ❀ 3RCI
客机飞行员 ❀ 3RIE
机车工程师 ❧ 2RC
航空公司飞行员，副驾驶，飞行工程师 ❀ 4RCI
校车司机 ❀ 2RC

其他

下面的清单涵盖了可能吸引务实关顾型人的其他工作类型。

考古学家 5IRA
收银员 1CE
快餐厨师 ❀ 1RC
电工 ❧❀ 3RIC
农民与农场主 ❧ 3REC
检察官、调查员、分析员 4EIC
珠宝商 3RA
按摩理疗师 ❀ 3SR
股票交易所职员 1CRE
裁缝、制衣者、缝纫工 3RAE
动物学家与野生生物学家 ❧ 5IR
细木工与板凳木匠 ❀ 3RC
建筑工人 ❧❀ 1RC
快速点餐店的厨师 ❀ 1RC
电子设备工程设计技师 ❧ 3RI
护林员 4RIE
狱警与清洁人员 ❀ 1RC
女佣与家政清洁人员 ❀ 1RC
医疗秘书 ❀ 2CS
调查员 ❀ 4RCI
兽医助理与实验室动物看护人员 ❀ 2RSI

务实关顾型的人的技能强项和关注的能力

关注你的个人偏好，你便可以更准确地找到让你感到满足的工作类型。下面归纳和总结了务实关顾型人的技能强项和关注的能力，你可以看看哪些描述更适合你。

作为一个务实关顾型的人，我具有以下技能强项并关注如下能力的提升：

☐ 适应
☐ 交流中倾听
☐ 创造
☐ 客户服务
☐ 养护
☐ 设身处地为他人着想
☐ 观察
☐ 解决问题
☐ 辅助
☐ 支持

■ 作为领导者的务实关顾型

务实关顾型的人在担任领导者时有着独特的优势。他们有着自然独特的领导方式，作为下属也呈现出独特的个性。

解决问题

务实关顾型的人关注眼前的问题并努力去解决。在这个过程中，他们往往会逃避已有的规则和程序，特别是在看到解决问题的捷径时，他们往往会找到创新的方式来解决任何眼前问题。作为领导，他们以身作则，自己去解决问题而不是把责任分配给下属。他们不喜欢作为领导者所必需的制订长期计划的要求。他们也许需要花更多的时间，考虑短期的解决问题的创新方法对于长远目标的影响。

甘居幕后

务实关顾型的人安静低调，为人随和友善。他们喜欢在幕后积极为他人提供帮助，认为让他人独立工作比直接监督更能表示对他人的尊重。

自主权和自由度是务实关顾型的人价值观中非常重要的指标。他们对控制、监管和指挥他人基本上没有什么兴趣，同时也会避免处理工作表现或人际关系冲突方面的问题。他们很少主动去谋求领导职位。他们不喜欢靠权力来领导，对通过这种方式来领导的人也表示出极大的不屑。政治关系、规则和协议这些死板的东西永远不会在务实关顾型的人心中占据一席之地。

作为领导者的务实关顾型

关注你的个人偏好，你便可以更准确地找到让你感到满足的工作类型。下面归纳和总结了务实关顾型的人所偏好的领导风格，你可以看看哪些描述更适合你。

作为一个务实关顾型的领导者，我喜欢：

☐ 对各种可选方案抱着开明的态度，愿意倾听别人的观点
☐ 关注短期规划，而不是深谋远虑
☐ 关注眼前的问题
☐ 避免直接监管他人
☐ 以身作则
☐ 支持帮助他人
☐ 当状况或问题发生时，马上就进行处理
☐ 平易近人，适应性强，并且讲求人情
☐ 甘居幕后
☐ 逃避既定规则和程序
☐ 寻找创新和个性化的解决方案

第10章 关顾型的人：关心与联系

■ 作为团队成员的务实关顾型

务实关顾型的人勇于为团队奉献自己。虽然他们总是在幕后默默地为他人提供支持，但友好合作的工作环境对他们来说非常重要。他们具有热心肠，愿意竭尽全力帮助他人。他们总是和团队中的人保持一致，帮助他人处理棘手的问题，永远少说多做，全心全意地帮助他人或者创作对他人有帮助的作品，是慷慨和体贴的团队成员。

在团队中，他们愿意给予他人正面反馈，对于他人给予的正面反馈也欣然接受，人际冲突或不和谐会让他们感到很不舒服。如果可能的话，他们会极力避免这些状况的发生，也不愿去深究这些冲突产生的根源。对他们来说，抽象思考完全是浪费时间，他们宁愿把时间花在眼前的问题上。

作为团队成员的务实关顾型

关注你的个人偏好，你便可以更准确地找出让你感到满足的工作类型。下面归纳和总结了务实关顾型的人所偏爱的团队工作方式，你可以看看哪些描述更适合你。

作为一个务实关顾型的团队成员，我偏爱：

- ☐ 与他人合作
- ☐ 擅长解决问题
- ☐ 喜欢给出或接受正面反馈
- ☐ 对人际冲突感到不舒服
- ☐ 少说多做
- ☐ 热心肠、慷慨体贴
- ☐ 甘居幕后
- ☐ 与团队中的人保持一致，为他人提供必要帮助

■ 务实关顾型的人的学习风格

对于学习，务实关顾型的人喜欢获取实用的能用于解决眼前问题的知识和信息。与说明书或阅读书面材料比起来，他们更愿意在工作的过程中通过亲自实践的方式学习。他们具有敏锐的观察能力，关注自己身边的世界。

理论和抽象概念无疑会让务实关顾型的人感到厌倦，他们更关注寻找能帮助他们有效完成眼前任务的信息或事实。他们讨厌课堂教学的拘谨和死板，期望更加灵活和个性化的学习方式，并且能够自己控制学习进度。

务实关顾型的人喜欢在学习过程中得到来自导师的个性化支持和鼓励。如果可能的话，他们更愿意单独或在规模很小的团队里学习或工作。通常情况下，他们表现沉静友善，甘居幕后。

你的职业性格是什么？

> **务实关顾型的人的学习风格**
>
> 关注你的个人偏好，你便可以更准确地找到让你感到满足的工作类型。下面归纳和总结了务实关顾型的人所偏爱的学习方式，你可以看看哪些描述更适合你。
>
> 作为一个务实关顾型的人，我偏爱：
> - 喜欢学习实用的知识或信息
> - 学习针对实际问题的知识
> - 不喜欢阅读手册或长篇的文字说明性的东西
> - 通过实践学习
> - 相互扶持的学习环境
> - 寻找能帮助他人完成眼前任务的事实细节
> - 通过动手来学习
> - 单独或在规模很小的团队里学习或工作

性格偏好与与生俱来的倾向可以作为自我评估的出发点。在阅读这一部分的过程中，一些陈述你可能认可，而另一些陈述你可能不认可。这样的反应是常见的，因为每个人表达自己性格特征的方式都不同。阅读总体信息可以作为决定事业发展方向的出发点。现在，你需要进一步进行自我评估，具体方法就是将这些总体性陈述和自己的个人生活结合起来。下面这些问题可以帮助你将这一部分的内容和自己的具体情况联系起来。在回顾本章内容的过程中不要忘了比照这些问题：

- 这种性格的所有特征是否符合我的真实情况？哪些部分符合？哪些部分不符合？
- 是不是有哪个部分的描述对我来说尤为重要或关键？
- 我可以将哪些信息用于具体实践，从而决定自己的事业发展方向？
- 我应该如何调整自己的事业发展方向？哪些方面应该强化？又有哪些方面应该弱化？
- 在未来工作中，我想将重心放在哪个方面？

在这一过程中，你可能想用各种标注方法着重突出一些部分，或者想在书页的空白部分写些笔记，或者制作一系列索引卡，或者在笔记本上认真做笔记。不管采取什么方式完成这项工作，问题的关键在于一定要保证记录的信息可以真实地描述你目前的情况。设想自己的理想工作应该是怎样的，有哪些具体的工作内容，有什么样的工作环境，你在工作中会应用哪些技能，你期盼以怎样的方式领导他人或被他人领导，你希望为团队做出什么样的贡献，你想要以什么样的方式不断学习与成长。

第 10 章 关顾型的人：关心与联系

同时也思考一下自己目前处于怎样的发展阶段。你现在利用哪些方法来平衡自己的自然工作方式？你是否正在过渡到新的平衡方式中去？一定要记住，每个人的情况都是独一无二的。以果断型和分析型的人为例，这两种类型的人在沟通的时候喜欢就事论事。但是，他们还是会或多或少地通过移情作用和他人建立联系。这两种人如果愿意花费时间和精力，通过学习最终从事人事服务工作，就有可能与在技术领域独立工作的同种类型的人做事方式截然不同。

关键行动

现在，你已经做好准备，将自己的自然偏好和具体情况结合起来了。

描述一下你最想从工作中得到什么。不要单纯地罗列出一系列工作，而要将重点放在说明自己的个人偏好上。

_____

_____

现在，你已经认识到了自己的工作偏好，你可以直接阅读对 INFP 性格类型的介绍。如果你有兴趣培养基于逻辑的决策方式，更应如此。如果你已经准备好通过评估自己的价值观、生活方式和局限来继续完成职业规划的过程，可以直接跳到第 11 章。

INFP：洞察关顾型的人的工作方式

"我对此有好的感觉。"

最新研究显示，在美国成年人中，约 4.4%属于洞察关顾型（INFP）。在生活中，这种类型的人会把对某个人、某些想法、某些可能性的欣赏非常鲜明地表露出来。他们会努力帮助他人完成目标，或者默默支持他人，看重和寻求他人对于他们表现的正面反馈，不喜欢被低估或者被看不起的感觉。他们善于利用个性化的创新方式表达他们的创意理念，不喜欢严谨的架构或例行公事的事务，因此在包容灵活和独立自主的工作环境中往往有着出色的表现。

因为洞察关顾型的人会以对未来潜在可能性的关注和洞察力来平衡他们以价值观为基础的天性，他们最初表现出来的关顾型工作方式与务实关顾型有着很大的不同。然而，务实关顾型的人在步入中年后，会发现这种方式反映了他们所

271

需要提升和成长的方向。

■ 洞察关顾型的人做什么最自然

学习与发展

洞察关顾型的人通过在很多不同工作领域的出色表现证明自己的能力。他们习惯从宏观上看问题，因此觉得很多事情难以说清楚，尤其是对自己重要的东西。对他们来说，工作是一个持续学习对他们而言重要的东西的过程。他们乐于在生命的过程中学习和发展新技能，并因此尝试一些不同种类的工作。

支持和协助

洞察关顾型的人具有非常敏锐和精准的直觉，他们也没有办法解释清楚直觉的来源，但是他们坚信这些直觉是值得信赖的。他们很自然地就能觉察到他人的潜力，并鼓励他人开发潜能。他们喜欢从事咨询和教育领域的工作，因为这让他们有机会指导和促进他人的提升。在这些领域里，他们往往具有很强的奉献精神。他们注重寻求长久的人际关系。工作对他们而言，是一件完全个人化的事情。

他们是很好的倾听者，在谈话中会集中注意力理解他人的状况和观点。他们具有与众不同的阅读和理解他人的能力，能够充分理解他人的感情世界和价值观。下面是一位数学老师描述他在与学生互动时的情形：

"当学生对学好数学很焦虑或者不自信的时候，他们常会来到我的办公室向我倾诉。我通常会认真地倾听，从而能够更好地理解他们的需要，并设法帮助他们解决问题。"

忠诚

洞察关顾型的人对人对事均表示出极高的忠诚度。他们热衷于这样的工作机会：能够让他们努力完成他们认为有意义和重要的事情。对于所处的工作团队，他们也保持同样的忠诚。如果团队的价值观与他的个人价值观存在冲突，他们会觉得被背叛了。同样，他们希望人际关系简单真诚，对于那些不真诚或者欺骗他们的人则表现出非常不友好的态度。

寻求创新

洞察关顾型的人通过从事艺术作品创作、娱乐行业或设计领域的工作来传达自己的价值观和创新能力。不管选择什么方式，结果一定是非常个性化和独特的方式，就像一位洞察关顾型的人不会用完全一样的方式教两个孩子一样，这和经典艺术作品不是大量标准化生产所能够生产出来的道理相同。对待不同的人和事，他们有其独特的方式。因此他们在工作中往往关注质量而不是数量。

洞察关顾型的人通常在语言和表达方面具有一定天赋。他们的洞察力为他们提供多姿多彩的想法，而他们的价值观则为他们提供了激情和方向。这两者的结合让他们的表达能力十分突出，但由于安静和特别的天性，他们往往更擅长文字交流而不是口头交流。

一对一工作

因为洞察关顾型的人会投入大量时间和精力去区别对待不同的人或者一对一的工作，所以如果他们需要在短时间内同时与很多人接触互动，尤其是和他们接触的人都需要他们的帮助时，他们很快就会觉得筋疲力尽。几乎所有洞察关顾型的人都需要单独相处的时间来恢复精力，特别是在为他人提供帮助的领域里工作时，如咨询行业。如果需要持续保持工作积极性，洞察关顾型的人需要休息的时间往往比较久。

逃避教条主义

对人的关注和对环境的应变能力，使洞察关顾型的人经常可以逃避严谨的规则和架构，因为这些夺去了他们用个性化的方式处理问题的自由。他们在工作时所迸发出的创新能量，往往被按部就班的例行公事束缚住手脚。下面是一位洞察关顾型的农民的说法：

"我喜欢自由，同时遵从农业的自然节奏。我享受我选择做什么时的那种自由，讨厌僵化和教条。"

不纠缠于细节和跟进事务

洞察关顾型的人往往能够想出很多想法，看到多种未来的可能性，也许会同时投身于几个项目。但是他们缺乏对项目的持续跟进能力，所以往往可能半途而废。在压力很大的情况下，他们通常会因为不善于跟进而变得不堪重负。

同样，他们通常会忽略重要的细节。例如，有些自我创业的洞察关顾型的人往往会发现，在项目合同竞标的过程中，即使他们具有完成合约的能力，但在竞标中往往落后于其他独立承包商。尽管他们的建议书充满想象力，也有不错的想法，但是他们必须认识到，只有当他们的建议书包含更多事实和细节时，他们的提议被接受也就是竞标成功的可能性才会更高。

你的职业性格是什么？

洞察关顾型的人的理想工作环境

关注你的个人偏好，你便可以更准确地找到让你感到满足的工作类型。下面归纳和总结了洞察关顾型的人的理想工作环境，你可以看看哪些描述更适合你。

作为一个洞察关顾型的人，我偏爱下列工作环境：

- ☐ 符合个人价值观
- ☐ 支持和协助
- ☐ 开明并兼具创新精神
- ☐ 构思新想法或理念的机会
- ☐ 包容灵活性和独立性
- ☐ 互动活动对本人有意义
- ☐ 与不同的人一对一交流
- ☐ 有学习提升的机会
- ☐ 指导他人

■ **洞察关顾型的人感兴趣的工作**

以下是洞察关顾型的人可能感兴趣的工作。这份清单是参照数据进行归纳的，数据显示，洞察关顾型的人从事下述这些行业的概率高于其他行业。

在这份职业清单中，我们使用了 5 个总结性标题，按照 O*NET 网站提供的信息，这些类型的工作，对洞察关顾型的人来说充满了吸引力。O*NET 是一个庞大的互动性数据库，专门提供职业相关信息，用于探讨与研究职业选择。O*NET 内部对工作类型进行了划分，划分依据不仅考虑了工作本身的内容，还涉及完成该项工作所需的技能、需要接受的教育或培训。你可以在 O*NET 的网站上浏览所罗列的职业或工作类型。在这个网站上，你会发现关于职业的广泛信息。第六个标题"其他"提供了一些职业的样本，涵盖了 O*NET 网站分类系统所划分的其他工作类型，这些职业同样可以吸引洞察关顾型的人。

解读职业信息的要点

每种职业都借助编号提供了一些信息，帮助你更好地评估这份职业是否适合自己。

🍃=**绿色职业** 与降低化石燃料的使用、减轻污染、提高能源效率及提升可再生能源的使用息息相关。

✹=**前景光明的职业** 从经济意义上来看十分重要的行业，这些行业有可能实现长期增长，或正因为技术与创新而发生翻天覆地的变化。

工作区域 数字编码（1~5），总结了想要进入这个行业需要进行的准备

274

（如教育、培训或经验传授）。1～5代表所需要进行的准备由少到多。

职业趣味性　字母编码（R、I、A、S、E、C 的组合），体现了这一职业的趣味性情况。这些结论是与荷兰的趣味性模型及工作环境一致的。

艺术、设计、娱乐、体育与媒体

演员 2AE	编辑 4AEC
电影与视频剪辑师 3AEI	艺术家 3AR
平面设计师 ❀ 4ARE	室内设计师 ❀ 4AE
口译、笔译人员 4AS	多媒体艺术家、动画师 ❀ 4AI
作曲家、编曲家 3AE	音乐家、歌手 3AE
乐器演奏家 3AE	制作人、导演 4EA
公关专家 🍃❀ 4EAS	记者、通讯员 🍃 4AEI
科技作家 ❀ 4AIC	写手、作者 4AI

社区与社会服务

儿童、家庭与学校社会工作者 🍃❀ 4SE	神职人员 5SEA
宗教活动与教育业主管 4ESC	教育、职业教育与学校顾问 ❀ 5S
健康教育工作者 ❀ 4SE	婚姻与家庭理疗师 ❀ 5SAI
医疗与公共健康社会工作者 ❀ 5SI	心理健康与药物滥用社会工作者 ❀ 5SIA
心理健康顾问 ❀ 5SIA	
社会与人类服务助理人员 ❀ 3CSE	康复咨询师 ❀ 4SI
药物滥用和行为障碍咨询师 ❀ 5SAI	

教育、培训与图书馆

博物馆馆长 4EC	艺术、戏剧与音乐教师 5SA
英语语言与文学教师 5SAI	小学教师 ❀ 4SAC
幼儿园教师 ❀ 4SA	教学协调员 ❀ 5SIE
图书馆技术员 ❀ 4CSE	图书管理员 ❀ 5CSE
哲学与宗教教师 5SAI	中学教师 ❀ 4SA
高中教师 ❀ 4SAE	学前班教师 ❀ 3SA
特殊教育老师 ❀ 4SI	自我充实教育教师 ❀ 3SAE

生命、物理与社会科学

生物物理技师 ❀ 4RIC	咨询心理学家 ❀ 5SIA

275

你的职业性格是什么？

经济学家 5ICE
工业组织心理学家 5IEA
社会学家 5IAS

遗传学家 5IAR
微生物学家 ❀ 5IR
土壤与植物科学家 5IR

办公室与行政支持

账单、款项收集人员 ❀ 2CE
计算机操作员 3CR
桌面系统出版 3AIC
档案员 3CRE
法律秘书 ❀ 3CE
办公室文员 ❀ 2CER
秘书 ❀ 2CE
文字处理人员与打字员 2CE

簿记、会计与审计职员 ❀ 3CE
数据录入员 2CRE
执行秘书与行政助理 ❀ 3CE
保险保单处理人员 2CE
医疗秘书 ❀ 2CS
前台与信息咨询员 ❀ 2CES
总机接线员 2CES

其他

下面的清单涵盖了可能吸引洞察关顾型的人的其他工作类型。

仲裁人、调停人与调解员 ⚘ 4SE
酒保 ❀ 2ECR
儿童看护工作人员 ❀ 2SA
餐厅厨师 ❀ 2RE
健身教练与健美操教练 ❀ 3SRE
人力资源、培训与劳工关系 4ESC
布景与绿化工作人员 ❀ 1RC
按摩理疗师 ❀ 3SR
自然疗法医师 5IS
儿科医生 ❀ 5IS
物业、房地产与社区协会经理 ❀ 3EC
采购员 ⚘ 3ECR
零售人员 ❀ 2EC
语言治疗师 ❀ 5SIA
调查员 ❀ 4RCI
培训与发展专家 ⚘ 4SAC
兽医 ❀ 5IR

建筑师 ⚘ 5AI
木匠 ❀ 2RCI
合规经理 ⚘ 4CER
教育管理者 ❀ 5ESC
家庭健康助理 ❀ 2SR
布景建筑师 ⚘ 4AIR
救生员、滑雪救护队成员及其他
　娱乐设施保护服务工作者 ❀ 1RS
网络系统和数据通信分析师 ❀ 3IC
职业疗法医师 ❀ 5SI
自然科学管理者 ⚘ 5EI
律师助理和法律助理 ❀ 3CIE
物理治疗师 ❀ 5SIR
精神科医生 ❀ 5ISA
呼吸科理疗师 ❀ 3SIR
社会与社区服务经理 4ES
统计学家 5CI

电话营销人员 2EC　　　　　　　旅行代理人 3EC
服务生 ✱ 1SEC

洞察关顾型的人的技能强项和关注的能力

关注你的个人偏好,你便可以更准确地找到让你感到满足的工作类型。下面归纳和总结了洞察关顾型的人的技能强项和关注的能力,你可以看看哪些描述更适合你。

作为一个洞察关顾型的人,我具有以下技能强项并关注如下能力的提升:

☐ 适应能力　　　　　　　☐ 创造性
☐ 拥护某个主张　　　　　☐ 同情心
☐ 沟通和倾听　　　　　　☐ 创新性
☐ 为他人提供支持　　　　☐ 培养他人
☐ 鼓励他人　　　　　　　☐ 自我发展

■ 作为领导者的洞察关顾型

洞察关顾型的人在担任领导者时有着独特的优势。他们有着自然独特的领导方式,作为下属也呈现出独特的个性。

人性化的领导

洞察关顾型的人作为领导很讲人情,他们会认真实践自己的价值观,而且通常能够做到高瞻远瞩。他们的愿景通常专注于如何改善或提升某种状况、某件产品或某个工作流程,从而为相关人员带来最大的收获与发展机会。

洞察关顾型的人用特别和人性化的方式关注他们所领导的人,就像对待任何其他人一样。他们会尽力支持和鼓励他人展现自己最优秀的一面。因为关注员工,他们常常因为需要帮忙处理同事的问题和状况而对手头的工作分心,因为对于他们来说,支持下属比完成任务更加重要。对于洞察关顾型的人来说,在满足相关人员的需求与达到某种成果之间寻求平衡通常是一件困难的事情。

道德自律

洞察关顾型的人认为作为领导一定要诚实,他们不喜欢玩弄所谓的政治权术,也不迷信权威。对他们来说,如果一个人要想受人尊重,就必须具有良好的人品。对于那些滥用职权,给下属带来负面影响或者造成压迫感的领导,在他们看来是不可行的。

他们会小心翼翼地维护下属的自尊。如果下属遇到了棘手的问题,他们通常会允许下属提出疑问,或者给予他们第二次机会。在决策过程中,洞察关顾型的人会花时间考虑自己的决定会给别人带来怎样的影响,他们希望自己采取的行动能够满足所有相关人员的需求。

支持他人

洞察关顾型的人不会滥用权力随意命令指挥他人,他们相信他人会很自然地好好工作。在团队中,如果他们被理解、尊重和得到有效的支持,则会全力以赴。洞察关顾型的人认为领导者的使命是支持及制定灵活的体系和过程,从而让大家可以充分发挥自己的潜能,有效地完成工作。

作为领导者的洞察关顾型

关注你的个人偏好,你便可以更准确地找到让你感到满足的工作类型。下面归纳和总结了洞察关顾型的人偏爱的领导风格,你可以看看哪些描述更适合你。

作为一个洞察关顾型的领导者,我喜欢:

- ☐ 高瞻远瞩
- ☐ 与他人建立私交
- ☐ 为他人提供支持,鼓励他人发挥自己最好的一面
- ☐ 认为领导需要诚实
- ☐ 表达自己的价值观
- ☐ 决策时会考虑所有相关人员
- ☐ 会怀抱极大的热情实践自己的价值观
- ☐ 不喜欢玩弄政治权术,不迷信权威
- ☐ 不会滥用权力,命令或者指挥他人
- ☐ 认为满足相关人员的要求比取得成果更重要
- ☐ 专注于如何帮助他人成长并实现自我发展

■ 作为团队成员的洞察关顾型

洞察关顾型的人非常支持团队成员的工作。他们通过认真倾听和展现对他人观点的理解来表示对他人的欣赏。他们具有很强的同情心,这种能力让人称道,也利于创造积极的团队环境。他们通常积极乐观,颇有些理想主义的色彩。他们希望团队里的每个成员都能够充满激情和友善地工作,期盼每个人都能发挥最好的一面。

他们很容易被过于苛刻的反馈伤害,并且会把这种反馈看成针对个人的。在人际冲突中,他们会感觉极为不舒服,也会尽量避免。他们会努力创造和谐的团队环境,为达到这个目标,他们有时甚至会牺牲自己的个人需要。但是在不得已

的情况下，他们也会把长时间以来积累的负面感觉，精确而坦率地描述出来。其他的团队成员听了这些也许会觉得震惊，因为之前他或许从来都没有表露出来。

作为团队成员的洞察关顾型

关注你的个人偏好，你便可以更准确地找到让你感到满足的工作类型。下面归纳和总结了洞察关顾型的人偏爱的团队工作方式，你可以看看哪些描述更适合你。

作为一个洞察关顾型的团队成员，我偏爱：
- ☐ 为团队成员提供支持
- ☐ 认真倾听来表达对他人的欣赏
- ☐ 创造积极的团队环境
- ☐ 容易认为别人的反馈是对人不对事儿
- ☐ 积极、乐观和理想主义
- ☐ 尽量逃避人际冲突
- ☐ 努力保持团队和谐
- ☐ 对团队成员的期望值很高

■ 洞察关顾型的人的学习风格

洞察关顾型的人对抽象理论和新理念具有浓厚的学习兴趣，尤其喜欢能够启发灵感的与人有关的故事，以及寻找一切机会去了解他人是如何克服困难或解决问题的。比起琐碎的事实和细节，他们对理论和未来可能性更感兴趣。他们喜欢尝试不同的想法与理念，将信息进行联系与整合。对于洞察关顾型的人来说，关于个人成长与发展、伦理行为及与培育并维护有机体相关的理论会引起他们的兴趣。

他们喜欢学习与自己的个人价值观直接相关的知识。他们通常会将学习内容与自己本身或自己所处的环境进行联系，如果他们发现学到的东西在自己看来没有任何价值，就会影响学习的表现。因为他们的学习方法具有非常明显的个人特征，与老师关系的好坏对他们的学习具有很大的影响，那些不吝于给予鼓励和正面评价的老师往往能够很好地激发洞察关顾型的人的学习欲望。

洞察关顾型的人喜欢独立学习，自己独立学习或者小组学习效果最好。和其他内向型的人一样，他们在能够安静独处的时候才会最大限度地发挥效率。他们喜欢灵活的学习方法，认为正规的学习方法或流程对学习是一种限制。他们喜欢头脑风暴这种思考方式，也喜欢尝试不同的想法。下面是一位关顾型的人描述她对学习的看法：

"我喜欢学习抽象概念、可能性和新的思维方式之类的知识。我不喜欢严谨、呆板的思维模式，也不喜欢答案单一的问题。"

你的职业性格是什么？

洞察关顾型的人的学习风格

关注你的个人偏好，你便可以更准确地找到让你感到满足的工作类型。下面归纳和总结了洞察关顾型的人偏爱的学习方式，你可以看看哪些描述更适合你。

作为一个洞察关顾型的人，我偏爱：
- ☐ 对抽象理论和新理念具有浓厚兴趣
- ☐ 希望有机会了解他人克服困难或解决问题的过程，并从中学习
- ☐ 希望能有足够的空间独立处理信息
- ☐ 需要有灵活性与机会来进行头脑风暴或尝试不同想法
- ☐ 需要老师的支持和鼓励
- ☐ 将所学内容与自己本人及本人的经历、价值观和想法联系起来
- ☐ 比起事实和细节，更喜欢理论
- ☐ 独立学习或者小组学习时效果最好

性格偏好与与生俱来的倾向可以作为自我评估的出发点。在阅读这一部分的过程中，一些陈述你可能认可，而另一些陈述你可能不认可。这样的反应是常见的，因为每个人表达自己性格特征的方式都不同。阅读总体信息可以作为决定事业发展方向的出发点。现在，你需要进一步进行自我评估，具体方法就是将这些总体性陈述和自己的个人生活结合起来。下面这些问题可以帮助你将这一部分的内容和自己的具体情况联系起来。在回顾本章内容的过程中不要忘了比照这些问题。

- 这种性格的所有特征是否符合我的真实情况？哪些部分符合？哪些部分不符合？
- 是不是有哪个部分的描述对我来说尤为重要或关键？
- 我可以将哪些信息用于具体实践，从而决定自己的事业发展方向？
- 我应该如何调整自己的事业发展方向？哪些方面应该强化？又有哪些方面应该弱化？
- 在未来工作中，我想将重心放在哪个方面？

在这一过程中，你可能想用各种标注方法着重突出一些部分，或者想在书页的空白部分写些笔记，或者制作一系列索引卡，或者在笔记本上认真做笔记。不管你采取什么方式完成这项工作，问题的关键在于一定要保证记录的信息可以真实地描述你目前的情况。设想自己的理想工作应该是怎样的，有哪些具体的工作内容，有什么样的工作环境，你在工作中会应用到哪些技能，你期盼着以怎样的方式领导他人或被他人领导，你希望为团队做出什么样的贡献，你想以什么样的方式不断学习与成长。

第 10 章 关顾型的人：关心与联系

　　同时也思考一下自己目前处于怎样的发展阶段。你现在利用哪些方法来平衡自己的自然工作方式？你是否正在过渡到新的平衡方式中去？一定要记住，每个人的情况都是独一无二的。以果断型和分析型的人为例，这些类型的人在沟通的时候喜欢就事论事。但是，他们还是会或多或少地通过移情作用与他人建立联系。这两种人如果愿意花费时间和精力，通过学习最终从事人事服务工作，就有可能与在技术领域独立工作的同种类型的人做事方式截然不同。

关键行动

现在，你已经做好准备，将自己的自然偏好和具体情况结合起来了。

描述一下你最想从工作中得到什么。不要单纯地罗列一系列工作，而要将重点放在说明自己的个人偏好上。

_____
_____

　　现在，你已经认识到了自己的工作偏好，你可以直接阅读对 ISFP 性格类型的介绍。如果你对以实践的方式帮助他人感兴趣，更应如此。如果你已经准备好通过评估自己的价值观、生活方式和局限来继续完成职业规划的过程，可以直接跳到第 11 章。

第 11 章
自我评估

职业满足感因人而异。了解你的自然工作方式，是探索何种类型的工作能为你带来最大职业满足感的良好起点。但这并不仅与性格的发展相关，因为你的独特兴趣、价值观、技能、局限、知识和工作经历同样构成了你自然工作方式的核心。此外，多数情况下，某些特定情境还会涉及他人及自身的需求。因此，为了找到一份理想的工作，准确地了解和归纳你职业满足感的来源是不可或缺的。

在这一章中，你将逐一梳理和评估你的技能、价值观、兴趣、生活方式以及局限。通过这一过程，你将逐渐了解重塑职业生涯规划所需的关键信息。随后，在第 12 章中，你将学习如何利用这些自我评估的成果来寻找一份既有意义又有价值的工作。在自我评估的过程中，本书将首先为你提供一些关于如何运用自然偏好的建议。

自我评估的提示

- **反应型**
  - 请对自我评估过程中必须阅读和完成的检查清单保持足够的耐心。
  - 为自我评估的结果寻找切实的理由和应用的方法。深入思考如何立即应用这些信息，使你的职业生涯规划更具可行性。
  - 通过反思自己的行动进行评估，不要忘了勇敢尝试，并花时间反思在尝试过程中最让你充满动力的事情和最重要的点。

- **探索型**
  - 寻找一种可能的方法，建立自然工作方式、兴趣、价值观和生活方式之间的联系。将这些因素整合起来，你就能构建出自己的理想工作。

- 与他人共同进行自我评估，询问他们的反馈，并讨论你的想法。
- 回顾你之前的从业和生活经历中所包含的主题和模式，花时间思考你最希望实践的想法和方向。

■ 果断型

- 尽量使你的评估过程更加符合逻辑。批判性地分析你过去的经历，如过去你不喜欢做什么、不适合做什么，然后找出其中的原因。
- 重点关注你的技巧和能力，想一想你在什么方面最擅长。
- 为了最大限度地发挥自我评估的效果，采用逻辑分析的方式来判断对你来说什么才是最重要的。

■ 贡献型

- 在自我评估时寻求他人的支持，例如，与非常了解你或能为你提供指导和鼓励的人共同完成这些步骤。
- 从自己的个人经历与反应方式中吸取教训，关注之前工作岗位上组织内部的团结和人际关系如何影响你的工作满足感。
- 认真评估自己的个人价值观与看重的事情，决定你希望在工作中以何种方式做出贡献。

■ 缜密型

- 运用你的记忆和过去的经验，帮助你专注地进行自我评估。
- 列出你感到舒适的工作、任务和技能，帮助你整理自己的经验。然后找到你偏爱的工作主题或工作模式，同时关注个人事实和细节。
- 寻找你在哪些方面具备的技术专长。确定你在哪些主题或工作领域积累了最为深厚的专业知识。

■ 愿景型

- 了解并理解自我评估工具背后的理论模型。将关于自己性格偏好、兴趣、技能及价值观的信息整合成一个整体。
- 寻找并利用暗示和想象来引导你，思考你的梦想和对未来的规划，并为自己美好的未来绘制蓝图。
- 牢记要关注决定情境、主题、意义的事实和细节信息。

分析型

- 你已经习惯于对自己及自己的工作进行反思，你可能需要关注一下自己的优势，可以列出你认为自己最引以为豪的技能和能力。
- 反思你自我评估的信息。这些信息是否以合乎逻辑的方式整合起来？你得出了什么明显的结论吗？
- 你应该意识到，来自他人的评估信息可能也很重要。这些信息对于判断你所面临的挑战是必不可少的。

关顾型

- 思考一下周围人的价值观。其中你支持谁的观点？这对你的职业生涯规划有什么启示？
- 关注你自己的价值观。对你个人来说，什么是最重要的？
- 带着这些问题的答案去分析：他人及自己的需求，寻找其中的平衡点。你有机会同时满足自己和他人的需求吗？

自我评估时的常见问题

不管你自我评估的自然方式是什么，几乎所有人都会遇到以下这些问题。在评估过程中，你应该努力避免。

把"能做的事情"等同于"喜欢做的事情"

在自我评估时，有些人只是描述自己的工作，而未能深入思考这份工作的哪些部分适合自己，哪些部分不适合。特别是长期从事某项工作的人，由于技能娴熟，往往难以决定何时结束旧工作、开始新生活。此外，我们也常被"继续在原公司工作是最快捷的换工作方式"的想法所束缚。

事实上，我们很难直接找到一份既舒适又熟悉的工作。然而，职业转换期为你提供了一个机会，让你能够静下心来，思考你能学会什么或你想成为什么样的人。不论你的年龄和现状如何，只要转换期能帮助你获取所需，你都应该考虑对职业生涯做出必要的调整。当然，如果你目前的工作正合你意，你也可以继续提升自我，保持在这份工作中的良好感觉。

- **过于在乎他人的意见**

有些技能、价值观和偏好可能不被他人认可，但它们对你来说却很重要。请记住，别人的意见只是他们的看法，并不一定适合你。有些人难以理解不同的事物对不同的人有不同的激励作用。你的家庭成员、同事和朋友可能会用他们的标准来评判你是否成功，而不是基于对你而言重要的东西。例如，在家庭中，你可能会感受到来自家人的压力，希望你按照他们设想的职业发展途径去工作。然而，或许继承家族企业或从事某个职业并不能满足你自己的职业需求。

- **不加甄别地利用信息**

典型的自我职业评估包括自我审视、完成列表清单和回答问题等步骤。这些资料通常只是一系列信息。在评估过程中，将这些信息与个人实际情况相联系至关重要。例如，你可以问自己："这些信息对我有什么用？"这些兴趣和价值观对你意味着什么？在选择工作或决定如何通过学习提升时，兴趣和价值观将起到什么作用？你应该关注这些信息的意义，以及哪些与你自我评估中浮现出的主题或模式相关。

- **只关注自我评估的某个方面**

自我评估需要全面分析和权衡信息。例如，你需要考虑你的兴趣是否与生活方式相匹配；或者你作为单亲家长，但渴望冒险和刺激。这些信息是如何影响你的？如果你在整合信息时遇到困难，可以咨询职业规划专业人士，他们能帮助你有效地串联这些信息。

运用过去的经验

在开始自我评估时，请回顾你在过去的经验中所获得的知识和信息。例如，若你是职场新人，正在寻找第一份工作，那么你在学校中喜欢或不喜欢的课程和课余活动将具有重要的参考价值。若你处于中年并考虑换工作，那么过往的工作经历将极大地辅助你的自我评估。在自我评估的过程中，你将收集到许多关于自己的信息。接下来，请回答以下问题，它们将引导你进行深入思考。

- 你参加了哪些社团、俱乐部？原因是什么？
- 你通常如何打发空闲时间？
- 你喜欢阅读吗？更偏好哪种类型的图书？

你的职业性格是什么？

- 你喜欢看电视、电影吗？更喜欢哪种类型？
- 你参与过哪些社团或志愿者活动？
- 最近你参加了哪些课程学习？选择这些课程的理由是什么？
- 你热衷于学习什么？你的学习方法是怎样的？
- 你对哪些主题的讨论感兴趣？
- 你周围的人是如何描述你和你的工作方式的？
- 你是否有过特别喜欢的工作经历？其中哪些方面最吸引你？
- 你是否也做过不太喜欢的工作？其中的哪些因素让你不满？
- 你倾向于参与哪些娱乐活动？

这些信息将帮助你识别自己的技能、价值观、兴趣、生活方式和个人偏好。要回答这些问题，你需要全面地反思并记录下你过去的职业和生活经历。尽管对于职场新人来说，这个练习可能显得不那么直接相关，但即使是年轻人也能找到与上述活动相关的经历，如照顾小孩、送报纸、协助家庭生意、参与运动，甚至愉快的实地考察、旅行或实习等，这些都是重要的经历。你可以按照时间顺序列出这些年你所做的事情。现在，请回顾你的过去经历，并思考以下问题，以寻找其中的主题或模式。

- 我偏爱哪些活动？
- 我对哪些事情不感兴趣？
- 我选择这些课程或活动的原因是什么？
- 我为何决定换工作？
- 长期以来，哪些事物对我来说一直很重要？

关键行动

在总结关于自己理想工作的所有已知信息时，需要涵盖你喜欢从事的活动，你不喜欢的事项，以及你认为在工作中哪些因素对你来说是最为关键的。

技能评估

你所拥有的技能为你提供了完成工作所需的专业技术。它们不仅是你自我评估过程中的关键部分，还是你职业发展的基石。了解自己所拥有的技能，有助于你评估并增强个人的竞争优势。将你已有的技能和希望获得的技能与工作机会相匹配，将极大地促进你的职业生涯规划。

一般来说，你的技能与你的自然工作方式有很大的关联。例如，一个追求高效完成工作的果断型的人，往往具备出色的结果导向技能；一个以满足他人需求为重的关顾型的人，往往会注重培养自己的沟通能力。然而，这并不绝对，一个果断型的人可能选择成为精神学家，并努力提升沟通技巧以更好地服务病人；而一个强调自主权的关顾型的人，可能会着重培养实现结果的能力，从而自主创业，建立自己的公司。

技能评估有多种方式。若你目前在公司任职，可以寻找公司内已有的工具进行自我评估。许多公司都有能力和胜任力分析工具，用以比较个人技能与职位所需技能之间的差异。这些工具能帮助你分析不同类型的工作机会或职位所需的能力，以及需要改进和提升的方面。另外，你还可以参考工作职责描述或绩效评估结果来评估自己的技能。同时，让同事知道你有提升某些技能的意愿，并通过与他们的交流，发现学习这些技能的机会。

若你正在自主创业，可以通过顾客调查了解他们对你的期望。同时，你所在领域的协会或认证机构提供的具体技能培训或认证，能帮助你的技能发展与市场需求保持一致。

如果你目前没有工作，可以回顾过去的工作经历，并思考以下问题：

- 我现在正在运用哪些技能？
- 我过去使用过哪些技能？
- 我擅长什么？
- 我是否可以学习新技能以更好地适应当前的工作？
- 哪些任务或活动能给我带来满足感？
- 我能为公司提供哪些技能？

有些技能并不具有特定性，几乎在任何类型的工作中都有需求，我们称之为"基本技能"。你可以利用以下评估方法来判断，你最喜欢使用哪些基本技能。

■ 基本技能评估

想要全面了解你的基本技能，以下三点是重要的考量：你是否运用某技能？你是否享受运用此技能的过程？你是否希望未来提升该技能？利用这三个指标来分析你的技能，将有助于你更清晰地规划职业生涯。接下来，我们将解释这些指标的具体含义。

- 运用：在工作中你是否确实需要运用此技能？

- 喜欢：你是否真正享受运用此技能的过程？
- 发展：你是否希望在未来进一步提升此技能？

对于每个技能子项，你可以在其后的空格里做相应的标记。为了得到更全面的评估，建议你尽量完成每个技能子项的这三个指标的评估。每当完成一个技能大项的评估后，请将每栏的标记数量相加，并将总数填写在下方的总计栏中。在所有技能大项的评估完成后，记得将结果进行汇总。

变革管理能力	运用	喜欢	发展
不断调适自己的行为			
勇于挑战传统方法			
积极提出新想法或创意			
保持灵活和创意思考，确保思路流畅			
有效应对模糊状况，理解不明确或有多重含义的状况和信息			
敏锐观察趋势和模式			
预见未来可能发生的变化			
勇于承担新的责任			
尝试利用新方法来完成任务			
不断提升自己的技能与资历			
总计			

沟通能力	运用	喜欢	发展
清晰了解事件或状况并进行有效沟通			
运用恰当的沟通策略与交际手段			
清晰地解释自己的想法与思路			
认真倾听他人的观点			
准确呈现某些信息或想法			
就信息、知识或共识进行提问			
为了获取信息、知识或共识进行阅读			
以适当的方式分享信息给相关人员			
对收集到的信息进行归纳与整合			
具备清晰表达并解释自己观点的写作能力			
总计			

第 11 章 自我评估

领导力	运用	喜欢	发展
为他人提供明确的指导			
寻找双赢的问题解决方案			
协调资源以确保目标的达成			
制定战略规划，以实现特定的愿景			
承担风险，并从错误中吸取教训			
促进并支持团队及团队成员的发展			
主动发起行动			
在困难情况下维持自己的工作表现，并通过调整来适应			
发挥模范带头作用			
帮助团队建立共同的愿景			
总计			

学习能力	运用	喜欢	发展
明确自己的学习需求			
设定明确的学习目标			
将学习与职业发展需求相结合			
制定职业发展规划			
采用个性化的学习方式来匹配自己的学习风格			
制定合适的学习策略			
获取能够提升绩效的技能			
有效处理信息			
持续掌握学习的进展			
对自己的行动和结果负责			
总计			

数据处理能力	运用	喜欢	发展
制订资金或其他资源的详细预算计划			
具备强大的数据计算能力			
能够精确地预估规模或成本			
深入理解数学术语和符号（数学能力）			
具备数量测算的能力			
展示解释数字或数据的推理能力			

续表

数据处理能力	运用	喜欢	发展
能够使用精确的规格要求说明，并能达到和修改规格说明			
高效有序地保存和更新记录或文档			
对各类信息进行整理分类			
熟练运用计算机或其他工具来管理信息（技术能力）			
总计			

解决问题能力	运用	喜欢	发展
鉴别问题			
明确问题			
分析问题			
制订具有可行性的解决方案			
制定决策的标准			
收集并分析与问题相关的信息			
选择有效的行动			
执行解决方案			
评估成果			
预测可能出现的问题			
总计			

达成结果能力	运用	喜欢	发展
收集相关信息，以对结果进行准确评估			
设定明确目标，以指引规划方向			
组织有效活动，确保目标顺利完成			
针对任务进行高效合理的规划			
确保可靠地完成每一项需要完成的任务			
采取积极主动的态度，以达到个人和组织的目标			
对不同事件的顺序与时间进行合理规划			
妥善安排不同工作的顺序和时间			
逐个完成小任务，以累积实现总目标			
定期评估进展，预测成功的可能性			
总计			

团队合作能力	运用	喜欢	发展
确保团队成员的工作与团队目标高度一致			
团队协作以共同实现目标			
团队齐心协力实现共同目标			
有效协调人力物力资源以达成目标			
为团队及个人的成功共同庆祝			
对他人的需求保持敏感			
积极鼓励团队成员			
提供正面、有建设性的反馈			
在双赢的框架下解决团队冲突			
接受并包容团队成员的个体差异			
总计			

思维能力	运用	喜欢	发展
使用符号和概念来抽象地解释问题			
将一般常识应用于实际情况			
从逻辑的角度出发,对信息进行分析与评估			
尝试从不同角度看待某种状况			
处理复杂问题			
系统地管理信息			
关注自我认知,实现自我发展			
精确地获取事实、数字和事件信息			
将获取的信息进行整合			
培养系统思维,以全面理解问题			
总计			

■ 基本技能分析总结

现在你已完成对自我技能的全面总结与分析,接下来请运用这些分析结果来启动你的职业生涯规划之旅。首先,请在相应的表格中填入你统计的得分,每个技能项的满分为 10 分。

你的职业性格是什么？

技　　能	运　用	喜　欢	发　展
变革管理能力			
沟通能力			
领导力			
学习能力			
数据处理能力			
解决问题能力			
达成结果能力			
团队合作能力			
思维能力			

下列问题将帮助你深入理解这个练习，进而有助于你明确未来职业生涯规划的方向以及技能的运用与提升。

- 你运用得最多的技能有哪些？
- 在基本技能中，你最享受运用的是哪些？如果这些技能与你使用最多的技能大相径庭，或许你需要重新考虑职业生涯的规划！
- 如果你目前在工作，你希望提升哪些基本技能以改善当前的工作表现？
- 在未来，你期望能更多地运用哪些基本技能？你计划如何运用它们？
- 在这些基本技能中，哪些是你现在或将来最希望提升的？
- 你打算通过何种途径来提升这些技能？

■ **具体职业技能**

除了已评估的 9 项综合技能，能否觅得一份满意的工作还与职业技能紧密相连，这里特指在特定领域的专业技能。拥有经验或资格认证，或两者兼具，或许已使你成为某领域的专家。职业技能与专业领域、工作经验密切相关，因此，我们常根据职业来区分，如财务人员、工程师、木匠、教师、销售人员、司机等。

这些具体的职业技能是所从事职业中不可或缺的，是决定工作方向的关键。许多人掌握不止一种职业技能。回顾你的教育和工作经历，列出你的职业技能。例如，若你曾是护士，你的职业技能可能包括看护、教育和咨询等。

作为职场新人，你或许能列出的职业技能不多。此时，需要考虑培养哪些综合和职业技能。在选择时，首先要考虑这些技能是不是你长期职业生涯中希望运用的。如果认为这些技能至关重要，则需要投入更多时间去提升。你需要进一步明确自己的专长，了解如何通过学习或实践来加强这些技能。比如，如果你是电脑专业人士，应在哪些领域有竞争优势？如文字处理、硬件维护、计算机辅助设计、网络维护等。每个专业方向都有其特定的知识和发展路径。

O*NET 网站提供了技能与职业关联的高级搜索功能。这能帮助你深入研究具体技能，并了解这些技能如何与职业相匹配。如果你想深入了解技能与职业的匹配关系，这一功能将非常有用。你可以先选择喜欢的技能，再搜索与之匹配的职业；或先选择感兴趣的职业，再了解该职业所需的技能。O*NET 为每种职业列出了所需技能，并标明了这些技能的重要性。如果你热衷于使用工具和技术，也可利用高级搜索功能，输入工具或技术名称，O*NET 将列出相关职业。

在决定哪些技能对你最重要及如何应用时，请对比你的综合技能和专业技能。例如，如果你喜欢分析和解决问题，你可以运用这些能力在多个领域，同时，具体职业技能也会为你的职业定位提供方向。例如，你可以选择提升电子领域的技能，在电子技术、电器或仪表修理等领域发展。或者，如果你想运用分析和解决问题的综合能力来帮助他人，你可以选择学习咨询或其他技能，从而在社会工作、咨询或看护等领域找到满意的工作。

在规划职业发展方向时，请从你想在未来运用或培养的技能出发。如果你有多种技能想培养，请在职业规划中确定优先级，每次专注提升一种技能。

关键行动

在此，你将总结那些对你来说至关重要的基本技能和职业技能，并特别关注那些你既喜欢又希望深入发展的技能。同时，你也会思考以何种方式来进一步培养这些技能。

_____
_____

职业兴趣

在 20 世纪 70 年代，约翰·霍华德提出了以下观点：员工、职业或工作环境可以划分为六个宽泛的类型或主题，分别是实际、调查、艺术、社会、创业和传统。以下是对这六大主题的详细描述：

实际（R）
- 处理事情

- 与大自然或其他有形材料打交道
- 经常从事体力劳动或户外工作
- 需要动手解决问题或寻求解决方案
- 使用工具、机械或设备
- 建筑施工与维修
- 实用取向

调查（I）

- 考虑想法或处理具体事务
- 创造或应用知识
- 从事分析或科学工作
- 依靠自己的力量解决心智挑战
- 工作中涉及抽象观点
- 调查、解释与预测
- 智力取向

艺术（A）

- 处理想法并与人打交道
- 创作原创想法或作品
- 工作方式灵活，强调个人精神
- 应用自我表达
- 涉及设计和花样的处理
- 想象与创造
- 非传统取向

社会（S）

- 与人打交道
- 提供帮助与支持
- 工作中强调互动，并传递人文关怀
- 应用人际沟通技能
- 涉及合作与互动
- 工作的目标是治愈或培养正能量
- 合作取向

创业（E）

- 工作中要与数据和人打交道
- 追求财务或物质目标
- 包含大量指令性活动，工作内容界定不明确
- 应用谈判和劝说技巧
- 涉及影响他人、领导他人
- 承担风险，启动新项目
- 创业取向

传统（C）

- 工作中涉及数据处理和事务管理
- 专注细节，组织细节问题
- 工作中规中矩，但通常有序
- 在既定框架内保证精准性
- 遵守既定流程
- 按照他人的期望行动
- 传统取向

这六大主题构成了一种将人与职业相匹配的方法。通过选取这六大主题中的1~3个，我们可以为职业进行编码。例如，管道工的职业编码是 RCI，这三个字母是按照重要性程度排列的。因此，简单地说，想要从事管道工的工作，首先需对使用工具实现实际结果感兴趣（R），遵守既定流程（C），并且有能力解决问题（I）。

同样，这个模型也可以用来确定反映一个人工作兴趣特征的三个字母代码。例如，若某人对帮助别人感兴趣（S），又喜欢创新想法或制作有趣的新事物（A），并乐于处理抽象思维，那么他们的代码大致为 SAI。你可以根据以上说明推断出自己的代码。但为获得更精确的兴趣代码，建议利用已经验证过的资料库，这些代码通常由三个字母组成。其他兴趣测试，如职业兴趣档案，也可以得出三个字母的兴趣代码。利用这些兴趣数据库，你可以得到一份与自身兴趣相匹配的职业清单，作为职业选择的参考。

在研究潜在的职业选择时，你可以寻找符合自己兴趣特征的职业，或者搜索你正在考虑的职业对应的兴趣代码。O*NET 网站列出了每种职业的兴趣代码。你只需在 O*NET 网站主页的搜索引擎中输入职业名称，当职业说明出现时，滚动页面或导航至相关部分，即可找到与该职业相对应的价值观。

关键行动

将可以总结自己工作兴趣特征的 3 个字母代码写下来。

_____　　　　　_____　　　　　_____

价值观

评估自己的价值观不仅有助于明确你希望在感兴趣的工作中实现的目标，同时也能指引你如何设计工作，使你能够更有效地安排时间和精力，专注于那些对你来说真正有意义的事情。下面提供了一份清单，将工作与个人价值观相结合，你可以根据这些价值观在你心中的重要性进行 1 至 4 的打分。请仔细阅读每条价值观，然后给出相应的分数，其中：

1=非常重要　　　　2=重要　　　　3=一般　　　　4=不重要

_____ 行动（工作中积极主动，适应不同环境）
_____ 提升（具有增加薪资或扩大职责的潜力）
_____ 冒险（享有旅行或追求激情的机会）
_____ 美感（欣赏美，运用艺术技能）
_____ 归属感（成为知名企业的一员）
_____ 团队合作（作为团队的一分子）
_____ 社区服务（为社区做出有意义的贡献）
_____ 竞争（对比自己与他人的表现）
_____ 与他人互动（保持定期交流）
_____ 创造性（构想新思想、项目或系统）
_____ 学习新技能（探索和尝试新技能）
_____ 专家（具备特定领域的专业知识或技能）
_____ 友谊（结交新朋友或巩固现有友谊）
_____ 帮助他人（热衷于帮助和启发他人）
_____ 回馈社会（为社会做出积极贡献）
_____ 独立性（在较少指导和监督下工作）
_____ 智力挑战（理解和构思新概念）
_____ 娱乐休闲（追求爱好，享受闲暇时光）
_____ 金钱（追求高收入或物质奖励）

第 11 章 自我评估

_____ 道德准则（行为符合道德标准）
_____ 教育孩子（与孩子建立亲密联系，陪伴其成长）
_____ 伙伴关系（与配偶或其他重要人物建立深厚关系）
_____ 个人发展（持续学习和自我提升）
_____ 身体健康（通过合理饮食和锻炼保持健康）
_____ 权力和权威（引导并影响他人）
_____ 认可（在工作中获得赞誉和欣赏）
_____ 例行公事（偏好常规和重复性工作）
_____ 安全感（需要劳动保护和稳定收入）
_____ 自我表达（展示或构想新思想或产品）
_____ 独自工作（较少与他人直接互动）
_____ 精神发展（基于深层次的生活信念）
_____ 稳定性（工作职责清晰、可预见）
_____ 地位（受到他人的尊重和崇敬）
_____ 时间和自由（自主安排工作时间）
_____ 多样性（应对不断变化的工作职责）

你可能希望非常具体地定义对自己而言最基础、最关键的价值观。例如，如果你选择了"身体健康"这一条，那么可能会考虑调整工作时间，以便腾出时间进行体育锻炼；同时，这也可能反映了你希望部分工作内容涉及如何帮助他人提高身体素质，改善健康状况。建议你寻找自己价值观中的核心主题。此外，你还可以利用一些经过认证的数据库来辅助评估自己的职业价值观。例如，职业价值观度量（testingroom）就是一个可以用来评估十大主要职业价值观的工具。如果你想要深入了解某个具体职业所重视的价值观，O*NET 网站列出了每组职业对应的工作价值观。你只需在 O*NET 网站主页的搜索引擎中输入职业名称，当职业说明出现时，滚动页面或导航至相关部分，即可找到与该职业相对应的价值观。

关键行动

在深思熟虑后，确定对自己而言最为核心和重要的价值观，并将它们提炼出来，力求具体明确。这样，你就能运用这些关键的价值观作为指导，来规划自己的职业生涯了。

_____

_____

你的职业性格是什么?

生活方式和限制因素

了解自己的生活方式及局限,这有助于我们综合考虑影响工作和生活的各种因素。通过思考以下问题,可以评估自己可能遇到的局限或生活方式上的偏好,从而进一步定义自己,并选出最适合自己的工作。

- 你何时想要(或需要)工作?你的工作意愿是否强烈?你是否在一天中的某段时间、一周中的某几天或一个月的某几周工作状态不佳?
- 你倾向于在哪里工作?是喜欢室内还是室外?你是否有兴趣或是否愿意搬到另一座城市?你是否愿意为了工作而忍受长时间的工作或接受长时间离家的情况?对于你来说,在家工作的机会是否很有吸引力?
- 你在身体条件上是否有影响职业选择的局限?例如,色盲、因受伤而行动不便或肌肉强度不足等。
- 你是否有健康方面的考虑,这些考虑可能影响你的职业选择?例如,过敏、持续的疼痛感或整体健康水平。
- 是否存在一些心理因素可能影响你的职业选择?你最多能承受多大的压力,或者你最多愿意接受怎样的期望值?
- 你希望有多少收入?你需要多少收入?在思考这个问题时,也要考虑工资的数额、工作稳定性、福利和退休金等因素。
- 在进行职业选择时,你是否需要考虑其他角色或责任?例如,处理家务、照顾子女、照顾年迈的父母、进行休闲活动或培养兴趣爱好。
- 你是否正在接受教育或计划接受教育,这可能会限制你的工作时间?

> **关键行动**
>
> 将对自己而言最重要的生活方式和局限因素进行归纳整理。在考量这些因素时,请明确区分"必须要"和"想要"的界限。
>
> _____
>
> _____

自我评估总结

现在,你已完成所有准备,是时候将自我评估的各个部分整合起来了。请仔细回顾你在本章每个"关键行动"部分所记录的内容。若你有其他信息来源，如填写的相关表格或他人提供的反馈，也请一并纳入自我评估中，以使其更加全面和深入。一些人发现，与他人分享自我评估能带来额外的收获。有时，当你大声说出自己的需求时，你会更加清晰地认识到什么对自己最为重要。另一些人则觉得，将自我评估的信息以清单形式详细写出会更加有助于他们整理思绪。无论你选择何种方式，只要你能将收集的信息转化为具体的文字描述，清晰阐述自己对工作的要求和期望，就能最大限度地发挥这些信息的价值。

下面的练习将帮助你明确自己对工作的期望。

设想一下，你误打误撞地进入了一家招聘机构，该机构拥有上百种不同类型的职位空缺，但他们要求你先描述自己在工作中期望得到的收获，以便为你挑选适合的职位。他们不希望你直接说出具体的工作岗位，而是希望了解你的个人偏好、技能、兴趣、价值观、生活方式和局限。基于这些信息，他们将为你找到一份合适的工作。回顾你目前的自我评估，你会如何回答他们的问题？

在"关键行动"部分，请归纳你将如何向招聘者介绍自己的情况。以下问题可以作为参考：

- 在当前阶段，哪些偏好、技能、兴趣、价值观、生活方式和局限因素对你最为关键？
- 仔细审视你的自我介绍，你是否能发现某种模式或主题？
- 哪种工作方式对你来说最为自然？
- 你倾向于何时工作？对工作地点和工作内容有何特殊要求？
- 你希望承担哪些任务和职责？

关键行动

在下面的空白处，请列出或详细描述你希望从工作中获得的东西。无论是列出一张简明的清单，还是撰写完整的句子，都请按照你个人的感觉，使其显得自然流畅。

_____

_____

在明确自己的工作偏好之后，你可以直接前往第 12 章，以规划自己的职业发展方向。

第 12 章
职业生涯规划

通常情况下，我们职业发展路径上的转变要么自然而然，要么因机遇而生。当控制之外的机遇或情况发生时，我们就需要做出相应的调整。例如，失去原有工作、孩子的出生或离家、婚姻状态的变化、健康出现问题，这些都需要我们重新审视自己的职业发展方向。对于许多人来说，首先可能会考虑迅速找到一份新工作，往往选择与之前相似的工作内容。如果对之前的工作投入度较高，这样的选择也是可行的。

然而，有时出于各种原因，我们可能不再从事相同类型的工作。这时，我们需要积极寻找新的工作机会，或者选择避开那些无法带来满足感的工作。无论职业路径转变的原因是什么，这样的转变都是一个重新审视自己，从而向新方向努力的机会。这一章将指导你如何规划自己的职业路径，助你实现以下目标：

- 找到与自身自然工作方式相契合且更可能带来工作满足感的工作。
- 相较于之前的工作，拥有更高的工作掌控感。
- 有效地确定应学习哪些信息和培养哪些技能。
- 学会与领导或上级进行有效的谈判和沟通。
- 制订明确的计划和策略。
- 在不断变化的工作环境中更好地准备。

为了进行职业生涯规划，你首先需要获得可供选择的工作方案，通过研究确定对哪些工作更感兴趣，然后选择要走的路径，并朝着选定的职业方向前进。每一步都应朝着目标靠近，直至找到能带来满足感的工作。本章将提供建议和策略，帮助你采取有效举措，实现高效的职业规划。

虽然我们的介绍中，确定可选方案、职业研究、做出决定和采取行动看似是一个线性的过程，但在现实生活中，你可能会在这些步骤之间反复多次。这是因为你所面对的情况可能随时发生变化，从而影响你的决策重点。为了应对这些变化，你可能需要重新进行自我评估，甚至对计划做出必要的修改和调整。同时，你也需要留意那些之前未曾考虑过的职业选择，或者在获取更多信息后，发现某些原本研究的职业选择并不适合自己。在深入了解自我和职业的过程中，保持高度的灵活性和适应性将使你能够不断做出恰当的调整，从而更好地规划自己未来的职业路径。

确定可选方案

一旦对自己的职业满足感有了大致的了解，就需要寻找与自身偏好和实际状况相匹配的工作。在此过程中，至关重要的是不要急于做出最终选择，而是应该停下脚步，对所有可能的方案进行细致的考量与评估。在选择最终职业方向之前，更广泛地思考并考量各种可能的工作方案，无疑能减少许多不必要的弯路。

为确保在职业生涯规划的初期涵盖所有可能性和工作机会，你需要确定满足你需求的不同工作类型。你可以给自己设定一个挑战，即列出尽可能多的自己感兴趣的可选工作。拓展思路的一个方法是跳出个人的小圈子，以客观的态度审视自己在第 11 章完成的自我评估总结，并自问："什么样的工作会适合具备这些特质和偏好的人？"

对脑海中浮现的所有想法都应持开放态度，并将它们全部记录下来。之后，你有的是时间剔除那些不切实际的想法。如果你一直对脑科医生这个职业感兴趣，不妨先写下来。随后，再深入考虑自己为何觉得这份工作吸引人。是因为社会地位、金钱，还是因为其能够治病救人的属性？但在开始时，我们应关注全局而非细节，视野应更宽广，而非局限于狭窄的领域。

在最初尝试通过头脑风暴发掘潜在工作选择时，你可能觉得有些困难，难以得心应手。如果你是职场新人，对可能从事的工作尚不完全了解，这种情况可能更为明显。如果你不喜欢头脑风暴的方式，也可以选择更为实际的方法来发掘备选方案。下面将介绍几种帮助你获取可选方案的方法：

- 回顾描述你的自然工作方式的章节中列出的职业清单，并将你感兴趣的职业标出。
- 仔细阅读网上的招聘信息，仔细观察各类工作信息的组织方式，并深入研究那些能吸引你的工作类型。
- 如果你目前已有工作，请注意所在工作环境中的潜在机会。
- 阅读刊登众多工作广告的报纸（尤其是周日的报纸）。
- 请了解你的人一起协助思考。

- 在工作场所进行充分的研究工作。
- 如果你曾参加过培训项目,询问培训机构是否能提供工作选择方面的资源。
- 在网上搜索你感兴趣的话题。
- 在日常活动中留意机会。在处理日常琐事时,注意与你打交道的人,并思考是否愿意从事他们的工作。
- 利用一些志愿者工作来测试。例如,如果你对医疗领域感兴趣,可以在医院担任志愿者进行尝试。
- 在图书馆选择一些关于你感兴趣职业领域的图书进行阅读。

O*NET 网站提供了一份详尽的职业清单,其中包含了具体的工作内容、所需工具、知识,以及相关的技能、能力、工作活动、兴趣、工作风格和价值观的详细描述。O*NET 网站上的职业说明不仅提供了关于各个职业的信息,还有助于你确定新的工作选择,并包含了工作薪酬和就业前景的相关资讯。这个数据库经常更新,因此你可以时常访问,以获取你感兴趣工作的最新动态。

然而,O*NET 网站主要提供职业信息的汇总。在考虑到现实情况和个人偏好时,对于不同的工作方式,你需要具备创新思维。例如,如果你在规划职业生涯时需要考虑到自我限制或其他因素,并希望找到一份时间灵活的工作,那么你可以考虑以下列出的一些工作选项。

- 临时工
- 合同工
- 工作分享
- 兼职
- 自己创业
- 短期工作
- 咨询人员
- 与自己的爱好相吻合的工作
- 制作产品
- 服务性工作
- 销售工作

如果你目前已有工作,且对留在当前公司颇感兴趣,那么你可以考虑公司内部的各种机会。这些机会可能包括不同的岗位或工作地点、多样化的工作任务、灵活的工作时间安排,或者远程工作的可能性。同时,职位的升迁以及不同的工作职责也是值得考虑的。请牢记,晋升并非解决所有问题的唯一途径。不同的职位对时间和职责的要求各不相同,有些人可能会发现,相较于晋升,降职或职业转换反而能带来更多的职业满足感。事实上,有些人在某个工作领域表现出色,但获得的升职机会可能并不适合他们。当这种情况发生时,有时回到原先的岗位反而成为最佳的解决方案。

第 12 章 职业生涯规划

关键行动

在参考自己的自我评估结果后，请在以下空白处列出你打算考虑的职业选择。

_____

_____

现在你已经列出了一系列职业选择，接下来开始寻找这些选择中蕴藏的主题和模式。例如，如果你的职业选择清单上包含了汽车销售、图书营销、销售办公用品等岗位，那么你可能发现自己对销售与市场营销领域有着浓厚的兴趣。这些主题不仅能帮助你拓展更多的工作选择，还能使你当前的职业分析工作以及未来的学习和能力培养更具针对性和计划性。

■ 构思可选方案的提示

下面有一些提示，能够帮助你构思与你自然工作方式相关的工作方案。

反应型

- 选择一个主题或工作类别，通过头脑风暴生成不同的方案。
- 利用身边、当下能想象到的选择。
- 出去观察，与人交谈，了解别人的工作内容。

探索型

- 头脑风暴对探索型的人很有吸引力，可以邀请他人一同参与开放性的头脑风暴。
- 用长远的眼光思考未来可能的趋势。
- 探索型的人习惯扩展工作选择的范围，而不是限制。在职业规划中，完全可以这样做。

果断型

- 围绕一个具有逻辑性的主题获取工作可选方案，考虑当下能吸引你的职业。
- 注意不要忽略那些当下看起来不符合逻辑的职业。在探索可选工作时，保持开放的心态。

- 对于有机会发挥专长（无论是专业知识还是技能）的职业，可以进一步发掘。

贡献型

- 借助他人的案例启发思维，帮助自己完成这个环节。
- 与富有想象力、热心支持他人的人一起讨论。
- 寻求能表达自己价值观的工作选择。

缜密型

- 从阅读相关职业清单入手，思考有哪些工作岗位可供选择。
- 考虑相对熟悉的工作选择，同时也考虑不太熟悉的。
- 思考自己具备哪些技能与经验，可以通过什么方式在其他工作岗位上应用这些技能与经验。

愿景型

- 关注未来，想象长远的想法与可能性。
- 找到主题后进行扩展。
- 提出多样性的工作选择方案，进行整合。

分析型

- 思考在不同职业角色中利用自己技能的方式。
- 采取逻辑分析获取不同的可能性，同时对职业选择保持开放心态。
- 寻找能给予独立性和灵活性的工作。

关顾型

- 寻找能让你在工作中表达自我的工作机会。
- 让密友或家人帮助进行一对一的头脑风暴，可能会发现之前未考虑过的机会。

职业研究

到目前为止，摆在面前的是众多可能的选择。你可能疑惑，为何需要花费时间和精力构想如此多的工作备选方案，却又无法对每个选项进行详细研究。然而，这种列出所有想法并逐步缩减范围的方法具有三方面的优势：首先，许多人往往认为自己的最后一个想法最具吸引力；其次，一些看似奇特的想法往往能催生更为实际的思路，整个构思过程是一个极为有效的工具；最后，当你写下更多方案时，就更容易找到它们之间的共通主题。

面对众多工作选择，你可以采取合适的方法，挑选出几项进行深入研究。你可以研究所有可选方案，重点关注对自己而言最重要的需求或偏好，并寻找其中的共通主题。可能你会发现，许多职业所需的技能或涉及的兴趣点都颇为相似。又或者，某些工作环境，如建筑工地或教育场所，特别吸引你。在探寻相关职业时，你可以首先进行筛选，最终确定那些根据当前状况最适合从事的职业。

你可以进一步对各类职业选择进行更有针对性的深入研究，具体方法是考虑自己的期望与某个工作所能提供的契合度。这样的研究不仅能帮助你发现更多相关的职业选择，还能推动你向决策阶段迈进。在此过程中，不妨尝试通过考虑自身限制条件来排除一些工作选择。例如，如果你只想在白天工作，那么经常需要上夜班的职业可能就不太适合你。但请注意，不要过度设置限制条件，以免错过可能带来工作满足感的机会。

此外，你可能还需要探讨一下，自己正在考虑的职业对从业者有哪些要求。但是，如果这份工作能给你带来巨大的满足感，你也不必因为该领域发展缓慢而轻易放弃。和职业规划的其他环节一样，在研究过程中，你仍需要时常回顾自己的个人需求和当前状况。你的选择首先能够为你带来益处。

你可以使用 O*NET 数据库进行职业研究。阅读相关图书或与职业导师交流也是非常有帮助的。同时，教育机构也会提供与不同项目相关的职业选择信息。他们通常会举办信息分享会或求职会，为即将步入职场的学生提供机会。但请注意，教育机构可能会因推广自身项目的需要而对职业选择的说辞稍显乐观。因此，在进行研究时，要意识到所有信息可能存在某种偏向。

进行职业研究还有其他途径。你可以考虑联系或加入相关的协会、组织或联盟。这些团体通常会提供关于从事特定工作所需的证书或资质的信息。此外，参与相关的活动、俱乐部或团体可以让你结识对该领域有深入了解的人士。与你的兴趣点相关的会议也是一个很好的平台，不仅可以深入了解某种职业，还能接触到能为你提供职业选择建议的人。

在获取信息时，不仅要依赖网络资源，更要亲自走出去与业内人士交流。与从事你感兴趣工作的人沟通，他们往往会分享一些书面材料无法涵盖的信息和观点。但请记住，你的交谈对象可能受到个人经历、工作偏好等因素的影响。

此外，与负责招聘的人员交流也是很有价值的。这些人可能是主管、人力资源专家或招聘顾问。你可以询问他们关于工作的具体情况和招聘时的要求。如果你没有直接求职目的，这样的交流会更有效；如果你想申请某个具体岗位，可以安排一个会面来了解该岗位的具体信息。交流结束后，记得通过短信或电子邮件向他们表达感谢。

别忘了考虑其他工作形式，如合同工作或自主创业。研究这些选项可能需要你采用更具创新性的方法。由于职业头衔和工作内容经常变化，找到新兴领域的合适交流对象或在数据库中获取相关信息可能具有挑战性。虽然 O*NET 网站提供了全面的职业信息，但可能仍有部分工作未涵盖其中。这时，你需要采用不同的研究方法，如评估市场需求、研究新兴趋势等，来评估潜在的工作选择。

同时，关注未来的趋势也是非常重要的。这些趋势可能影响你及你希望从事的工作。寻找新颖的想法、新的视角以及科技方面的突破，将使你更加敏锐地捕捉到当前的趋势和未来的可能性。

■ 关于放眼未来的建议

阅读、倾听和观察

- 浏览多种媒体资源，拓宽信息来源。
- 关注地方、区域和国际新闻，了解时事动态。
- 阅读畅销社科类图书，增长知识。
- 订阅新闻通讯或协会刊物，获取专业信息。
- 关注行业趋势报告，把握行业发展动向。

行动

- 用笔记录下不同人的观点，收集多元意见。
- 构建广泛的人际关系网络，扩大社交圈。
- 参加某些协会并保持关注，参与行业交流。
- 在不同的机构或团队中工作，积累实践经验。
- 参加展会或商业活动，拓宽视野。
- 和潜在客户或其他公司员工聊天交流，建立联系。
- 参观学校和企业，深入了解相关信息。

反思

- 留意自己对不同信息的反应，审视个人态度。
- 记录自己的假设或偏见，进行自我修正。

- 认识到自己的需要、好恶，明确个人立场。
- 不断挑战自我，接受新观点，拓宽思维。
- 运用批判性思维评估信息，辨别真伪。
- 使用创新性思维方式，想象新的可能性。

回应

- 尝试在全新的领域做志愿工作，积累新经验。
- 通过实践体验，深化理解。
- 尝试不同的工作，拓展职业领域。
- 涉足不同的领域，丰富个人经历。

"放眼未来"有助于培养对未来的洞察力，从而获取独特的视角，在工作、学习和职业发展领域做出更明智的决策。同时，这也有益于职业生涯规划，确保为未来做足准备。

制定一个高效的网络搜索策略，以研究不同的工作选择并放眼未来，这显得至关重要。对于成长在数字时代的一代来说，这样的做法自然是理所应当的。但如果你属于"婴儿潮"一代，尽管你可能熟练使用电脑，但也许不如年轻一代那样精通。如果你对互联网的使用不太熟悉，那么参加一个互联网课程、查阅相关图书或寻求经验丰富的互联网用户的建议将是不错的选择。

在制订研究计划时，首先要明确你想要研究哪些工作选择。确定每种工作选择需要了解的关键信息，然后思考可以利用哪些可行的信息来源来获取所需信息。随着研究的深入，要不断审视和调整你的研究方案，因为新收集的信息可能会排除某些选项或带来新的思考方向。

关键行动

制定一份清单，明确列出你正在考虑的工作选择。从中挑选出两三个作为你的优先研究对象。接着，针对每个选定的工作，详细记录你是在哪里以及通过何种方式收集到关于这项工作的信息的。

_____

_____

■ 针对不同性格类型的建议

下面有一些建议，来帮助你开展和你的自然工作方式相关的职业研究。

反应型

- 试着一开始就采取行动或进行体验，而非仅收集信息。你可能会随着研究的深入而行动，而不是将研究作为独立的活动。
- 在可能的情况下，去实地体验或研究，如参与义工活动或进行实地观察（即在别人工作时紧随其后，仔细观察）。
- 向自己提出挑战，研究一些需要长期规划和准备的工作选择，因为反应型的人通常会对这种工作有抵触。

探索型

- 探索型的人喜欢变化与多样性，因此研究那些能够扩展而非限制机会的工作选择。
- 你可能被未来所吸引，预测可能影响你感兴趣的工作类型的趋势。
- 挑战自己，从可能性转向现实，深入研究工作选择的事实与细节。

果断型

- 利用自己逻辑分析能力强的优势来挑选和组织相关信息，分析某些类型的工作并不适合自己的原因。
- 将重点放在那些可靠、准确、有公信力的信息来源上。
- 挑战自己，保持开放心态，不要局限于自己的工作选择或急于快速完成职业研究。

贡献型

- 首先研究一下哪些地方的工作与自己的兴趣点相契合。这些组织的价值观是怎样的？你正在考虑的工作环境中，氛围和团队士气如何？
- 利用你的人际关系网来完成研究，与某个行业的招聘人员或对某个工作有了解的相关人员进行交谈。
- 在考虑工作选择时，给自己一个挑战，不仅要考虑个人情感，也要采取逻辑分析技巧，以批判性的方式来分析你收集的信息。

缜密型

- 利用系统研究方法及信息管理策略来收集、组织和评估信息。
- 针对自己的职业选择发掘详细而真实的信息，为决策提供合适的资料。
- 挑战自己，至少研究几种你并不熟悉的工作选择，通过志愿者活动或深入了解来积累经验，提高这些工作选择的可能性。

愿景型

- 先着眼全局，再找重点，选择广泛的机遇作为研究对象。
- 分析趋势或发展模式，想象是否有方法可以在不同领域应用自己的技能或偏好。
- 在关注全局的同时，也给自己一个挑战，关注有关某个具体工作的事实与细节。

分析型

- 利用逻辑分析的方式研究有可靠来源的信息，从而判断哪些工作不适合自己。
- 通过尝试新活动并评估结果的方式来探讨不同的可选方案。
- 在制订研究计划时，给自己一个挑战，确保研究过程中有跟进的活动。

关顾型

- 与那些专门从事某一领域招聘工作的人或对这一领域有深入了解的人进行交谈，探讨各种职业选择。
- 寻找你想要从事的某个领域成功人士的故事和范例，利用他们的例子和经验作为信息源泉和灵感来源。
- 研究你正在考虑的工作，了解其从业人员如何被对待，是否能够获得尊重。他们个性化的工作方式是否会被接纳？

做出决定

一旦为工作选择收集了一定量的信息，就可以进入职业生涯规划的决策阶段了。审视自己的决策风格和个人发展策略，对于优化决策过程至关重要，从而帮助你做出明智的决策。你也需要明确什么能给你带来职业满足感，并且确保已经考虑过所有可能性。因此，在这个阶段，你已经准备充分，可以继续前进了。

通常，人们在做决定时有两种不同的风格：以逻辑分析为主的风格和以价值观为基础的风格。这与我们在第 2 章所提及的性格构面对应：理性（T）和感性（F）。不同性格类型具有各自的特征，因此决策风格并无优劣之分，只是个人性格倾向的不同。

你的职业性格是什么?

若希望做出全面而明智的决策,除了了解自己的性格偏好,还应欣赏和包容与自身性格偏好相对的另一种风格。你可以通过完成下面的测试来判断自己在决策时是否融合了这两种不同的风格。

基于逻辑分析做决定时,我倾向于
- ☐ 衡量决定的正面(优点)和反面(缺点)
- ☐ 评价不同选择的合理性
- ☐ 保持客观
- ☐ 客观理性地分析所有可能的后果和影响
- ☐ 确定事实背后的原理

基于价值观做决定时,我倾向于
- ☐ 使用个人的、主观的信念和价值观衡量不同选择
- ☐ 评估我的决定对他人的影响
- ☐ 考量我身处的和谐环境是否会被影响
- ☐ 考虑谁会支持我的决定
- ☐ 考虑他人的喜好和投入

如果在决策过程中,你偏重只使用上述两种方式中的一种,你就应该考虑如何融入另一种风格了。

■ **影响决定的因素**

在最终做出决定时,不论你采用何种决定方式,以下这些重要信息都应当被充分考虑。

自我评估信息

在自我评估过程中,你认定为重要或有局限性的信息,对职业生涯规划具有重大影响。兴趣、技能和价值观有助于你专注于寻找满意的工作,而个人局限和生活方式可能在地点、时间、工作方式和工作类型等方面影响你的职业选择。在规划职业生涯时,你必须利用自我评估信息来评估你的选择。每个人的职业轨迹都是由独特的因素组合而成的。确保你的决定与你当前认为最重要的事情相契合。

财务状况

金钱无疑是职业选择中的重要考量因素。除非你是少数幸运儿,否则大多数

人需要依靠自己的努力来满足日常需求，承担自己的责任。然而，有时人们可能过分关注收入水平，而忽略了真正的需求，没有清晰地分辨出自己真正需要什么和想要什么。

许多人因为生活方式的选择而离开不喜欢的工作。但个人的财务状况有时会限制职业生涯规划。审视你的需求和必需品，有助于你了解生活成本。增加收入或减少开支是两种提升财务状况的方法。

特别是在职业转型阶段，制定一份详细的预算表是极有帮助的。财务状况可以帮助你重新评估选择，更有效地制订个人计划。完成预算后，请区分必要开支和可选开支，这有助于你找到节省开支的途径。

你需要认识到，社会会给你一定的购买压力。广告和信息无处不在，试图让你相信购物和消费是获得快乐的途径。例如，你可以问自己，是否真的需要那么多衣服？是否必须经常外出就餐？是否非要参加昂贵的休闲活动？有线电视是否是生活中不可或缺的？实际上，降低消费可以降低生活成本，为你提供更广泛的工作选择，并有助于环保。每个人的生活需求不同，花时间判断什么对你至关重要，有助于节省开支，为你的职业选择提供更大的自由度。

在刚进入新的工作领域时，工资可能会减少，或者为了长期目标，短期内可能需要较大的投资。在职业转型期遇到财务困难时，可以考虑贷款或其他政府资助作为缓解手段。请咨询当地的政府就业机构，了解与你所在区域相关的信息和资源。

其他重要因素：角色和责任

个人在选择职业生涯时固然有自由，但作为社会成员，你也必须考虑孩子、配偶、父母和朋友的影响，他们会在你的职业生涯规划中扮演重要角色。不少夫妻倾向于共同规划职业生涯。在职业转型过程中，家庭责任的重新分配可能会引发家庭内部的讨论，你可以通过和家人共同讨论家庭价值和目标，来明确每个家庭成员的期望及应做出的贡献。

在职业选择时，请考虑你在日常生活中需要扮演的角色和承担的责任。每个人的时间和精力都是有限的，无法兼顾所有生活角色。工作时间的投入可能与其他生活角色产生冲突或互补，这些角色包括养育子女、与朋友共度时光、学习或参与社团活动。请对个人重要的角色、责任、活动进行评估，不仅局限于工作角色，还要综合考虑你在生活中的多重角色。确保你计划从事的工作与你的生活角色相契合。

你的职业性格是什么？

考虑组织的需要

如果你喜欢当前的公司并希望在公司内部调整岗位，你需要向公司展示这一变动将如何为公司创造价值，如何帮助公司实现商业目标。这与在推进任何项目前从商业利益出发说服决策者相似。展示你如何在新岗位上更高效地完成工作，或如何为公司节省成本，并说明你可以贡献的技能和经验。与你的主管或人力资源部门的专业人士讨论，看是否有机会获得有发展潜力的角色或职责，以帮助你实现职业目标。

如果你打算自主创业或对此有兴趣，请制订一份商业计划。这份计划应详细阐述你的想法、提供的服务与产品、目标客户以及市场营销和业务发展策略。如果你需要财政支持，商业计划书是不可或缺的。即使你计划独立创业，也请制订商业计划，作为研究和决策过程的重要部分。周围有很多资源可以帮助你开创小生意。请确保进行广泛的研究和谨慎的决策，再投入资金或时间。

选择职业发展道路而不仅仅是工作

我们生活的世界变化迅速，鲜有工作是永恒的。公司可能倒闭，人们可能失业，有时公司还会要求你承担计划之外的工作职责。因此，我们不应将某份工作视为职业目标。可以将工作视为获取收入和学习的途径。

在现实生活中，工作可能只是职业发展道路上的一个阶段。我们应该关注自己的基本需求和个人偏好，而不仅仅是工作本身。我们需要有能力从一个职位转换到相关领域的另一个职位，这在当前的工作环境中尤为重要——所谓的"铁饭碗"和公司对员工的长期承诺可能已成为过去。

一旦确定了职业轨迹，就可以用它来指导工作选择和学习活动。在职业道路上前进时，请保持积极态度。明确想要培养的技能，并持续学习。在学习或工作中，开发新技能，以确保自己不被时代淘汰，并能更轻松地保持工作。为了最大化效率，请持续关注变化，并在情况转变时及时做出调整。

关键行动

在决定自己想要探索的职业领域时，请专注于想要构建的一个连贯的职业发展路径，而不仅仅是寻找一份特定的工作。

_____

_____

第 12 章 职业生涯规划

■ **针对不同性格类型的建议**

下面有一些提示，帮助你选择与你的自然工作方式相匹配的职业决定。

反应型

- 反应型的人喜欢通过尝试性的决定来评估选择的正确性，即先做出选择，然后观察自己的反馈。
- 为自己留有一定的灵活性，不要急于下结论，待一段时间后再评估决定是否合适。
- 尝试在制定长期规划时也不忽视短期计划，更多地考虑所做选择的即时结果。

探索型

- 制定的决策应能扩展而非缩小职业选择范围，尝试能提升未来机会的工作选择或教育项目。
- 在做出决定之前确保考虑了所有细节。有时基于某种可能性做出的决定，实际情况可能与预期大相径庭。
- 尽管你可能想避免立即得出结论以保持灵活性，但也要适时迫使自己做出决定并向前推进。

果断型

- 制定逻辑分析框架，利用清晰的决策要素来辅助决策。
- 果断地做出决定，采取行动，然后重新评估。这通常是果断型人的强项，但也要记住有时推迟决定会有好处。
- 在决策过程中，你可能觉得事情非黑即白。尝试将焦点放在决策对重要人物的影响上。

贡献型

- 当你觉得自己的决策对他人影响更大时，确保在决策中同时考虑个人需求和他人的需求。
- 注意不要被他人的期望或"你应该怎么做"的想法左右，确保决策对自己来说是最优的。
- 迫使自己从逻辑角度评估决策的影响和后果。

缜密型

- 如果你喜欢维持现状，不愿轻易改变，确保了解维持现状可能带来的所有影响。
- 使用谨慎细致的方法做出决定，但也要避免过度研究或纠结于某个选择而失去动力。
- 挑战自己，在关注长期影响的同时，也要兼顾短期后果。

愿景型

- 给予自己足够的时间和空间，思考决策可能带来的长远后果。
- 尽量使决策具有宽泛性，以便把握大方向，而非局限于具体目标。
- 在决策时，不仅要关注未来的可能性，也要关注与当前状况相关的细节和事实。

分析型

- 借助逻辑分析来评估备选方案。
- 保持决策的灵活性，以便在尝试失败时能够及时调整。
- 决策过程中，你可能倾向于将事情看得非黑即白。尝试评估决策对重要人物的影响或他们的看法。

关顾型

- 给予自己足够的时间来考虑和反思决定。
- 你的决定对他人的影响是重要的考虑因素。确保平衡自己的需求和他人的需求。
- 如果倾向于基于个人价值观做出决定，尝试结合逻辑分析来补充主观因素的考量。

采取行动

职业规划的收尾阶段，就是将你的决定转化为实际行动。这是"实战"的时刻：你必须行动起来，争取一份能让你感到职业满足的工作。此刻，正是你开始实施职业规划的时候。请抽出时间，先完成你选定的首要任务，随后再依次进行第二、第三项任务。职业规划是一个长期且循环的过程。确定可选方案、职业研究、做出决定、采取行动，这些步骤需要在整个职业生涯中不断重复。你可能需要深入研究，申请学校、撰写简历或寻找新的工作机会。你需要主动为自己的职业学习新知识，掌握新技能，拓展社交网络，启动商业计划或与人讨论潜在的机遇。在此阶段，首先要思考的是，为了延续你期望的职业轨迹，你需要预先做好哪些准备。

不论你首先选择做什么，都应将你的任务和行动细化为具体、可实现的阶段性目标。这样做不仅可以将复杂的流程分解，还能为你提供一个明确且短期内可见成果的起点。完成第一步后，明确并开始第二步，逐步向既定的职业目标迈进。有些人可能喜欢事先规划好所有步骤，制定详细的时间表；而有些人倾向于先迈出第一步，再根据情况调整。无论采用哪种方法，成功的关键在于不断明确下一步，推动事情向前发展。务必时常思考自己的职业目标，并坚定地朝着成功前进。

关键行动

描述自己为实现理想的职业轨迹将首先迈出的一步。制定一个时间表或设定一个最终期限。完成第一步后，明确并调整你的下一步计划，以不断优化你的职业规划。

■ 针对不同性格类型的建议

下面这些提示有助于你采取行动的过程，这些提示与你的自然工作方式紧密相关。

反应型

- 通过实现能产生即时效果和实际帮助的转变来逐步达成自己的职业生涯规划。
- 直接行动，以有序的形式立即开始，不拖延时间。
- 坚持自己设定的时间期限，以激励自己持续跟进整个过程。

探索型

- 深入探究某一观点，思考首先需要做什么，从而将一个可能性深化为可行的方案。
- 当同时处理多件事情时，应学会设定优先级，确保每件事都能得到足够的关注。
- 在有灵感时采取行动，但不要把不稳定的进展作为不采取行动的借口。

果断型

- 基于逻辑分析的结果，迈出第一步并迅速开始行动。
- 持续收集信息，并在过程中适时反思和调整方案，确保方向正确。
- 掌握或学习新技能，以提升自身在市场上的竞争力。

贡献型

- 制定一个条理清晰的职业发展方案，这将有助于你更好地掌控自己的职业生涯。
- 确保对他人的关注和责任感不会阻碍你自身的职业发展。
- 当发现时间无法满足自我发展需求时，学会说"不"并设置必要的界限。

缜密型

- 深思熟虑后谨慎选择，并为目标制定详细且实际的方案。
- 以系统的方式逐步执行自己的方案。
- 如果"边试边做"的方法效果不佳，尝试其他方法，并对新机会保持开放态度。

愿景型

- 先在脑海中构思完整计划，然后将之付诸实践。
- 牢记最终目标，关注并执行实现愿景所需的每一个小步骤。
- 将每次行动与长远愿景相联系。

分析型

- 制定逻辑清晰、兼具灵活性和可行性的计划。
- 初步行动后根据实际情况调整方案。
- 严格遵循时间期限，确保规划得以持续跟进。

关顾型

- 确保对他人的关注和责任感不会成为自身职业发展的阻碍。
- 寻求支持，确保行动方案能体现你的价值观。
- 保持计划的灵活性和即兴性，避免过于僵化。制定时间表以确保流程得到跟进。

关于职业成功的最终建议

下面的建议将帮助你更好地进行职业生涯规划。你可以结合自己的想法，制定一份符合自己特点的建议清单。只要付出努力，你就能找到一份能发挥你自然工作方式并让你获得最大职业满足感的工作。

- 花时间审视真正对你重要的东西。
- 明确自己具体想从工作中获得什么。
- 寻找与你自然工作方式相匹配的工作。
- 持续学习，如参加培训课程，掌握新技能，在工作中勇于尝试新事物，参与义工活动等。
- 积极寻求他人对你长处和需要发展的方面的反馈和建议。
- 探索新的可能性，包括撰写求职信，更新简历，制作个人作品集。
- 制定实际可行的目标和达成期限，同时考虑你的社会角色和责任。
- 寻找导师，为你的职业发展提供指导和鼓励。
- 当你达到某个目标时，不妨给自己一点小奖励。
- 阅读参考书 *10 Career Essentials*，寻找有关如何提升事业成功的建议和策略。

反侵权盗版声明

电子工业出版社依法对本作品享有专有出版权。任何未经权利人书面许可，复制、销售或通过信息网络传播本作品的行为；歪曲、篡改、剽窃本作品的行为，均违反《中华人民共和国著作权法》，其行为人应承担相应的民事责任和行政责任，构成犯罪的，将被依法追究刑事责任。

为了维护市场秩序，保护权利人的合法权益，我社将依法查处和打击侵权盗版的单位和个人。欢迎社会各界人士积极举报侵权盗版行为，本社将奖励举报有功人员，并保证举报人的信息不被泄露。

举报电话：（010）88254396；（010）88258888
传　　真：（010）88254397
E-mail： dbqq@phei.com.cn
通信地址：北京市万寿路 173 信箱
　　　　　电子工业出版社总编办公室
邮　　编：100036